アベノミクスと日本経済のゆくえ

Abenomics
and the Japanese Economy

中野英夫 編著

専修大学出版局

まえがき

デフレ脱却、経済再生を目指すアベノミクスは5年目を迎えた。三本の矢と呼ぶ第二次安倍内閣の経済政策は、企業収益の拡大を賃金の上昇と雇用や消費の拡大につなげ、更なる企業収益の拡大を促すという経済の好循環を実現するものであった。

しかし、アベノミクスの成果はいまだ実感として乏しく、その施策を巡っては賛否も相半ばしている。企業収益の回復や有効求人倍率の改善などに復調の兆しがみられる一方で、勢いのない最近の物価の動向は、デフレ克服がいまだ道半ばであることを如実に示している。

最近の世論調査によれば、今後の生活の見通しについて、良くなっていくと答えた者の割合はわずか8・7％に過ぎず、大多数の国民が将来に明るい希望を抱いていない（平成28年度国民生活に関する世論調査）。人口の減少や急速な高齢化に直面し、安定した経済成長の糸口を見いだせないわが国経済の何が問題なのか、アベノミクスはその処方箋として有効なのか、さらなる政権の長期化が予想される今、中間評価というべきその政策の意義と課題について改めて振り返る時期に来ているのではないだろうか。

そのような問題意識のもとで、昨年の2016年5月から6月にかけて、専修大学経済学部は、「4年目を迎えたアベノミクスと日本経済」というテーマで、連続6回の公開講座を開講した。本書は、各回の講座の内容をその後の展開も踏まえ、およそ同年末の段階で再構成したものである。

公開講座では、日本経済が抱える問題について財政、金融、労働、社会保障、産業、マクロ経済などの幅広い分野において、本学経済学部の専門の教員が講演を行った。これらの分野を取り上げたのは、２０１５年10月より、新たに一億総活躍社会の実現を掲げるアベノミクスの政策の展開を踏まえたものである。そこでは、女性の活躍推進や働き方改革に見るように、日本の経済社会の抱える中長期の構造的な問題が焦点となっている。よって、本書は、単なる景気回復のための処方箋を論じるのではなく、人々の労働のあり方、介護を巡る社会の役割、そして企業のガバナンスの問題も含む多岐にわたる分野において、日本経済が抱える課題について論じている。これは類書に見られない本書の特色である。

本書は、公開講座の内容を下地にしており、大学のみならず、広く一般にも読めるよう、平易な内容になっている。今後の日本経済の目指すべき方向性を考える際の参考にしていただければ幸いである。

本書の刊行にあたって、専修大学出版局の相川美紀さんには有益なご助言をいただいた。また、専修大学出版企画委員会並びに学長室企画課の皆様には、出版企画の機会をいただき、ここに御礼申し上げる次第である。

目次

第1章　アベノミクスと日本の財政の将来

中野　英夫

1　はじめに

デフレ脱却と経済再生を目指す安倍内閣の経済政策、アベノミクスが岐路に立たされている。アベノミクスは、「三本の矢」と呼ばれる積極的な財政・金融政策ならびに成長戦略により、企業収益の拡大を賃金上昇、雇用や投資の拡大につなげ、消費の増加を通して更なる企業収益の拡大を促すという経済の好循環を生み出すというものであった。

２０１２年12月の政権発足当初は、経済の先行きにも明るい兆しが見えていた。急激な円安が進み、日経平均株価も2万円の大台を超え、改善著しい有効求人倍率などの雇用の指標は、軒並み力強い経済の回復を示すかのようだった。

転機が訪れたのは、２０１４年4月の消費税率の8％への引き上げである。消費税引き上げの反動などにより、２０１４年度の実質ＧＤＰの成長率がマイナスを記録したほか、その後の日本経済は景気の足踏みが続いている。成長のエンジンである民間設備投資の動きも鈍く、上向く気配を見せない最近の物価や消費は、デフレ克服の難しさを物語っている。

そして何よりも、今後の日本経済に暗い影を落とすのは、わが国の政府債務の問題である。国と地方の債務残高は2015年度時点で993兆円、対GDP比約200%という未曾有の規模にある。その規模もさることながら、懸念されるのは右肩上がりで膨張を続けるその勢いである。長年にわたり財政が赤字を続けているためで、ここ10年で債務は1・5倍に膨れ上がり、その増加のペースはなおも衰えを見せていない。

もはや危険水域というべき財政状況に対し、安倍内閣が提示した財政健全化のシナリオは、経済再生を前提にした財政再建策であった。経済の再生なくして財政健全化無しという方針のもと、金融抑圧ともいうべき未曽有のゼロ・マイナス金利政策を追い風に、経済再生による税収増が財政健全化に寄与するという経済の好循環によって持続的成長と財政健全化の双方の実現を目指すシナリオを描いている。

しかし、今後さらに人口減少、高齢化が進むわが国経済において、持続的成長を前提とした財政健全化策の実現性に懸念する声は少なくない。2015年度の家計の貯蓄率が戦後初めてマイナスを記録するなど、膨れ上がる債務を前にしてわが国の財政はもはや予断を有さない状況が続いている。以下では、デフレ脱却に向けてのアベノミクスの有効性と財政健全化の実現性について考えてみたい。

2　累増するわが国の政府債務

「強い経済は、国力の源泉である」、２０１３年８月に策定された「中期財政計画」の冒頭で、このように述べられている。中期財政計画は、財政健全化の道筋を示すものであり、冒頭の一文からは、経済再生なくして財政健全化なしとする安倍内閣の意気込みが感じられる。しかし、財政健全化への強い決意とは裏腹に、わが国の財政は深刻の度合いを深めている。

図表１はわが国の国と地方の長期債務残高とＧＤＰの推移である。１９８０年頃は１１８兆円、対ＧＤＰ比でも50％程度であった長期債務はその後一貫して増加を続けており、特に１９９０年代以降は増加のペースに拍車がかかっている。１９９７年ころにはＧＤＰの水準と肩を並べた債

図表1　わが国の名目ＧＤＰ，政府債務残高の推移

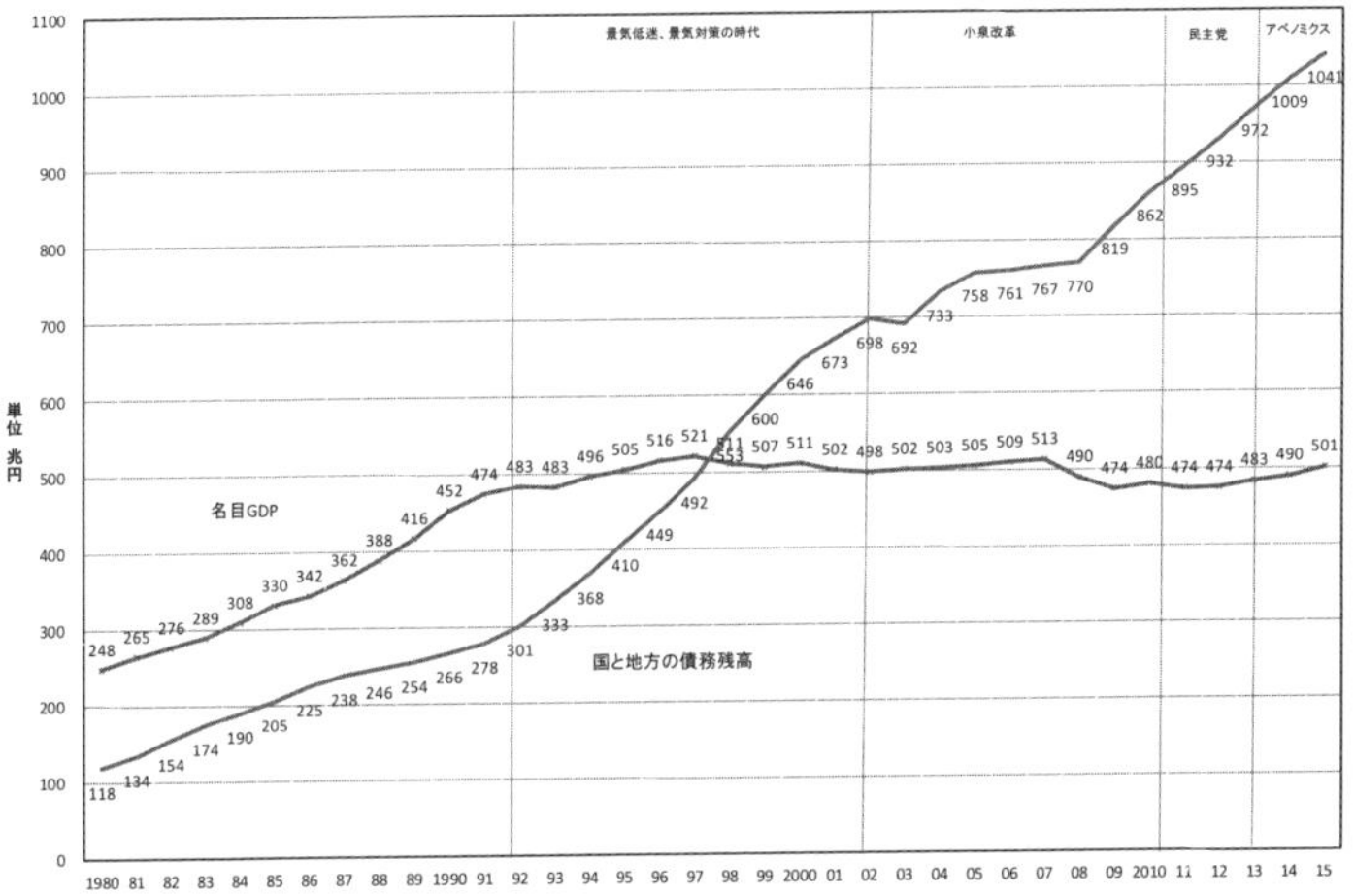

務残高は、今はその2倍を超えている。また憂慮すべきはその拡大のペースである。1990年代以降はGDPがほぼ横ばいと足踏みを続けるなかで、政府の債務だけが一方的に拡大している。

わが国が戦後初めて国債を発行したのは、「40年不況」と呼ばれる不況に見舞われた1965年に遡る。この年の補正予算で、政府は、それまで堅持してきた国債を歳出の財源としない財政均衡主義を放棄し、戦後初めて赤字国債（特例公債）の発行に踏み切った。さらに翌年度からは、公共事業費をその使途とする建設国債（4条公債）も毎年発行されるようになった。1970年代から80年代にかけては、オイルショックによる大幅な税収減と共に、道路、鉄道、港湾などの産業基盤の整備や老人医療費の無料化の実施等、社会資本整備や福祉の充実を求める声に応えるように、一般会計の歳出が歳入を上回る規模で増加し、国債の発行に歯止めが掛からない状況となった。国と地方の債務残高は、1980年度の118兆円から毎年20兆円近いペースで増加を続け、1985年度には200兆円の大台を突破した。

1980年代後半、バブル経済と呼ばれる資産価格の高騰により税収が大幅に増加し、1991年度の一般会計予算では赤字国債発行からの脱却に成功したものの、バブル崩壊後の日本経済は「失われた20年」といわれるゼロ成長の時代を迎える。この間、デフレが進行し、税収の低迷が続くなか、景気回復を目指す政府は、財政健全化を先送りし、歳出の抑制から財政出動による歳出拡大へと政策の転換を図った。そしてこれ以降、国債発行額は増大の一途を辿ることになる。

この「失われた20年」の景気低迷期において、わが国の名目ＧＤＰは、１９９０年頃からほぼ20年間にわたり、ほぼ横ばいに推移している。このため債務残高の対ＧＤＰ比率は、この20年の間で一貫して上昇し、ついに２００％を超えるに至った。わが国の財政で懸念すべきは、毎年の赤字の規模のみならず、ＧＤＰが伸び悩む中で国の債務だけが増大を続ける点にある。

対ＧＤＰ比で２倍を超える政府債務は、諸外国と比べても突出している。図表２はＯＥＣＤ諸国のプライマリーバランスと債務残高の対ＧＤＰ比をみたものである。日本は図の左上に他の国から遠く離れて位置している。その債務残高は、債務危機に見舞われたギリシャを上回っている。しか

図表2　基礎的財政収支、政府債務残高の国際比較

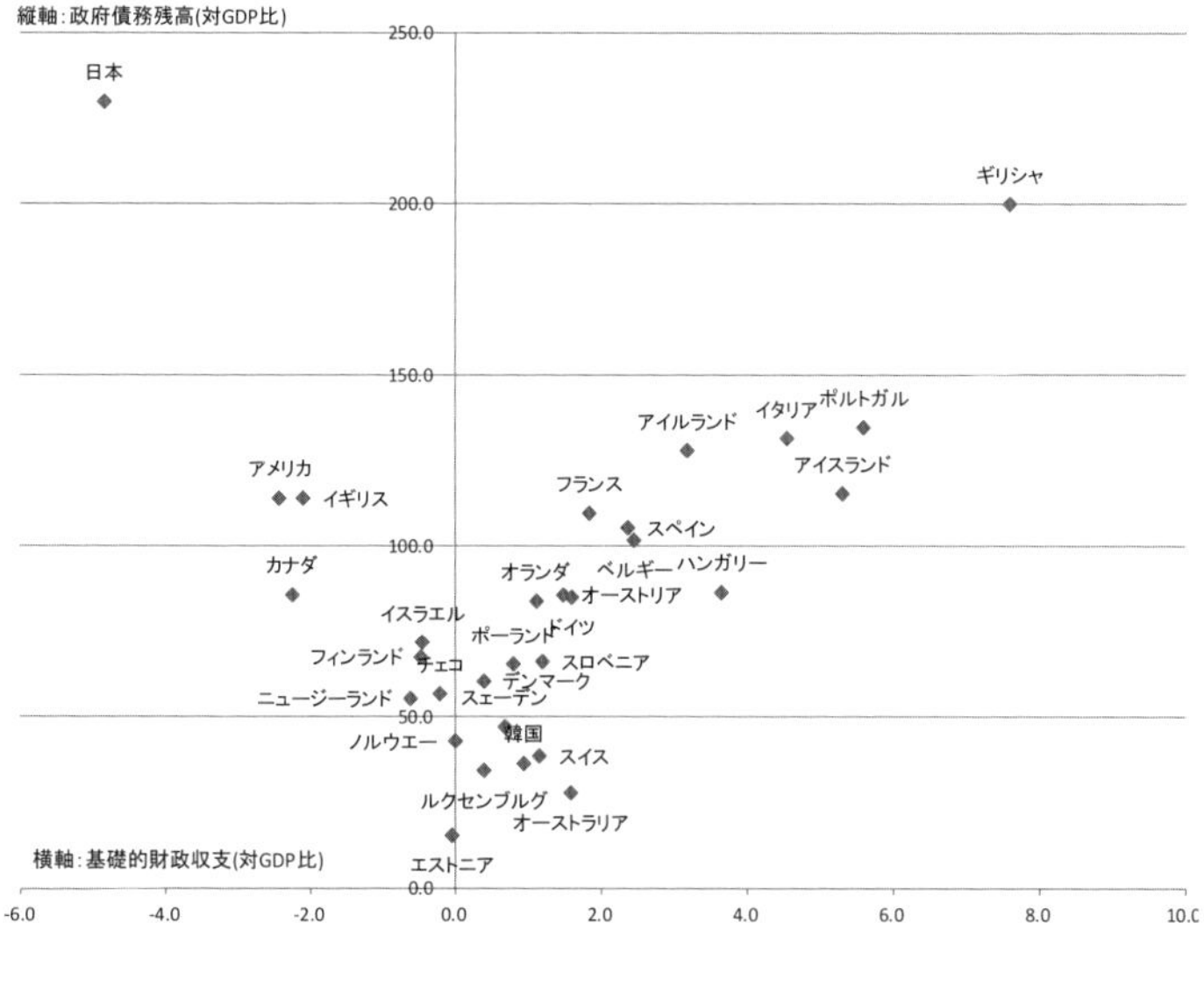

し、債務危機回避のための資金援助の見返りとして大幅な歳出削減を強いられたたギリシャは、プライマリーバランスも黒字化し、今後は債務の減少が見込まれるのに対して、大幅な赤字の続く日本はさらに債務残高比率が悪化し、他国からますます遠く離れていく。ここに深刻の度合いを深めるわが国の政府債務問題がある。

3　政府債務累増の原因は何か？

1990年代の数次の景気対策と公共事業

わが国の政府債務はなぜ歯止めが効かないのか、その原因の一つには、1990年代に不況脱却を目指して行われた景気対策の役割が挙げられる。

わが国は、一度不況に直面すると、政府は財政出動と呼ばれる拡大的な財政政策を積極的に行い、その財源として多額の国債が発行された。図表1からも分かるように、国と地方の債務残高は、ちょうどこの頃からは増加のテンポを速めている。事業規模10兆円余りの宮澤内閣の総合経済対策（1992年8月）を皮切りに、その後の歴代の内閣もそれに続いた。総じて後に実施される景気対策ほど事業規模も拡大し、特に1998年に発足した小渕内閣の緊急経済対策と新経済対策の二つの景気対策は、合わせると総額40兆円を超えるものであった。これら数次の景気対策により、1990年代だけで政府の債務は300兆円余りも増加した。

不況脱却には、減税を行うか、あるいは歳出を増やして需要を創出し、生産や雇用を拡大する必要があるが、政府が選択したのは、減税ではなく主に歳出拡大であった。

この歳出拡大の柱が、社会資本を形成する公共事業である。道路、上下水道をはじめとする社会資本は、企業の生産性や国民生活の向上に欠かせない。しかし、その整備状況は、欧米諸国と比較して見劣りするものであった。日本は欧米に追いつくべく、政府は、産業の基盤となる鉄道、道路、港湾等の社会資本整備を急いだ。こうした社会資本の整備が日本経済の発展を支えてきたと言われているが、景気対策といえば、他の国では公共事業よりも減税で行うのが一般的であり、日本のように公共事業を積極的に用いることは少ない。

景気対策で公共事業をその柱に据える理由として、公共事業が利益誘導的な性格を有する点が挙げられる。同じ景気対策でも、一般に税の効果は全国一律であるのに対し、公共投資は個所付けによって特定の地域に重点的に配分できる点で、施策のもたらす経済的な便益に明らかな違いがある。このため、公共事業は、都市部に比べ経済発展が遅れた地方の農村部への地域間格差の是正の手段として活用され、建設業などの特定の産業への需要を増やし、雇用の創出にも貢献した。一方で、公共事業は、その箇所付けや利権を巡り、地方の中央依存の体質を生み、地方の自立を阻む要因となった。

しかし、この数次の景気対策にもかかわらず、消費などの民需が回復し、持続的な成長経路に戻ることはなかった。景気対策の効果を示す政府支出の乗数効果は当初の想定よりもはるかに小さく、民間の消費に与える影響はわずかであったと言われている（吉田（1997））。

なぜ景気対策は有効ではなかったのか、大規模かつ度重なる財政出動にもかかわらず経済成長率が総じて低迷していたことについて、本間（2001）は、生産性が低く効率性の劣る部門に資源が固定されたままであったことによる日本経済の潜在的な成長能力の低さや不良債権処理の遅れを指摘している。

そして、この大規模な景気対策は、後年に二つの負の遺産を残した。一つは過大に生み出された社会資本である。道路、港湾、文化施設などの社会資本は、企業の経済活動や国民の経済厚生に有形、無形の便益をもたらしている。しかし、景気対策によりその整備を急いだために、収支の甘い見通しによりその費用対効果が適切に評価されず、ついには活用されることなく放置された社会資本も少なくない。さらに、その老朽化に伴う修繕や維持更新に要する費用は今や国や地方の財政に大きな重荷となりつつある。国土交通省の推計によれば、2013年の社会資本の維持管理・更新費は約3・3兆円であり、20年後の2033年には4・6〜5・5兆円まで増加する見込みである(1)。

そして二つ目は、景気対策によって新たにおよそ300兆円余りも積み上げられた政府債務である。この1990年代の政府の一連の景気対策こそが、その後の日本経済を方向づけたと言っても過言ではない。財政出動が景気回復に有効でないことが明らかになった今、経済の持続的な発展のためにどのような政策を講じるべきか、そして膨れ上がる政府債務に今後どう対応すべきか、経済再生と共に財政健全化の実現が政府に課せられた最優先課題となったのである。

高齢社会の到来と2025年問題

バブル崩壊による景気の低迷に対する景気対策が絶え間なく実施された１９９０年代は、公共事業を中心とする歳出の拡大が続いた。政府支出がようやく抑制に転じたのは、２０００年に入ってからである。その頃から、公共事業費に代わり社会保障費が財政を逼迫し始める。

図表３は、社会保障給付費を目的別に見たものである。すでに述べたように、１９９０年代初めから今に至るまで、わが国の名目ＧＤＰの水準はほぼ横ばいの一方で、１９９０年に47・2兆円であった社会保障給付費は、毎年2・5兆円のペースで増加し、２０１５年には１１１・7兆円に達している。

社会保障費の急激な増加は、ひとえに高齢化の進行によるものである。社会保障給付費は年金、医療、介護など主に高齢者向けの費用で占められている。

図表3　わが国の社会保障給付費と将来推計（単位：兆円）

年度	1990	2015	2025
年金	24	56.5	60.4
医療	18.4	39.5	54
老人福祉（介護）	0.6	10.5	19.8
子ども・子育て	1.6	5.5	5.6
その他	2.6	7.8	9
合計	47.2	111.7	148.9

図表4は、わが国の人口数と今後の見通しについて、年齢階級別にみたものであるが、2010年におよそ3000万人の高齢者人口は、今後さらに増加を続け、2060年には3464万人に達する。また高齢化率も23%から39・9%へと上昇し、国民の2・5人に1人が高齢者となる時代が到来する。

今後政府が直面する大きな問題は、2025年問題とも呼ばれる2025年以降に大幅な増加が予想される社会保障費の問題である。図表4が示すように、2010年から2025年にかけて、75歳以上の後期高齢者はおよそ700万人増加し、人口に占める割合も11・1%から18・1%と7ポイント上昇する。この新たに後期高齢者となる700万人は、1947年から49年に生まれた団塊の世代であり、この世代が75歳に達することによってさらなる社会保障費の増大が見込まれる。

一般に、人のライフサイクルにおいて医療や介護の需要が高まるのは、75歳以上の後期高齢者になってからである。厚生労働白書によれば、後期高齢者一人当たり医療費は93・1万円、介護認定率は30%を超える。この医療と介護需要の増大によって、図表3が示すように

図表4　わが国の人口数の年齢階級別推移

	2010		2025		2060	
15歳未満（年少人口）	16,839	13.1%	13,240	11.0%	7,912	9.1%
15～64歳（生産年齢人口）	81,735	63.8%	70,845	58.7%	44,183	50.9%
65歳以上（高齢者人口）	29,484	23.0%	36,573	30.3%	34,642	39.9%
65歳～75歳（前期高齢者）	15,290	11.9%	14,788	12.3%	11,279	13.0%
75歳以上（後期高齢者）	14,194	11.1%	21,786	18.1%	23,362	26.9%
	128,057	100.0%	120,659	100.0%	86,737	100.0%

出所：日本の将来推計人口（平成24年1月推計）国立社会保障・人口問題研究所

２０１５年に１１７兆円であった社会保障費は、さらに30兆円近く増加し、２０２５年には１４８兆円まで増える見込みである。

今後さらに30兆円の増加が見込まれる社会保障費に対して、その財源をどのように賄うかが問題となる。１９９０年代以降、ひっ迫する年金・医療保険会計に対応して、その社会保険料も段階的な引き上げが行われたため、今や家計の給与収入の15％を占めるに至り、さらなる負担を求めることには自ずと限界も見えてきている。

また税をその財源に充てることについては、第二次安倍内閣の発足に先立つ２０１２年８月に社会保障・税の一体改革の関連法案が成立し、消費税率の10％までの引き上げが予定されている。しかし、消費税の使途を社会保障費に限定しても、追加の５％分の消費税だけでは、２０２５年問題への対応が困難であることは明らかである。

わが国の社会保障制度については、世代間格差の問題を指摘する声がある。医療、公的年金共に、そのサービスの主な受益者は退職世代であり、その財源は働き手である現役世代の保険料と公費負担によって賄われている。公的年金は、現役世代の保険料によって給付を支える賦課方式に限りなく近い構造であり、75歳以上の高齢者が加入する後期高齢者医療制度もまた、その医療費の９割が現役世代の保険料と公費で賄われており、増加の一途を辿る社会保障費は、さらなる現役世代への負担となっている。

さらに、現役世代への負担の問題については、世代間格差だけでなく、福祉行政に起因する負担も指摘する必要がある。

　図表5に見るように、かつては専業主婦世帯が多数を占めていたわが国も、近年は共働き世帯の増加が顕著である。また核家族化の進行に伴って高齢者夫婦のみの世帯や単身の世帯も増加し、わが国の社会や経済は大きく変化を遂げてきた。そうした変化に対応して、保育所や介護施設の整備が急がれるところであるが、深刻化する待機児童、待機老人の問題が示すように、これらの分野において需要に見合うサービスが提供されていない。

　児童・高齢者のための福祉施設の整備が遅れた背景には、わが国の家族制度が大きく影響している。かつては三世代同居や専業主婦世帯の性別役割分業が一般的であったわが国では、日本型社会福祉論の下で、福祉の担い手としての家庭、とりわけ女性の役割が強調された。養育

図表5　専業主婦世帯数と共働き世帯数の推移

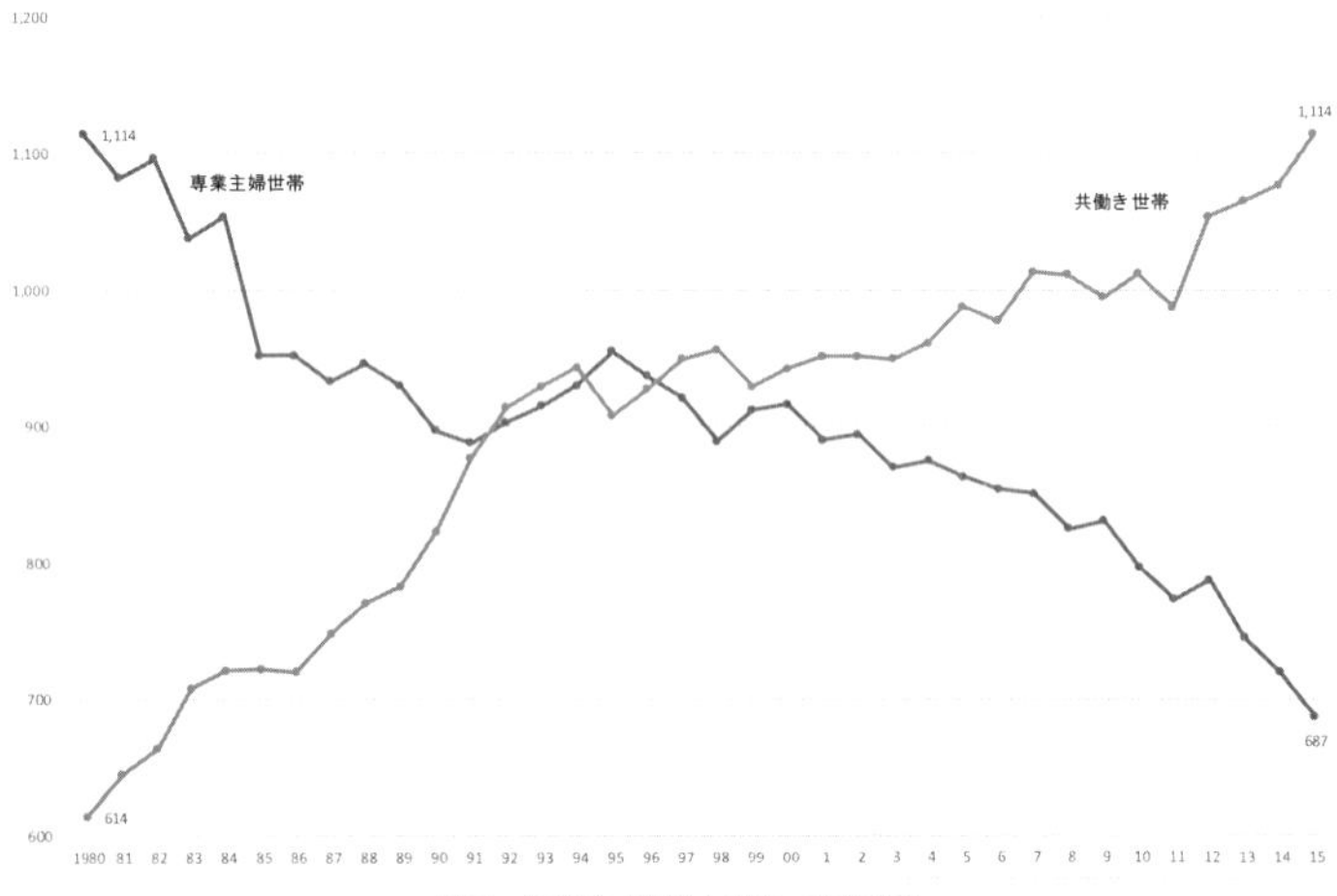

出所：総務省「労働力調査」詳細集計

と介護の場として施設よりも家庭を重視する考えは今も根強いものがあり、これが整備の立ち遅れの背景にある。これら施設の不足はいまだ解消の見通しも立っていない。厚生労働省の調査によると、２０１６年4月時点での保育所待機児童数は約2・5万人、特別養護老人ホームの入所待機者、いわゆる待機老人の数も52万人に達しており、子どもの養育や親の介護においても現役世代に多大な負担をもたらしている。(2)

4　財政健全化に向けたこれまでの取り組み

財政構造改革と歳出歳入一体改革

安倍内閣は、２０１５年6月の骨太の方針２０１５において、今後の財政健全化の方針を示す経済・財政再生計画を明らかにした。計画では、成長戦略と財政健全化を一体化させ、安定した経済成長と財政健全化の両立を目指すとしている。

この安倍内閣の計画の以前にも、拡大する政府債務に歯止めをかけるために、これまで二度にわたって財政健全化策が策定されている。一つは、１９９７年の橋本内閣の財政構造改革であり、もう一つは、２００６年の小泉内閣の歳出歳入一体改革である。

図表6はその両者の財政健全化策と安倍内閣の経済・財政再生計画を比較したものである。

１９９６年に発足した橋本内閣による財政構造改革は、「歳出削減に聖域なし」の方針の下で行われた改革である。橋本内閣は、これまでの景気対策重視の予算から歳出の抑制に転じ、１９９７年11月には、財政構造改革法を成立させている。そこでは、改革５原則の下、２００３年度までに国と地方の財政赤字をＧＤＰ比で３％以下とすることを目標に、当初予算の伸び率を前年度比２％に抑制した。橋本内閣の財政再建策が、従来のシーリングの手法と異なるのは、予算規模に量的なキャップを課し、かつ法的な拘束力を持つ点にあった。歳出の削減を義務付ける法律は、この財政構造改革法の前にも後にも存在しない。その意味で非常に画期的な改革であった。

二つ目の小泉内閣による２００６年の歳出歳入一体改革は、「歳出削減無くして増税なし」の方針の下で行われた改革であ

図表6　近年の財政健全化策

	財政構造改革法 1997年11月：橋本内閣	歳出・歳入一体改革 2006年7月：小泉内閣	経済財政再生改革 2015年6月：安倍内閣
基本方針	改革5原則（歳出削減に聖域なし）	歳出削減無くして増税なし	経済再生なくして財政健全化なし
財政健全化の目標	2005年度までに，国及び地方の財政赤字額のGDP 比を3%以下とすること。赤字国債の毎年の発行額の縮減を図りつつ，2003年度までに赤字国債の発行額をゼロ，2003年度の公債依存度を1997 年度の水準を下回るものとする	2011 年度に国・地方のプライマリー・バランスを確実に黒字化。財政健全化第Ⅲ期（2010 年代初頭～2010 年代半ば）は、持続可能な財政とすべく、債務残高ＧＤＰ比の発散を止め、安定的引下げへ。	国・地方のプライマリーバランスについて、2018 年度にPB赤字の対 GDP 比１%、2020 年度に黒字化の実現、その後の債務残高の対 GDP 比の安定的な引下げを目指す。
目標実現のための取り組み	1997年度～2000度の当初予算における社会保障関係費について量的縮減目標の明記（例：2000年度の額は、1999年度の当初予算における社会保障関係費の額におおむね２%を乗じた額を上回らないこと。1998年度の公共投資関係費は、1997年度の額の93%に抑制。	2011 年度に国・地方の基礎的財政収支を黒字化するために必要となる対応額（歳出削減又は歳入増が必要な額）は、16.5 兆円程度。14.3～11.4 兆円程度は歳出削減。残りは増税。	2018 年度までの集中改革期間中、直近3年間の社会保障関係費の実質的な増加が高齢化による増加分に相当する伸び（1.5 兆円程度）となっていることを踏まえ、その基調を継続。 公的サービスの産業化（社会保障をはじめとする公的サービスの産業化の推進）、インセンティブ改革、公共サービスのイノベーション（公共サービスの現状、政策効果などに関する「見える化」。

る。小泉内閣は、2001年5月に発足した当初から歳出の抑制の方針の下、政権1年目から、2002年度一般会計予算での公共投資の前年度比10％の減額、国債発行額30兆円の堅持を打ち出し、その後も、従来の財政出動による景気対策に頼ることなく、経済、財政の構造改革を通じた民間需要主導の着実な経済成長を目指した(3)。

小泉内閣は、2011年度のプライマリーバランスの黒字化を財政健全化の目標に据え、2007年度から2011年度までの5年間で16・5兆円の歳出削減か増税が必要との試算のもとに、その目標達成のため、およそ14・3兆円から11・3兆円程度の歳出を削減し、残りを増税によって対応する方針を決めた。歳出削減の内訳は、人件費2・6兆円、社会保障分野での1・6兆円等であった。

この二つの改革に共通する特色として、公共事業費、社会保障費など分野毎に、歳出削減の目標を明記していた点が挙げられる。例えば、公共事業費においては、財政構造改革は1998年度の公共投資関係費を前年度の93％に抑制し、歳出歳入改革では向こう5年間の削減規模を定めている。

その一方で、両者の改革は、財政の健全化を達成することなく、その道半ばで断念している点でも共通している。橋本内閣の財政構造改革は、財政構造改革法の成立の翌年に、アジア通貨危機に端を発する内外の経済の混乱によって、景気回復を優先すべきとの声に押され1年ももたず、改革を断念し、その後凍結された。

小泉内閣の歳出歳入の一体改革も、次の安倍（第一次）、福田、麻生内閣に引き継がれたが、毎年度の歳出削減に苦慮した。特に、社会保障分野の1・6兆円の削減額の内、国の毎年2200億円の削減については、生活保護の母子加算の廃止、後発医薬品の普及、そして埋蔵金の活用により、辛うじてノルマを達成する綱渡りの状態であった。しかし、2008年9月に起きたリーマンショックに端を発する世界金融危機が国内経済に深刻な不況に陥るに至り、当時の麻生内閣は改革の続行を断念し、「世界最大」とも称する大規模な景気対策に舵を切った。

財政構造改革や歳出歳入一体改革の失敗が教訓とするところは、健全化の改革が内外の経済的な要因によって道半ばで見直しを余儀なくされていることである。健全化に要する計画が長期化するほど、想定しないリスクに見舞われ、黒字化の実現は極めて困難となる。二つの改革の失敗は、歳出削減を目指す改革が、いかに内外の経済環境の変化に脆弱化かを物語っている。

安倍内閣の経済・財政再生計画

安倍内閣の財政健全化策は、先の財政構造改革、歳出歳入一体改革と比較すると少し奇異に映る。そこには両改革が掲げた分野毎の歳出目標はおろか、全体の歳出削減の数値目標すら明示されていない。

経済・財政再生計画に明記されているのは、2018年度までの社会保障関係費の実質的な伸びを高齢化による増加分に相当する伸び（1・5兆円程度）に抑制する方針のみであり、歳出削減努力は明らかに後退している。そのほかは、社会保障をはじめとする公的サービスの産業化の推進、インセンティブ改革、公共サービスのイノベーションなどに関する「見える化」など歳出削減に直接関係しない行政の効率性に関する項目が列挙され、改革の実効性が懸念される。

計画では、プライマリーバランス黒字化達成を２０２０年とし、それに向けてまず２０１８年度中にプライマリーバランスの赤字を対ＧＤＰ比で1％を目安に縮小させ、２０２０年度に黒字化を実現し、それ以降、債務残高の対ＧＤＰ比の安定的な引下げを目指すとしている。

この経済・財政再生計画に先立ち、２０１３年に経済財政運営と改革の基本方針、いわゆる骨太の方針において、安倍内閣はデフレ脱却と経済の再生を掲げ、「三本の矢」と称される金融、財政、成長戦略などの政策を展開している。今後10年間（２０１３年度から２０２２年度）の平均で、名目ＧＤＰ成長率３％程度、実質ＧＤＰ成長率２％程度の成長を目指すことが明記されている。日本経済が過去20年間、名目でほぼゼロ成長であったことを考えれば、達成が危ぶまれる目標である。

アベノミクスは、新たな産業の創出、企業の競争力向上に向けて、第三の矢とする成長戦略によって、民間消費や設備投資などの民間需要主導の着実な経済成長を目指すとしており、その政策のスタンスは、先の小泉改革と共通するところが多い。一方で、第二の矢とする「機動的な財政政策」では、毎年度にわたり補正予算を組み、また国土強靭化による社会資本整備を進めることからも、規模は控え目ながらも１９９０年代の景気対策を彷彿とさせる面がある。

２０１７年１月に内閣府が公表した経済財政の中長期試算は、今後の財政収支の見通しについて２つのケースで試算している（図表７、８）。そこでは成長戦略が成功し、安定して経済が成長する成長戦略シナリオでも、２０２０年度の国・地方のプライマリーバランスは８・３兆円程度（対ＧＤＰ比マイナス１％程度）の赤字となり、政府

図表7　国・地方の基礎的財政収支（対 GDP 比）

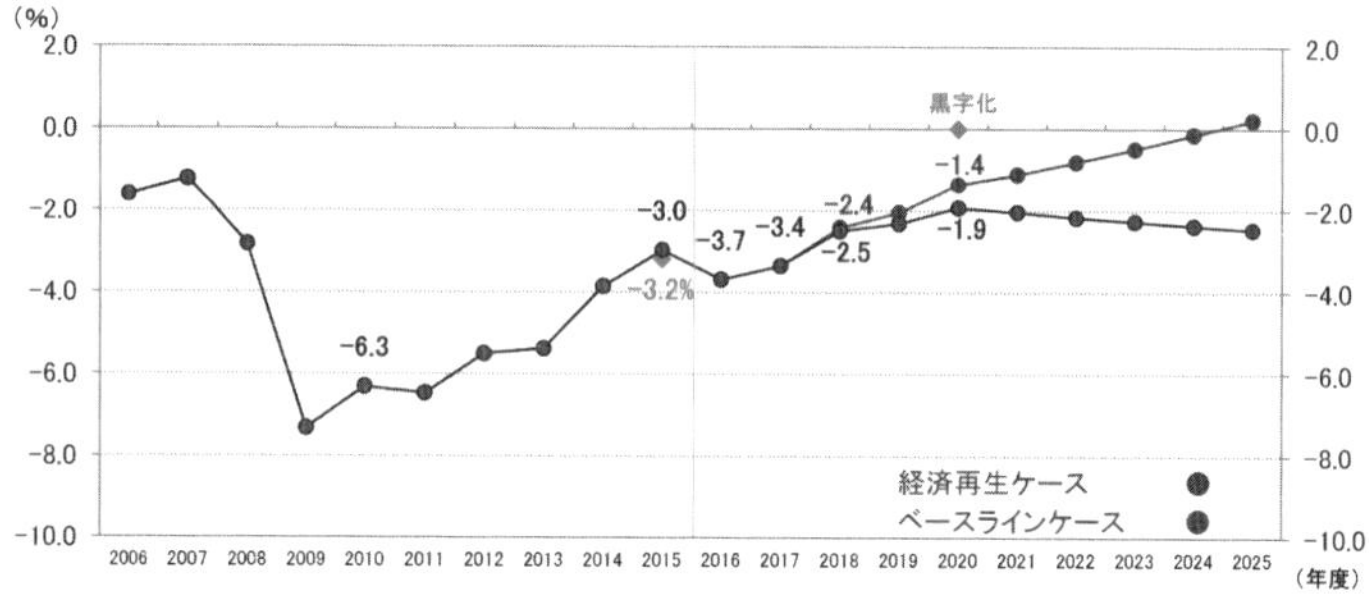

図表8　国・地方の公債等残高（対 GDP 比）

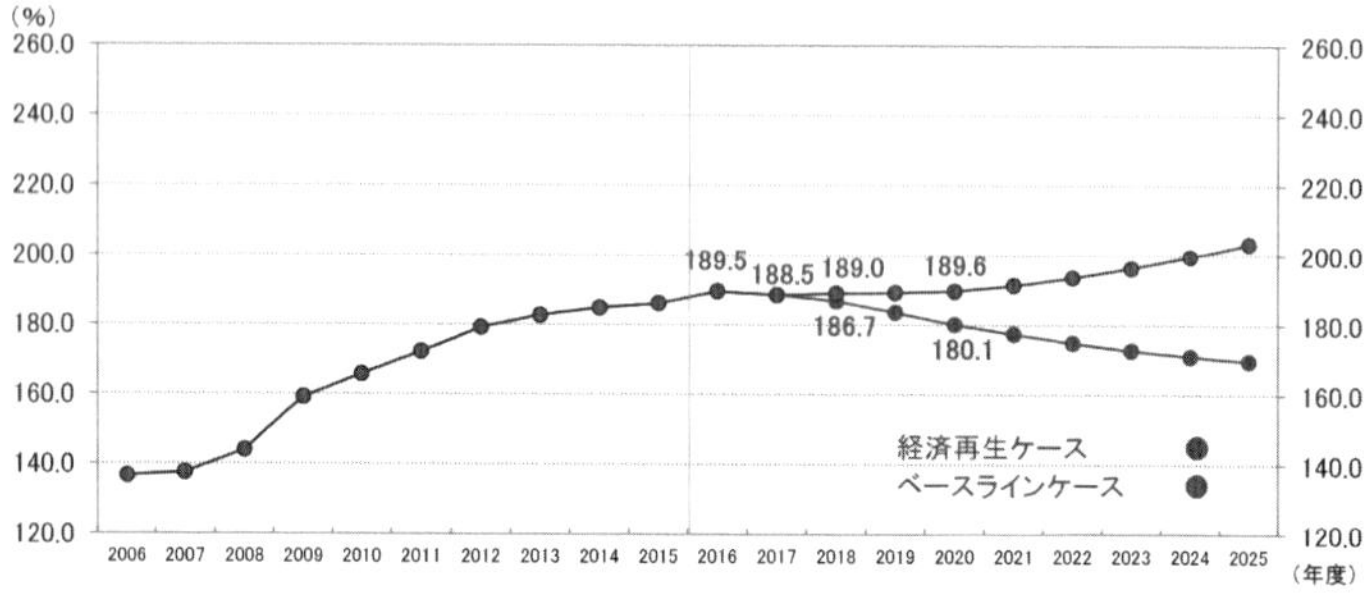

出所：　中長期の経済財政に関する試算 2017 年 1 月 25 日内閣府

が目標とする2020年度までのプライマリーバランスの黒字化は困難という見通しである。経済成長があまり見込めない慎重シナリオでは、赤字は18兆円程度（対GDP比マイナス3・1～3・3％程度）まで拡大する見込みである。

これら赤字の規模は、昨年7月の前回試算よりも拡大している。成長シナリオでは、5・5兆円の赤字であった前回の試算と比べ2・8兆円拡大している。慎重シナリオも5兆円の拡大である。これは今後の法人税などの税収が当初の見通しを下回ることによるものだが、もはや力強い税収の回復を期待できないという見通しは、歳出削減無き財政健全化策への警鐘なのかもしれない。

5　アベノミクスと財政健全化のゆくえ

歳出削減無き健全化策と「金融抑圧」

2020年度のプライマリーバランスの黒字化達成が困難という試算は、日本の財政がもはや瀬戸際というべき状況にあることを示している。しかし、その一方で、これほどまでの債務残高にもかかわらず、わが国の国債が安定して償却され、新規債の市場で安定的に消化されている上に、何よりも国債の利率は史上空前の低い水準に留まっている。財政危機が起きないのはなぜだろうか。

わが国の財政が危機的状況に陥らない理由の一つに、「金融抑圧」とも言うべき低い水準に抑えられている長期金利が挙げられる。通常、政府債務が膨らむと発行する国債の金利は上昇する。しかし、わが国では、政府債務が増加を続けるなかで、金利が低下するという真逆の関係になっている。

図表9は、わが国の長期金利の推移である。1990年9月に8・1％を記録した長期金利はその後低下のトレンドを辿っている。1990年代の平均金利は3・95％であったのに対し、2000年代は1・13％まで低下した。2016年にはついにマイナスの金利を記録している。

金利の趨勢的な低下は、財政健全化を目指す政府の追い風となっている。なぜなら、1000兆円の債務の下、1％の金利の低下は

図表9　長期金利の推移

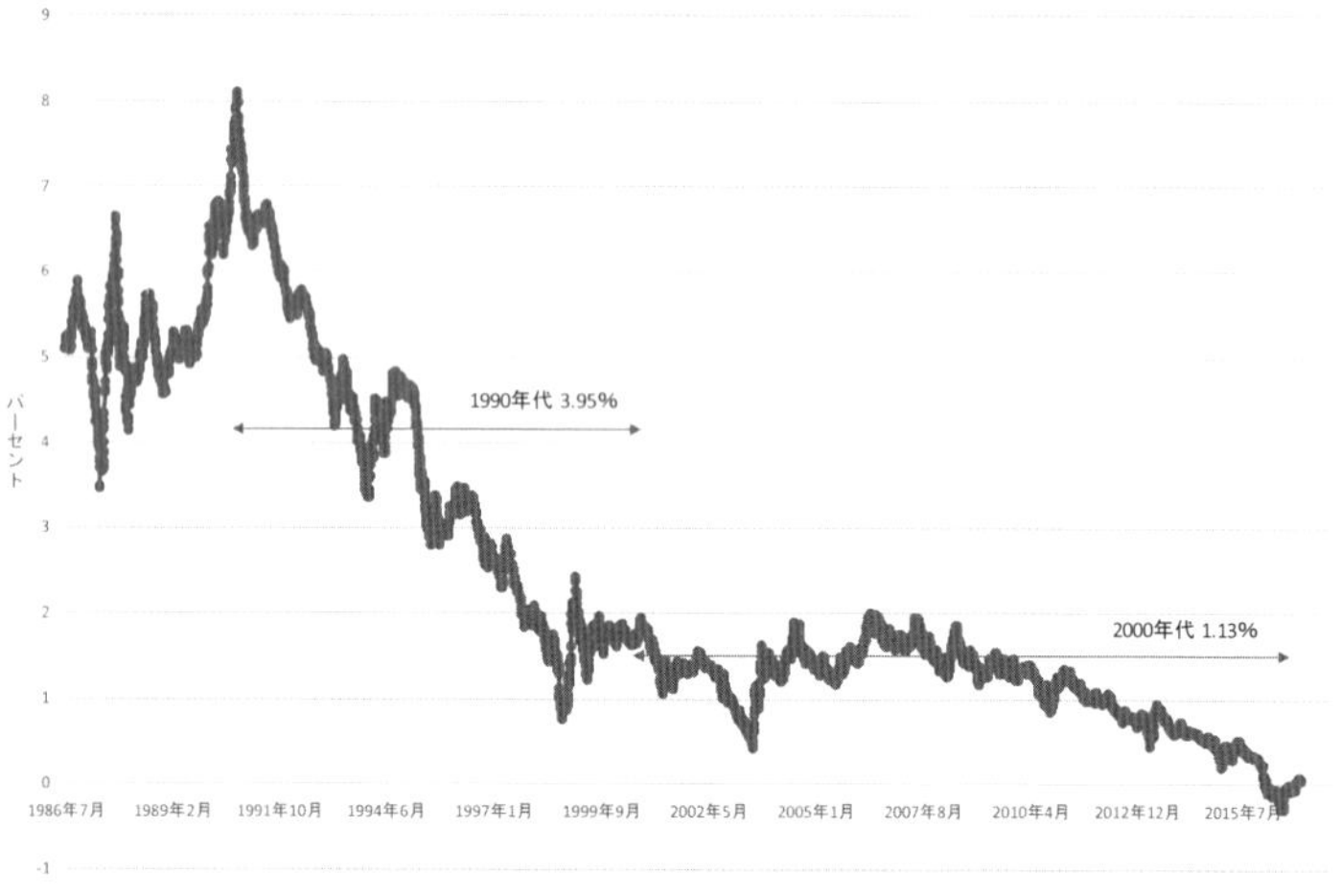

10兆円の利払い軽減に相当する。このため2016年度の一般会計の国債費に占める利払い費は15年前のそれとほぼ同水準にある。

金利が低水準にとどまる要因について、家計の高い貯蓄意欲、経常収支の黒字を背景に、国内の貯蓄が蓄積し、政府債務のほとんどを国内で消化していることが挙げられる。これは他国ではあまり見られない日本独自の特色である。しかし、要因はそれだけではない。

本書で強調したいのは、国債を保有する公的金融の存在である。国債市場において、かつては大蔵省の資金運用部、現在では年金積立金管理運用独立行政法人（GPIF）のような公的な機関は、市場でのプレゼンスは高いうえに、その売買行動もまた民間の金融機関とは異なる。その投資行動はバイアンドホールドといわれ、国債を中途で売却せず、満期まで国債を保有し続ける。

こうした公的な金融機関の行動は、一種の国債管理政策であり、国債の価格を安定させ、不況で優良な貸出先のない民間の金融機関にとって、国債の価値を高めるものとなる。低金利であっても、リスクが低くて価格の安定した国債は、金融機関にとって魅力的な運用手段であった。

また、2013年に入ると、アベノミクスの第一の矢によって国債市場において日本銀行の存在感が急速に高まっている。詳細な議論は、第4章に譲るが、2013年4月の量的・質的金融緩和とその後の拡大、そして2016年は長短金利をターゲットとする金融政策により、日銀による国債保有は加速化している。長期金利は０％という未曽有の低い水準に留められ、もはや政府は利子を支払うことなく、借金が可能となった。これは事実上の財政ファイナンスである。

　図表10は、国債の保有者別の内訳をみたものである。海外の保有割合は10％と低く、そのほとんどが国内で消化されている。注目されるのは中央銀行であり、その保有残高は３３１兆円に達し、全体の32％を占めている。今や、国債の最大の保有者は、民間の金融機関ではなく、中央銀行

図表10　国債の保有者別内訳

①残高

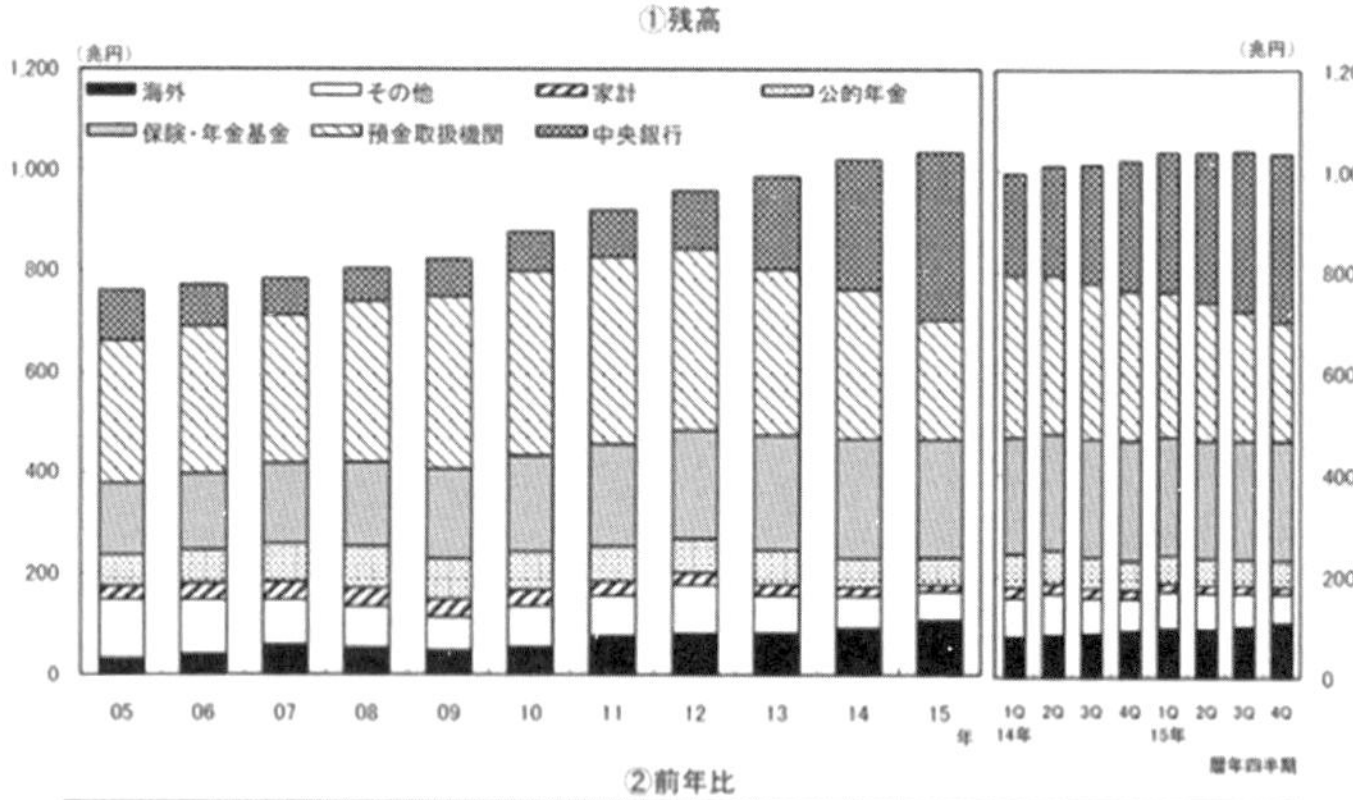

②前年比

		2014年				2015年				2015年12月末 残高(兆円) (構成比(%))
		3月末	6月末	9月末	12月末	3月末	6月末	9月末	12月末	
残高(兆円)		996	1,011	1,013	1,021	1,038	1,037	1,040	1,036	
前年比(%)	国債等計	2.7	4.2	3.3	3.4	4.3	2.7	2.7	1.5	1,036 (100.0)
	中央銀行	57.2	43.8	37.0	39.5	36.6	37.3	35.3	29.5	331 (32.0)
	預金取扱機関	▲12.6	▲ 7.5	▲ 8.3	▲ 9.7	▲10.3	▲13.0	▲17.0	▲19.9	238 (23.0)
	保険・年金基金	1.8	3.8	2.7	4.4	2.2	1.5	0.8	▲ 1.1	234 (22.6)
	公的年金	▲ 3.4	▲ 5.1	▲ 9.7	▲17.1	▲19.2	▲19.8	▲16.2	▲ 8.8	52 (5.0)
	家計	▲13.1	▲10.8	▲12.1	▲13.9	▲19.7	▲24.4	▲25.1	▲26.3	14 (1.3)
	海外	▲ 0.6	2.7	10.5	11.0	20.3	13.9	16.4	18.1	110 (10.6)
	その他	1.0	▲ 4.3	▲ 9.7	▲15.5	▲ 3.9	▲12.0	▲ 5.0	▲ 9.2	57 (5.5)

出所：資金循環統計 2015 年 10 月-12 月期日本銀行

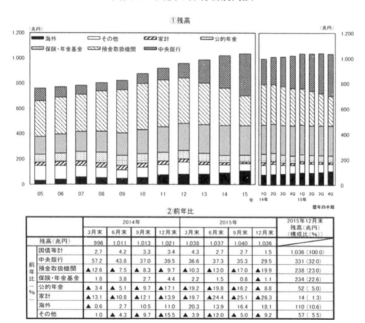

である。
不況などの困難な状況に直面すると、政府は景気優先の声に押されて、財政健全化への取り組みを先送りし、多額の国債が発行されてきた。しかし、国内の乏しい投資需要と公的金融に支えられて、増加する債務とは対照的に長期金利は低下し、毎年の利払い費の負担軽減に寄与した。

金利0％という史上空前の水準だからこそ、対GDP比200％の債務残高が可能になったともいえる。また、それゆえに債務に歯止めが掛からない状況でも、安倍内閣は財政健全化を最優先課題とすることなく、補正予算を通じて景気拡大を図ることができるのである。

しかしながら、一見安定して見えるわが国の財政も、実は0％の金利によってようやく持ち堪えていると言っても過言ではない。国債が安定的に消化される状況が、今後も持続可能なのかは定かではない。

前述の金利低下が利払い費に与える効果を逆に考えれば、1000兆円規模の債務を抱えている下で、0％の長期金利が今後1％上昇すれば、追加的に10兆円の利払い費が発生する。もはや、わが国の財政が危機的な状況に陥るのに、破たんしたギリシャのように20、30％の金利は必要なく、今や一桁の金利の上昇によって、財政収支は大幅に悪化し、わが国の財政は制御不能な事態に陥る可能性が高いのである。

安倍内閣の目指すプライマリーバランスの黒字化の実現には、高い名目成長率と0％という低い長期金利の維持が不可欠であり、一連の政策からも、長期金利を低位にとどめて債務残高の増大を抑制し、同時に高い成長率によってその対GDP比の低下を目指す意図が窺える。しかし、長期金利をゼロにとどめる未踏の領域に踏み込んだ金融政策がいつまで継続できるのか予断を許さない。アベノミクスは、ひとたび失敗すると、国民に多大な負担を強いるリスクを表裏一体であることを理解する必要がある。

異次元緩和の金融政策は、消費の「デフレ政策」か

財政健全化に向けてより着実な財政運営が急がれるところであるが、政府が目指す2020年度のプライマリーバランス黒字化の目標達成の鍵を握るのは、経済の好循環の実現による高い経済成長と消費の拡大である。

しかし、家計の消費は低迷が続いている。総務省の家計調査によれば、二人以上の世帯の消費支出（実質）は、2014年、2015年連続してマイナスを記録している。この消費の容易ならざる事態を見ると、経済の好循環や持続的な経済成長の実現性に疑問符がつく。なぜ消費の低迷が続くのか、その要因の一つに、消費の力を示す家計の購買力の著しい低下がある。

家計の購買力低下の要因の一つは、勤労者世帯の給与所得の減少である。図表11は、民間平均給与の推移である。戦後からほぼ一貫して右肩上がりに上昇していた民間企業の平均給与は、1997年にピークを迎え、その後減少に転じている。1997年のピーク時、ちょうど

団塊世代にあたる50～54歳男子の平均給与は７２８万円であった。しかし、18年後の２０１５年には、その平均給与は50万円以上減少し６７０万円まで落ち込んでいる。団塊の世代の子どもである団塊ジュニアが50歳前後に到達するのはもう少し先のことであるが、今のサラリーマンの給与は、自分の親が自分と同年齢時に得ていた給与よりもはるかに低い水準にとどまっている。

この収入の減少は、勤労者世帯の収支からも確認できる。図表12は、勤労者世帯の１世帯当たり一か月間の収入と支出である。１９９０年から１９９７年にかけて７万円増加した世帯収入は、その後の２０１５年には配偶者の収入が増えているにも関わらず、逆に全体で７万円も減少している。

また、近年の社会保険料の引き上げも、家計

図表11　民間給与の推移

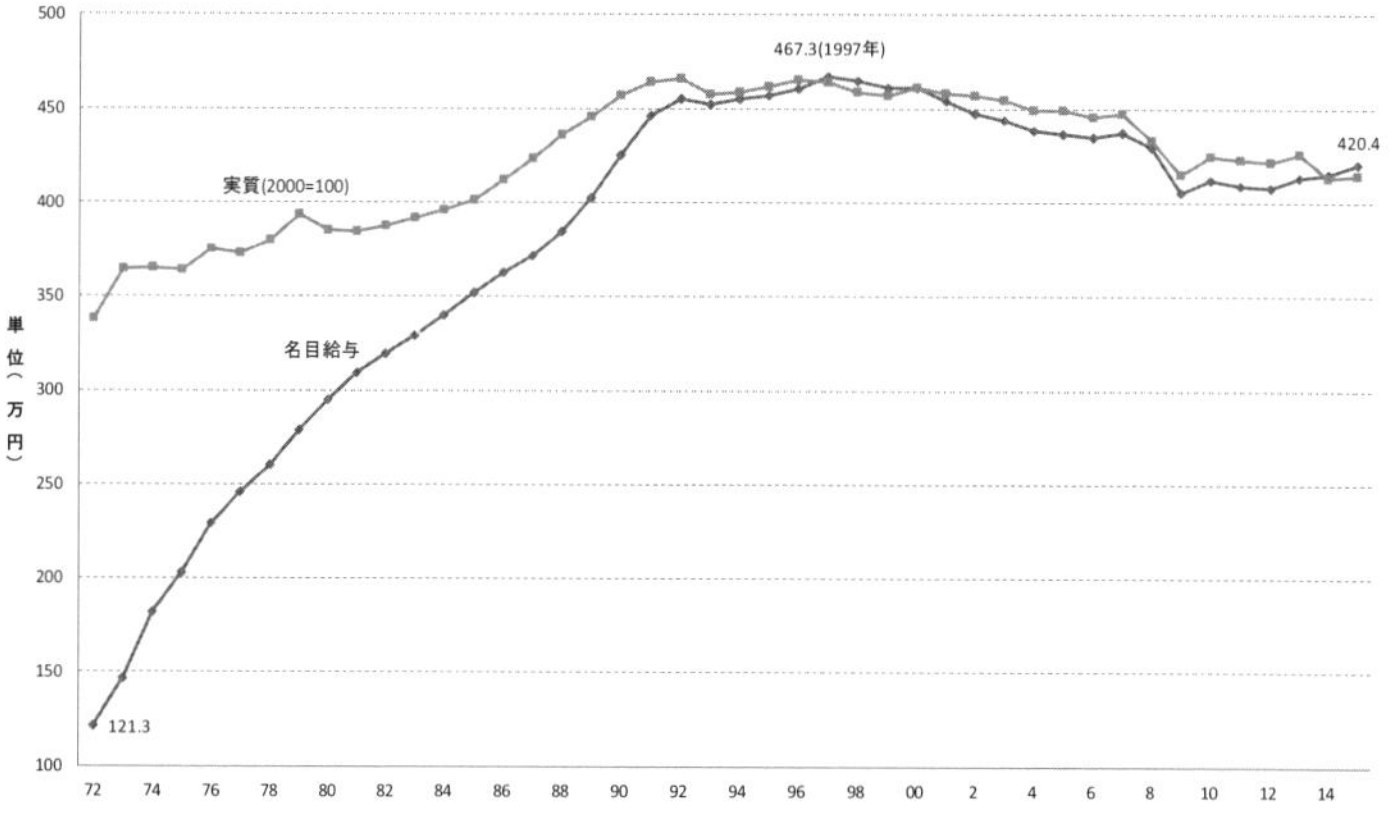

出所：民間給与の実態（国税庁）

の購買力の低下にに拍車をかけている。１９９７年から２０１５年にかけて、実収入は減少する一方で、租税や社会保険料などの非消費支出はほぼ横ばいにとどまっている。前述のように20年前は給与収入の７％程度であった社会保険料は年金財政等の悪化により段階的に引き上げられているためである。また、公共料金や大学の授業料は、ここ20年間にデフレが進む中でも値上げが続き、家計を圧迫している。通常、経済の持続的な発展によって、賃金は上昇し、子どもの世代が親の世代よりも豊かな生活を享受できるものと考えられてきた。しかし、１９９０年代の中頃を過ぎると、そうした常識を覆す事態が進行していたのである。

図表12　勤労者世帯の1世帯当たり1か月間の収入と支出（単位：円）

	1990年	1997年	2015年
実収入	521,757	595,214	525,955
世帯主の配偶者の収入 うち女	44,101	56,115	63,651
非消費支出	81,218	98,179	98,508
可処分所得	440,539	497,036	427,447
消費	331,595	357,636	315,428
1 食料	79,993	79,879	74,405
2 住居	16,475	24,114	19,504
3 光熱・水道	16,797	20,841	22,905
4 家具・家事用品	13,103	12,599	11,030
5 被服及び履物	23,902	20,264	13,598
6 保健医療	8,670	10,386	10,997
7 交通・通信	33,499	41,552	49,950
8 教育	16,827	19,162	18,353
9 教養娯楽	31,761	34,295	30,419
10 その他の消費支出	90,569	94,543	64,267
黒字	108,944	139,400	112,019
平均消費性向	75.3	72	73.8

購買力低下のもう一つの要因に挙げられるのは、大幅な金融緩和に伴う利子所得の減少である。現在の0％の金利は、貸し手である家計から借り手である政府への莫大な所得移転に他ならない。日本経済全体では、1990年に35兆円あった家計の利子所得は6・2兆円に減少した。利子の支払いは22・9兆円から8・9兆円の減少にとどまっているため、家計部門の利子純受け取りは2・7兆円のマイナスになっている。

多額の金融資産を有する家計にとって長期利子率の低下は深刻な問題である。もちろん、住宅ローンを抱える家計にはプラスの面もあるが、住宅ストックが蓄積され、住宅

図表13　高齢者世帯の1世帯当たり1か月間の収入と支出（単位：円）

		2000年	2015年
(a)	実収入	245,470	214,700
	（公的年金給付）	(215,863)	(182753)
(b)	非消費支出	22,527	30,777
(a)-(b)	可処分所得	222,943	183,923
(c)	消費	243,168	245,129
	1　食料	62,909	66,220
	2　住居	20,048	17,033
	3　光熱・水道	19,210	22,234
	4　家具・家事用品	9,900	9,354
	5　被服及び履物	10,233	7,030
	6　保健医療	12,371	14,980
	7　交通・通信	20,781	27,574
	8　教育	558	487
	9　教養娯楽	26,585	25,059
	10　その他の消費支出	60,574	55,157
(a)-(b)-(c)	黒字(取り崩し額)	-20,225	-61,206
エンゲル係数		25.9	27

世帯主が65歳以上の無職世帯、家計調査年報各年版より作成

ローン需要も減少している成熟化した経済においては、低下のメリットよりもデメリットが大きい。

利子所得の減少は、全世帯の3割を占める高齢者世帯に対してより深刻な打撃となる（図表13）。高齢者世帯の一か月の収支を2000年と2015年で比較すると、毎月の取り崩しに相当する収支の赤字が約2万円から約6・1万円へと4万円以上も増えている。これは老後を20年で考えれば、老後の生活のために、さらに1500万円近い負担を強いられる、すなわち、これから高齢者となる世代ほど、老後に備えてそれだけ余分に貯蓄をしなければならないことを表している。また、さらに年金制度においてマクロ経済スライドが将来発動され、年金も減額されることになれば、老後の生活の基盤は大きく損なわれる。

本来ならこうした低迷する家計の消費こそ、それを下支えする施策が必要である。消費を喚起すべく、家計の生活の基盤を支える措置が求められる。しかし、1990年代の景気対策において減税よりも公共事業を優先したように現在の政府の経済対策の向かう支援の先は、家計ではなく企業であった。投資減税などにより「投資を喚起する」成長戦略を展開するアベノミクスは、「消費を喚起する」成長戦略にはあまり関心を払っていない。戦後、高い経済発展を遂げる中で、家計が果たしてきた役割を過少に評価しているのかもしれない。

6　日本の財政の将来と改革の方向性

「経済の好循環」無き財政健全化は可能か

財政健全化への取り組みは、長期化が予想される。今後、高い経済成長が実現しない限り、２００％に及ぶ債務残高の対ＧＤＰ比率はさらに上昇を続ける見込みである。しかし、毎年の赤字にもかかわらず、この２００％の政府債務比率が発散するような事態とならないのは、ひとえに０％という未曾有の低金利によるものであって、これから債務比率を安定的に引き下げるためには、この低金利の継続が欠かせない。しかし、首尾よく継続的なゼロ金利の維持に成功したとしても、債務比率が真に財政が健全といえる水準まで低下するのには相当な時間を要する。おそらくは人口が一億人の水準を大幅に割り込む２０４０~50年頃までかかる可能性が高い。日本の財政は、今後社会保障費の急増、人口の減少による経済活力の低下などの問題を抱えながら、財政健全化を目指すという非常に厳しいかじ取りを余儀なくされる。

社会保障費の増大と家計の負担が厳しさを増すなかで、経済の好循環による財政健全化の実現には悲観的にならざるを得ない。今後、政府の取り得る財政運営の選択肢は限られるなかで、政府の目指す改革の方向性はどのようなものか、一つヒントになるのは、前述の小泉内閣の歳出歳入の一体改革である。改革はリーマンショックにより途中で断念に至ったものの、その改革の最中の２００７年度にはプライマリーバランスの均衡化にあと一歩のところまで迫った。その改善に至った過程を振り返ると、改めて歳出改革の重要性を確認できる。

プライマリーバランスは、税収、税外収入などの歳入から利払い費を除く歳出を控除したものである。図表14は国と地方のプライマリーバランスとその内訳となる歳出（利払い費を除く）と税収などの歳入の推移である。表中の１９９４年度から２０１２年度の期間は、常に歳出が歳入を上回っており、プライマリーバランスの赤字が恒常化している。

１９９４年度以降、景気対策により歳出は増加の一途を辿り、１９９９年度に１２２兆円のピークを迎える。税収は一

図表14　国と地方のプライマリーバランスの推移

年度	歳入純計(A)			歳出純計(B)				プライマリーバランス	
	税収	その他収入	計	公共投資	社会保障	その他支出	計	(A)-(B)	対GDP比
1994	88.7	5.6	94.2	39.9	22.6	47.8	110.2	-16.0	-3.2%
1995	90.4	5.7	96.1	42.7	23.4	49.7	115.9	-19.8	-3.9%
1996	92.5	5.9	98.4	42.1	24.1	50.5	116.7	-18.2	-3.5%
1997	93.6	6.1	99.7	37.9	24.7	51.6	114.1	-14.5	-2.8%
1998	88.7	6.3	95.0	41.5	24.7	52.7	118.9	-23.9	-4.7%
1999	86.3	6.5	92.8	41.7	27.2	54.1	122.9	-30.1	-5.9%
2000	90.7	6.6	97.3	38.5	29.3	52.7	120.4	-23.1	-4.5%
2001	87.9	6.9	94.7	33.3	29.9	52.9	116.0	-21.3	-4.2%
2002	80.7	6.3	87.0	31.9	30.6	52.3	114.8	-27.8	-5.6%
2003	79.2	5.9	85.1	29.7	31.2	52.2	113.1	-28.0	-5.6%
2004	82.8	5.3	88.1	24.4	32.2	51.5	108.1	-20.0	-4.0%
2005	88.2	5.7	93.9	23.2	33.2	51.1	107.5	-13.6	-2.7%
2006	92.2	5.7	97.9	21.6	34.0	50.7	106.3	-8.5	-1.7%
2007	94.2	6.7	100.9	20.4	35.6	50.4	106.4	-5.5	-1.1%
2008	86.1	3.3	89.4	23.1	36.3	50.0	109.4	-20.0	-4.1%
2009	75.7	5.7	81.5	23.0	40.6	53.9	117.5	-36.1	-7.6%
2010	78.6	5.3	83.9	20.9	43.1	51.6	115.6	-31.7	-6.6%
2011	80.4	6.5	86.9	21.9	44.8	51.4	118.1	-31.1	-6.6%
2012	82.6	5.9	88.5	18.4	45.2	54.3	117.8	-29.3	-6.2%

（注）歳入純計、歳出純計はそれぞれ受取利子、支払利子を控除した値である。　（単位：兆円）

2012（平成24）年度 国民経済計算確報より筆者作成

進一退を続ける中、プライマリーバランスの赤字は拡大し、１９９９年度には30・1兆円に達した。その赤字の要因は40兆円前後の公共事業にあった。

小泉内閣の改革が本格化する２００２年度以降、公共事業費の30兆円枠の設定などにより、歳出の抑制が鮮明となり、プライマリーバランスも改善した。２００７年度には、プライマリーバランスの赤字は５・５兆円、対ＧＤＰ比でマイナス１・１％まで改善し、安倍内閣が２０１８年度の目安と定める水準近くに接近している。プライマリーバランスの改善の主因は、景気対策の主役であった公共事業費の削減である。１９９０年代後半に40兆円を超えていた公共投資支出をほぼ一貫して削減し、２００７年度は21兆円まで減少している。

２０００年代前半の日本経済はまだ景気低迷した時期であった。２００３年の失業率は５・５％を記録し、同年日経平均株価はバブル崩壊後の最安値を記録した。こうした景気の悪化に対しては、従来なら歳出を増やして景気を刺激するのが通例だが、社会保障費が伸びている中でも、国と地方の歳出は一貫して減少していることが分かる。歳出の内訳が示すように、これは増加する社会保障費を補って余りある公共事業費の削減によって実現したものである。

２０００年代に大幅な歳出の削減がなければ、現在の財政状況はもっと違ったものになっていたに違いない。一時的とはいえ、プライマリーバランスの改善は、公共事業費を中心とする歳出の改革によるところが大きい。この一連の歳出と歳入の流れで明らかになったことは、やはり過大なものや不要なものを取捨選択する歳出改革の重要性である。財政健全化の実現には、省庁間の枠を超え、社会保障、教育、産業振興などの分野にわたる歳出の見直しは不可欠である。

安倍内閣の財政健全化の方向性

2012年8月、民主党政権のもとで社会保障・税の一体改革が実現した。その改革は、社会保障の機能強化と財政健全化の達成を目指したものであるが、そのなかで社会保障・財政の基盤強化のため、消費税を2014年4月に8%、2015年10月に10%への段階的な引き上げが盛り込まれた。消費税率の引き上げは財政健全化の第一歩に間違いないが、その引き上げの時期を巡っては紆余曲折が続いている。

消費税率引き上げを託された安倍内閣は、当初の予定通り5%から8%への引き上げはしたものの、景気回復を優先するとして、8%から10%への引き上げを二度延期した。

この消費税の引き上げの延期に対しては、賛否の意見が相半ばしている。消費税率の引き上げは、名目賃金が伸び悩む中で実質賃金を減少させ、家計の消費にマイナスの影響をもたらすことから急ぐべきではないとする意見がある一方で、わが国の消費税率は、諸外国と比較してもまだ低い水準にあり、現役世代、高齢世代を問わず、税の負担を求めることができる高齢社会に適した税であること、また財政の健全化を実現するためにも早期の税率引き上げを求める意見もある。(伊藤2016)

すでに経済・財政再生計画においては、２０２０年度のプライマリーバランスの黒字化は困難になっている。デフレ脱却も危ぶまれるなか、２０１５年9月に、安倍内閣はアベノミクスの第2ステージとして、一億総活躍社会の実現を掲げ、新たな改革に着手している。そこでは、２０６０年においても人口一億人の維持を目標とし、出生率の回復や、女性の活躍推進など社会経済の構造的な問題に取り組もうとするものである。その施策は働き方改革から介護職の待遇改善まで多岐にわたるが、その一つに、すべての子供が希望する教育を受けられる環境の整備を目的とする給付型奨学金の創設がある。これは貸与型のみの国の奨学金制度において初めての試みであり、収入の多寡にかかわらず幅広い世帯に対して進学の機会を広げることが期待される。しかし、給付の対象者や事業規模は限定的なものであり、やや物足りなさも感じる。

この給付型奨学金のように新たな施策を開始するにあたって、その規模が限定的なものにとどまるのは、追加的な財政需要を賄う財源の確保が壁となっているからである。そして、その壁となる財源の要因は、単に税収が足りないという歳入の問題に帰せられるものではなく、わが国の予算制度における歳出の問題にもその理由を求めることができる。筆者は、この問題の解決なくして財政健全化は実現不可能と考えている。

わが国の予算制度には、しばしばその限界的な変化にのみ着目する増分主義という批判がある。わが国では毎年度の当初予算に対する各省庁の予算要求額について、裁量的経費の伸び率にシーリングと呼ばれる一律の上限を設けている。歳出を抑制する手段として、歳出にあらかじめ上限を設けることは各国の予算でも見られるが、その使途によって上限にも幅を持たせるのが通例であろう。わが国のように、全ての歳出分野において同じ割合で一律にシーリングをかけるのは、すべての経費が同じように政策的な重要性を有する場合に限られるはずであり、わが国固有の特異な性格といえる。政府は、このシーリングによる予算の硬直性を回避するため、２０１７年度の当初予算でも、「新しい日本のための優先課題推進枠」と呼ばれるシーリングの枠外の予算を設けているが、田中（２０１６）によれば、こうした枠の設定それ自体が省庁間の予算調整機能の限界を示しているという。結局、省庁間で事業の優先順位に基づく歳出のスクラップアンドビルドが出来ないために、必要性の高い事業であってもその規模には自ずとキャップが課せられ、結果的に無駄な歳出を温存することになる。

財政の健全化を進めつつ、同時に一億総活躍社会の実現に見られる社会構造の変革に対して長期的かつ継続的に取り組むには、旧来のやり方を繰り返しては何も解決しない。主要な歳出分野において中長期的な歳出の目標の設定なども視野に入れながら、経済・財政再生計画の枠組みの見直しを含め、予算策定プロセスまで踏み込む大胆な改革が望まれるが、それに至らないことが、日本経済の先行きの不透明感を高めているのではないだろうか。

近年、少子高齢化の進行、雇用においては共働き世帯や非正規労働者の増加など、人々の暮らしや経済社会の構造など「民」の姿も大きく様変わりした。その一方で、以前から、歳出の非効率性などの問題が指摘されながらも、その見直しに消極的な姿勢に終始し、旧来のままの姿をとどめる「官」の構造そのものが、社会経済の変化に対応する施策への足かせになっている印象がある。

わが国の財政はもはや時間の猶予はない。内外の経済変化に対して非常に脆弱になっており、旧来の景気対策を通じた景気回復も期待できないなかで、その新たな社会経済の変化に対応する施策の転換が求められる。本格的な人口減少社会を見据えた財政健全化に向けた改革が望まれる。

7　おわりに

過去の景気対策によって膨れ上がった政府債務、そして2025年問題に象徴される高齢化による社会保障費の拡大によって、わが国の財政健全化に向けたそのかじ取りはさらに厳しさを増している。

わが国の債務問題については、国債の多くが国内で消化され、海外の保有割合が低いこと、わが国の対外収支はおおむね黒字基調で、国内の対外債権も200兆円を超えていることなどから、いまだこれを楽観視する向きもある。しかし、ギリシャやイタリアをはじめとする欧州の債務危機を目の当たりにして、もはや対岸の火事ではないという危機感が国内でも強まっている。

経済再生と財政健全化の同時達成を目指す安倍内閣の政策は、現在の債務問題をさらに悪化させる危険と隣り合わせの政策でもある。もし経済が再生し、安定した成長が実現すれば、緩やかな物価の上昇と税収の増加により、政府債務の増大に歯止めがかかり、財政健全化への道も開けるはずだが、政権発足から既に4年が経過した現在でも、力強い景気回復の糸口は見つかっていない。

今後の財政健全化の実現に向けて大きな障害となるのは、社会保障費の増加が懸念される2025年以降である。財政健全化への歩みは、もはや短期間で解決するものではなく、この2025年以降を見据えた長期にわたる政策運営が求められる。

二度あることは三度あるのか、財政構造改革や歳出歳入一体改革が目指した財政健全化への歩みは、アベノミクスにより再び仕切り直しとなった。債務残高が累増するなか、再度の仕切り直しは許されない。経済社会の変化に対応しながら、税制、社会保障制度の課題をどう克服するのか、最早時間との戦いといえる。

参考文献

伊藤隆敏（2015）『日本財政「最後の選択」：健全化と成長の両立は成るか』日本経済新聞出版社
井堀利宏（2001）『財政再建は先送りできない』岩波書店
井堀利宏編（2004）『日本の財政赤字』岩波書店
井堀利宏、小西秀樹（2016）『政府の行動：アベノミクスの理論分析：政治経済学で読み解く』木鐸

社
上村敏之、田中宏樹 編著（2007）『「小泉改革」とは何だったのか―政策イノベーションへの次なる指針』日本評論社
田中秀明（2013）『日本の財政 再建の道筋と予算制度』（中公新書）中央公論新社
中里透（2014）「デフレ脱却と財政健全化」（特集 アベノミクスを実証的に評価する：財政・成長戦略）統計 統計 65（2）、27-32、2014-02 日本統計協会
本間正明（2001）『財政危機「脱却」：財政構造改革への第1歩』東洋経済新報社
吉田和男（1997）『破綻する日本財政：なぜ財政構造改革が必要か』大蔵財務協会

註

（1）平成25年12月 社会資本整備審議会・交通政策審議会「今後の社会資本の維持管理・更新のあり方について（答申）」

（2）保育所等関連状況取りまとめ（平成28年4月）、特別養護老人ホームの入所者の状況（平成26年3月）厚生労働省

（3）詳しくは、上村・田中（2007）を参照のこと。

第2章　「介護離職ゼロ」の実現にどのような施策が必要か

鈴木奈穂美

1　はじめに

２０１５年3月末、介護を必要としている人（要介護者・要支援者）が初めて６００万人を超えた。要介護認定を受けている人は増加傾向にあり、現在、６２９・7万人である（介護保険事業状況報告（２０１６年10月暫定版））。２０２５年には65歳以上の認知症患者が5人に1人になる（約７００万人に増加する）と見込まれている。[1] 介護社会の只中にいる日本では、２０００年に「介護の社会化」がうたわれた公的介護保険が整備されたものの、２０１０年国民生活基礎調査によると、主な介護者の71・1％が家族・親族であり、さらに主な介護者の61・6％は同居している家族・親族であった。２００1年調査と比較して7ポイント減少しているものの、日本の介護はいまだ家族介護が主流である。

高度経済成長期の終盤から、高齢化が進みはじめ、介護は生活問題としてとらえられていたが、当時は嫁・妻といった女性問題として社会問題化しつつあった。近年になると、男性の介護者が増え、性別を超えた共通の社会問題という認識が広まっている。人口減少社会に突入した日本は、労働力人口の減少への対応とともに、団塊世代（1947～49年生）が後期高齢者となる2025年頃に備え、介護環境の整備が急務である。にも関わらず、介護に追い詰められ、働きざかりの最中に離職する者や、介護をしながらの就労継続に悩んでいる者も数多くいる。

このような折、第二次安倍政権は新三本の矢の一本に「介護離職ゼロ」を政策目標として掲げた。仕事が続けられない、健康管理が難しい、気晴らしの時間が持てないなど、介護が人々を追い詰めないようにするにはどうしたらよいのか、また、介護が人々を社会から孤立させないようにするにはどうしたらよいのか。このような視点に立ち、仕事と介護の両立（以下WCBという）支援のあり方を模索していくことが本章の目的である。この目的を達成するには、国が主導する制度・政策だけでなく、地方自治体、職場、地域社会が取り組んでいる施策にも視野を広げて実態をとらえることが求められる。ここでは、ごく一部の事例にとどまるが、これら4つの側面から重層的なWCBの実現に向けた社会づくりを考えていきたい。

2　介護をしている労働者の実態

ここでは、総務省統計局が実施した「平成24年就業構造基本調査」結果を中心に、介護中の労働者を、介護をしながら働いている人、介護離職した人、介護しながら転職した人、離職後介護に専念した人に分けてみていく。[2]

介護しながら働き続けている人

介護をしながら働いている人（介護中の有業者）は291万人、うち男性45・0％、女性55・0％と女性のほうが多い。有業者には自営業なども含まれるが、多数を占める雇用者の状況をみると、女性は40歳代後半から、男性は50歳代前半から増加し、男女とも50歳代後半をピークに減少する（図表1）。40・50歳代といえば、職場では管理職として働き、高校や大学などに進学している子どもがいたり、子育てがひと段落し働く女性も増える年代である。雇用者総数に占める介護中の雇用者の割合をみると、男性では50代後半に7・4％、女性では13・0％であることから、この年代ではおおむね雇用者の1割程度が介護中であることがわかる。

次に、介護をしているか否かで、働いている人の割合に違いがあるかをみてみよう（図表2）。30歳未満では、男女ともに介護をしているか否かで有業率に大きな差はないが、男性で

図表1　性別・年齢階級別介護をしている雇用者数と雇用者総数に占める割合

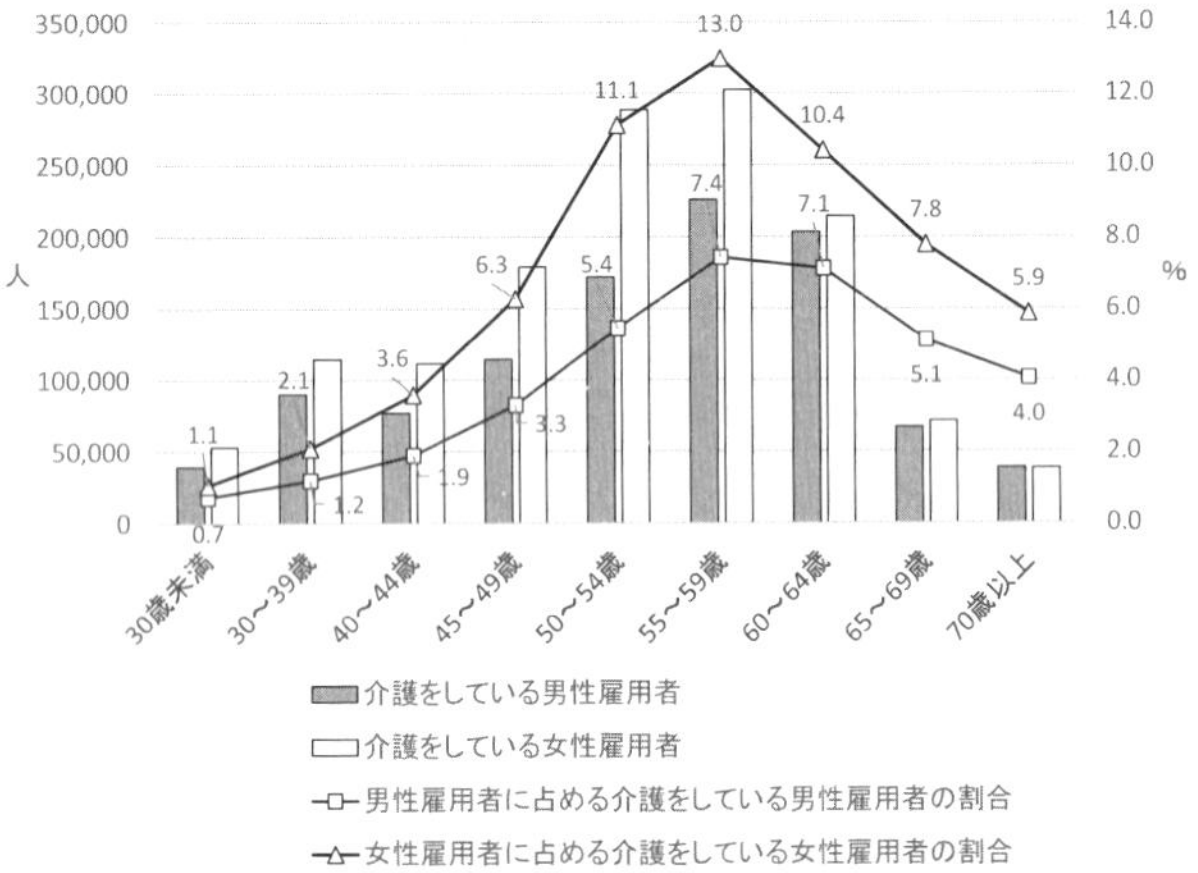

出所　総務省統計局「平成 24 年就業構造基本調査」
注　雇用者には会社などの役員を含む。

図表2　性別・年齢階級別・介護の有無別　有業率

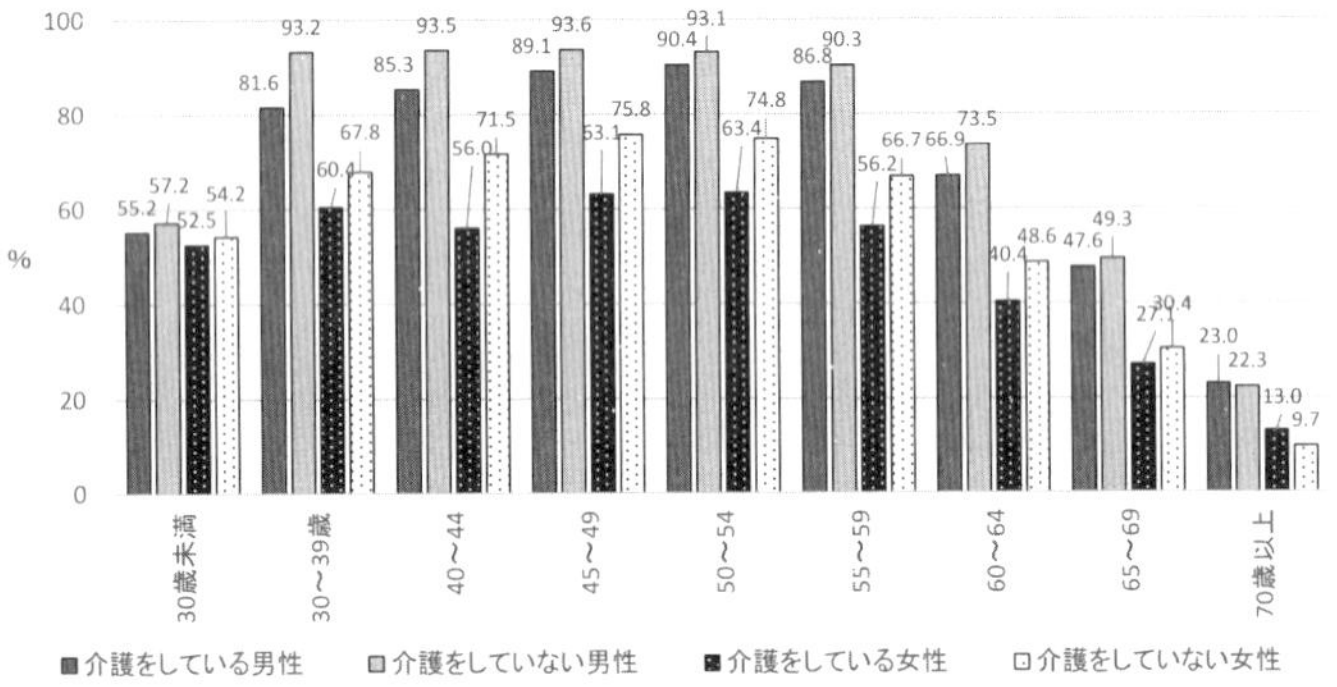

出所　総務省統計局「平成 24 年就業構造基本調査」
注　有業率とは、各属性の占める有業者の割合のことである。

は、30歳代で11・6ポイント、40歳代前半で8・2ポイントの差があり、女性では、40歳代前半で15・5ポイントの差が最大であるが、40～50歳代で10ポイント以上の差が生じている。図表1に示しているように介護中の雇用者比率は40歳代で増え、50歳代でピークになっていたが、それだけでなく、女性の場合、この年代で介護をしている者の有業率が大きく下がっている。男性の場合は、55～59歳で有業率が下がっていることから、そもそもそれらの世代で介護中の無業者の割合が高いことがわかる。男性で介護をしている人数をみると、30～39歳で12・5万人、40～44歳で10万人と絶対数は少ないのも特徴的である。このデータだけで断定することは困難であるが、介護が就労を妨げる可能性があることを示唆している。

　介護をしながら働いている人の雇用形態（図表3）をみると、女性は正規雇用者が35％程度、非正規雇用者が6割程度、男性は会社の役員などが1割強、正規雇用者が6割強、非正規雇用者が25％程度であった。非正規雇

図表3　介護中の雇用者の雇用形態（構成比）

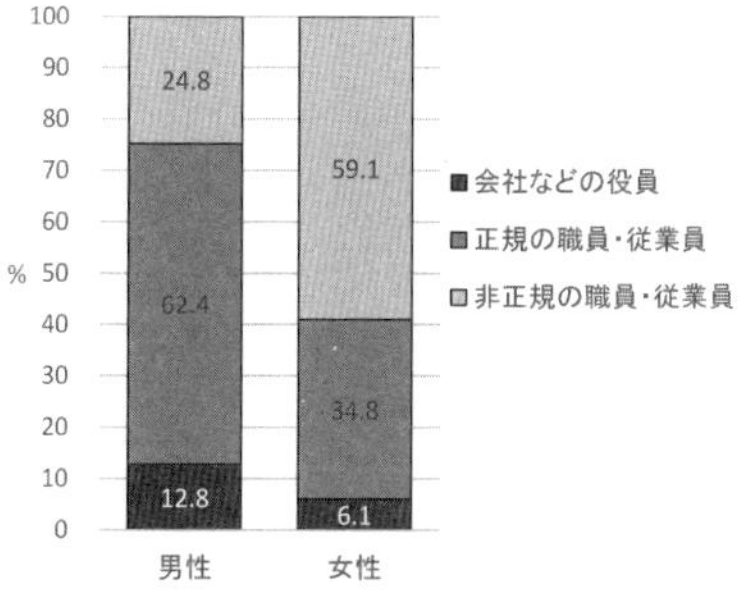

出所　総務省「平成24年就業構造基本調査」
注　雇用者には会社などの役員を含む。

用者全体のうち、男性では、アルバイトが33・8％、契約社員が23・9％で、女性では、パートが68・2％、アルバイトと契約社員がそれぞれ9・3％、8・4％であった。

介護離職した人

次に、介護を理由に離職した人はどのくらいいるのか。2007～12年の介護離職者は48・7万人、うち男性20・1％、女性79・9％と女性が多かった。男女ともに、50歳代から増え始め、60歳代前半にピークを迎える。

離職前の雇用形態をみると、男性は正規雇用者、女性は非正規雇用者の割合が高くなっている（図表4）。介護を理由にした離職者とそれ以外の理由での離職者で前職の雇用形態に違いがあるかを比べると、介護を理由にした離職か否かにかかわらず、男性の55％程度は前職が正規雇用者で、女性の65％程度は前職が非正規雇用者であったため、離職理由によって差はないといえる。

図表4 「介護・看護」離職者とそれ以外を理由とした離職者の前職の雇用形態（構成比）

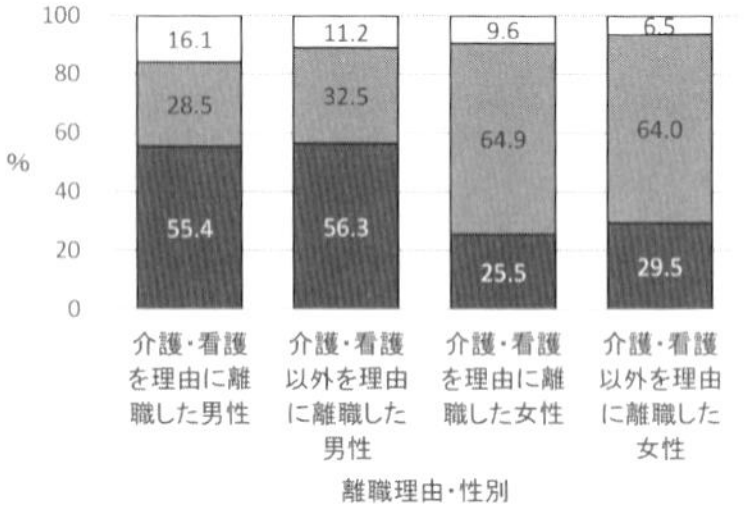

出所　総務省統計局「平成24年就業構造基本調査」
注　雇用者には会社などの役員を含む。

介護離職者は、離職する前、どのくらいの頻度で介護をしていたのか。三菱UFJリサーチ＆コンサルティング（2013）[3]によると、離職者の場合、ほぼ毎日と回答した男性は53・5％、女性は58・9％、週に2～4日と回答した男性は21・7％、女性は19・3％となっていた。一方、離職せずに働き続けている就業者は、ほぼ毎日が男性で35・4％、女性で35・5％、週に2～4日が男性23・6％、女性21・5％であった。離職者のほうが明らかにほぼ毎日と回答した割合が高いことがわかる。

介護の内容を10項目にわけて、離職者と就労者を比較すると、男女ともにいずれの項目も離職者のほうが高くなっている（図表5）。離職者が介護している父

図表5　就労者・離職者別おこなっている介護・看護の内容

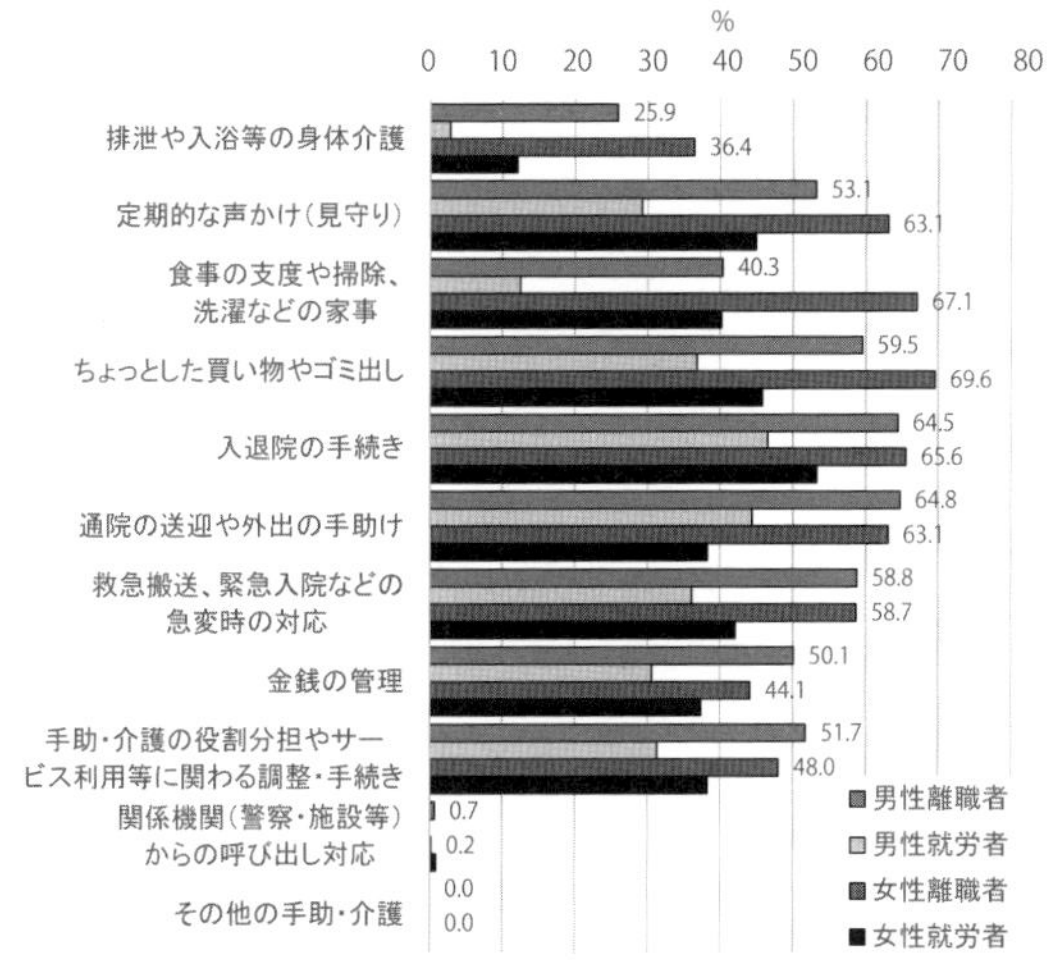

出所　三菱UFJリサーチ＆コンサルティング（2013）

注　1）「離職者」は、離職前に行っていた介護等の内容について回答している。

母の要介護度や認知症の度合いは、就労者と比べて重度という傾向はない（三菱ＵＦＪリサーチ＆コンサルティング２０１３）ことから、離職者は要介護状態の重軽に関わらず、見守りも含め直接介護を行う項目が多いため、それがＷＣＢを阻む障壁となり、離職という選択をせざるを得なくなったと考えられる。

離職者が介護等を機に仕事を辞めた理由（図表６）をみると、「仕事と介護等の両立が難しい職場だったため」が男女とも６割を超えており、続いて、「自分の心身の健康状態の悪化」が男性離職者25・３％、女性離職者32・８％であった。一方、「自身の希望として介護等に専念したかったため」は男女とも２割程度にとどまっていた。自主的に介護に専念する者よりも、職

図表6　手助・介護を機に仕事を辞めた理由（複数回答）

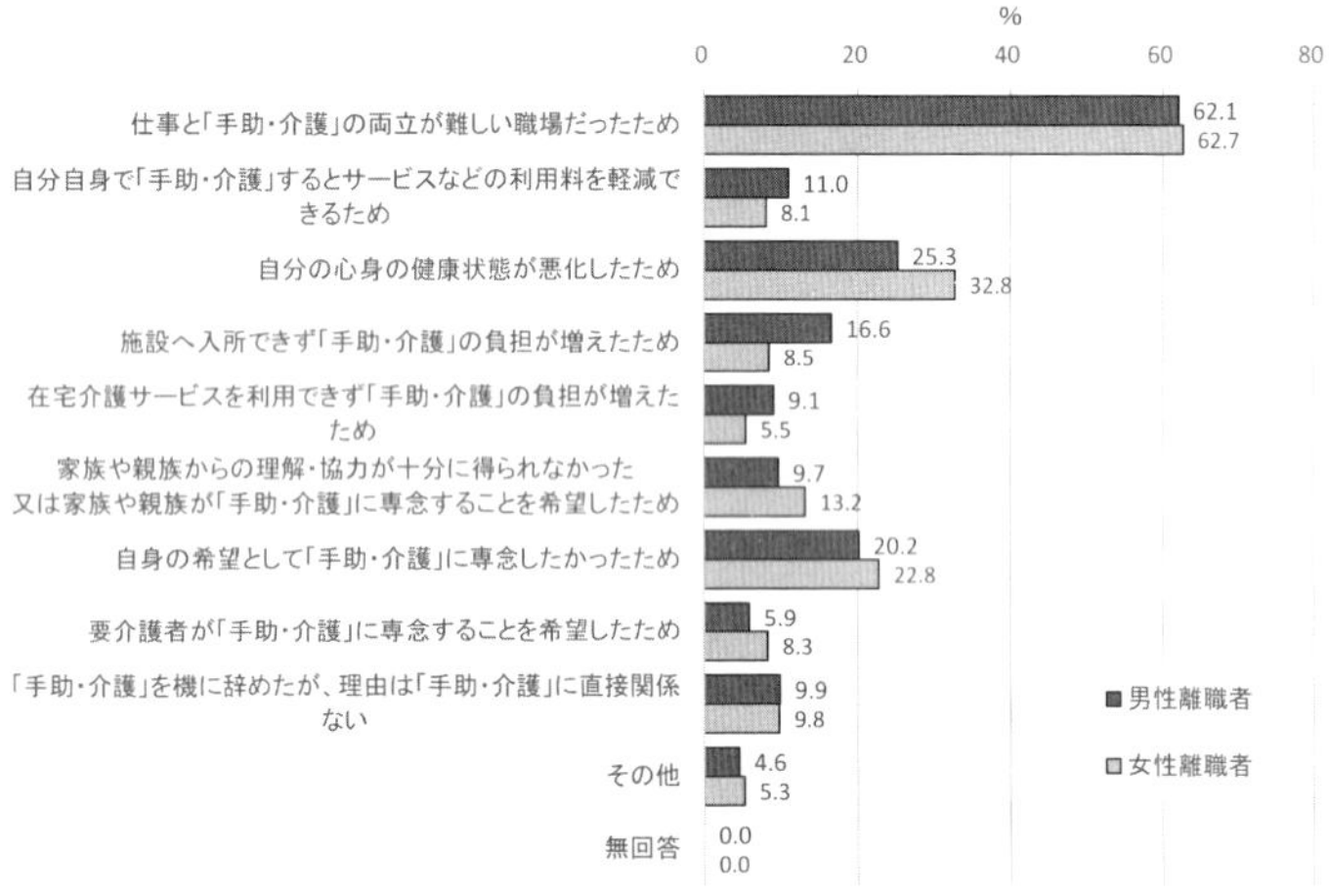

出所　三菱UFJリサーチ＆コンサルティング（2013）

注１）「離職者」は、離職前に行っていた介護等の内容について回答している。

場の介護に対する理解や介護者の健康状態などが、介護離職に影響を与えていた。したがって、これらの要因にアプローチできる政策・施策が介護離職を減らすのに必要である。

介護しながら転職した人

介護離職者48・7万人のうち、転職した人は12・3万人で、25・3％であった。性別でみると、再就職（自営業も含む）した男性は27、600人、女性は95、600人であった。介護離職者の大半が女性であることを反映し、再就職者も女性のほうが多くなっている。

介護離職者は、転職前後で雇用形態に変化があるのだろうか。図表7は、離職理由を介護・看護のためとそれ以外（定年は除く）に分け、転職前後の雇用形態の変化を示した。介護等を理由に離職した男性正規雇用者が、それ以外の理由で離職した男性正規雇用者と

図表7　性別・前職の離職理由別・離職前後の雇用形態の異動区分別　転職就業者の割合

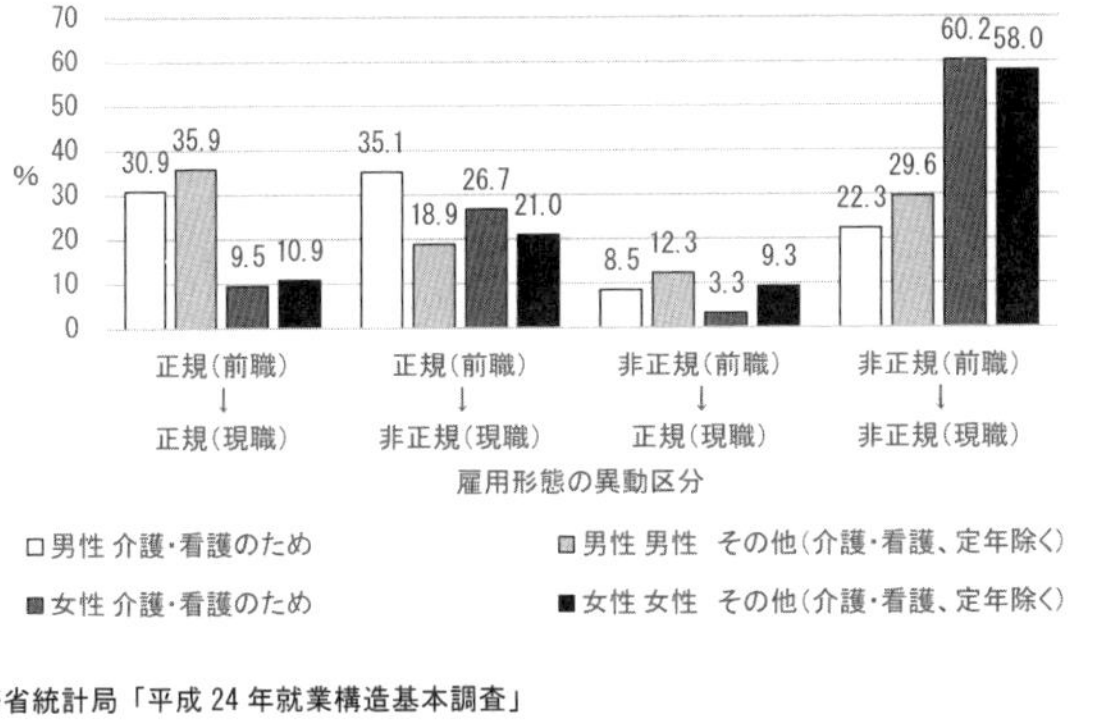

出所　総務省統計局「平成24年就業構造基本調査」

注　転職就業者とは、2011年10月以降に現職に就いた者の前職及び現職が雇用者のものである。

比べ、転職後に非正規雇用者になっている割合が35・1%と高かった。一方、前職が正規雇用者の女性のうち現職が非正規雇用者になっている割合は26・7%と若干高いものの、前職が非正規雇用者の女性で現職が正規雇用者は3・3%と低率であった。また、女性の場合、定年退職や結婚を機による退職を除き、非正規雇用者から非正規雇用者に転職するものが多くいるため、介護等を理由にした離職に限らず、非正規から非正規へ転職する割合が高くなっていた。

図表8では、介護を理由とした離職者とそれ以外（定年は除く）を理由とした離職者の間で、前職を離職後、現職に就くまでの期間が1年以上あった者の割合を示した。男女ともに、いずれの異動区分でも、介護離職者のほうが転職に1年以上かかっている者の割合が高くなっている。特に、男性では、正規から非正規への転職で1年以上かかったものが

図表8　性別・前職の離職理由別・雇用形態の異動区分別　離職期間が1年以上あった転職者の割合

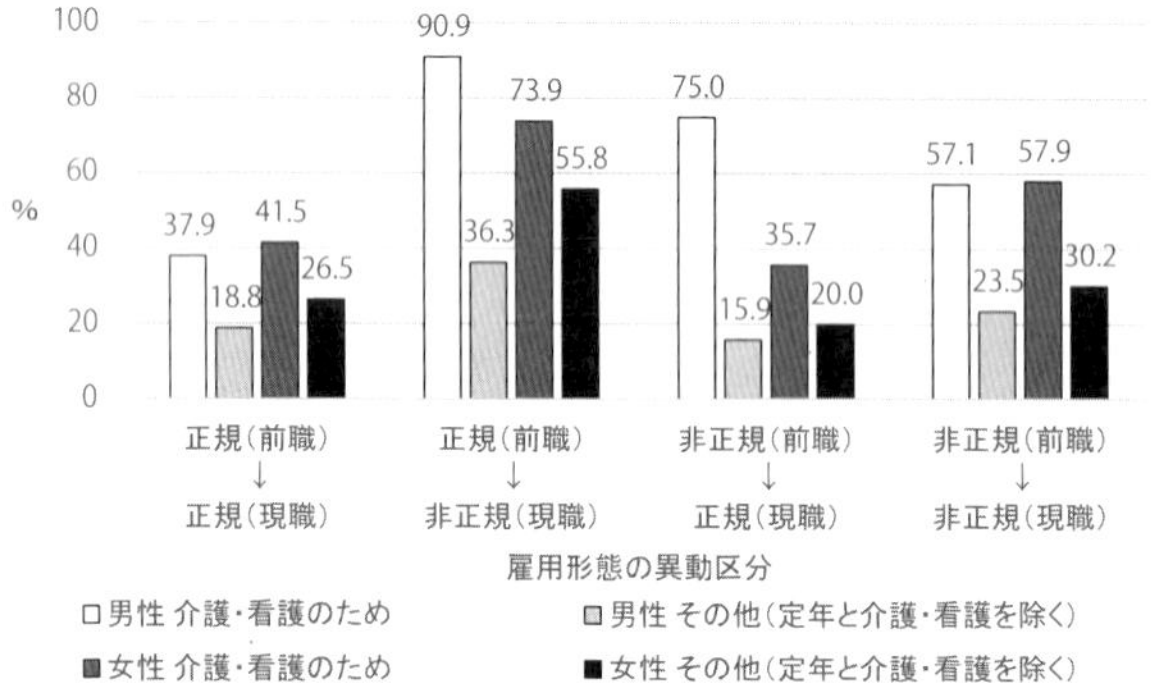

出所　総務省統計局「平成24年就業構造基本調査」

注　転職就業者とは、平成23年10月以降に現職に就いた者であり、かつ前職及び現職が雇用者であったものである。

90・９％と極めて高く、非正規から正規への転職で75・０％、非正規から非正規への転職で57・１％といずれも高い割合であった。女性も、介護を理由に転職した者で1年以上転職までかかっている割合が高く、正規から非正規、非正規から非正規への転職者の割合がそれぞれ73・９％、57・９％と高かった。介護離職者が転職に長期間かかることに加え、特に男性で正規から正規に転職するよりも、それ以外の異動区分に転職するほうが長時間要していた。

介護による転職は年収にも影響を及ぼしている。明治安田生命生活福祉研究所・ダイヤ高齢社会研究財団（２０１４）[4]によると、男性は介護開始前の５５６・６万円から転職直後の３４１・９万円へと、女性は３５０・２万円から１７５・２万円へと年収が低下している。再就職までの時間がかかることに加えて、転職に伴う年収の低下により、介護者の生涯賃金も引き下げられ、介護中だけでなく、介護が終了した後の自身の生活の自立性をも左右されてしまう。経済的な意味での自立した生活を考えると、介護をしながらも仕事を続けられるような労働環境の整備は言うまでもなく、本人の意思で介護に専念したいと離職した後、介護がひと段落し再就職できるような就労支援策の拡大も必要であろう。そうしなければ、税収減等につながることになる。

離職し介護に専念した人

最後に、介護離職後に介護に専念した人を見ていこう。２００７〜12年の介護離職者のうち、

図表9　前職の離職理由別　無業率

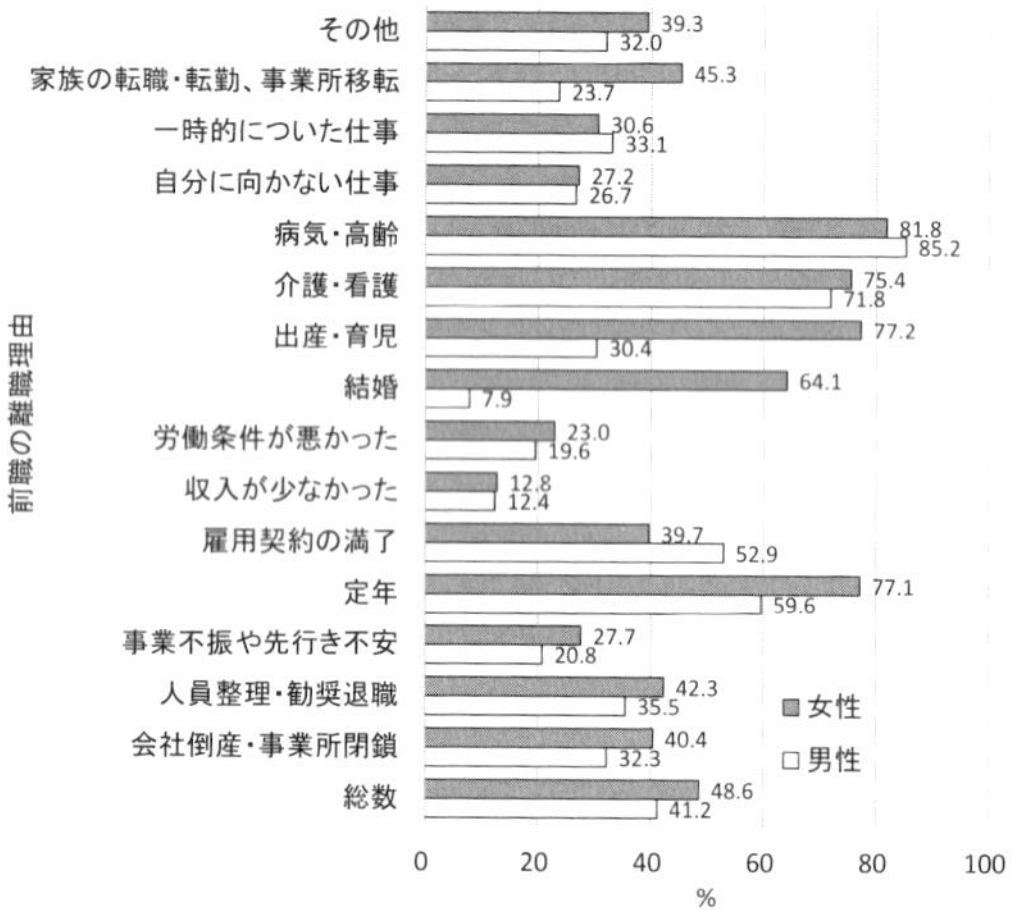

出所　総務省統計局「平成 24 年就業構造基本調査」

注　無業率とは、前職の離職理由別 15 歳以上人口に対する無業者の割合である。

図表10　性別・前職の離職理由別　無業者に占める就業希望者と求職者の割合

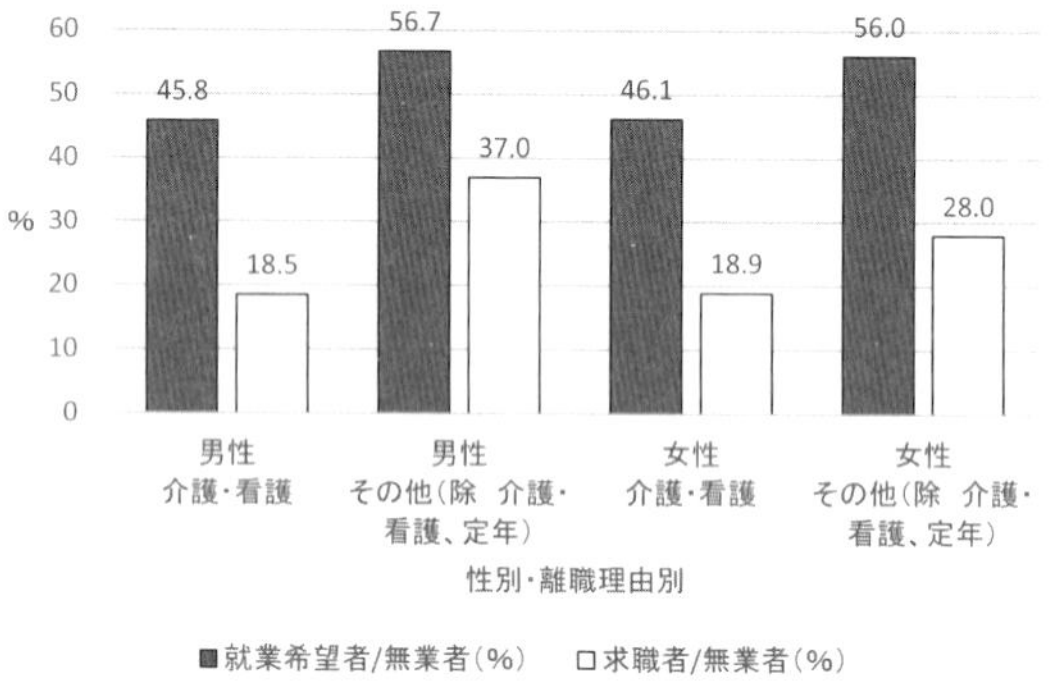

出所　総務省統計局「平成 24 年就業構造基本調査」

注　「就業希望者」とは、現在就いている仕事を辞めて、他の仕事に変わりたいと思っている者のことで、「求職者」とは、就業希望者のうち、実際に仕事を探したり、準備したりしている者のことである。

無業者は74・7％の36・4万人で、内訳は男性70300人、女性293400人であった。図表9によると、男性は「病気・高齢」に次いで、女性は「病気・高齢」「出産・育児」「定年」についいで、「介護・看護」を理由に離職した後の無業率が高かった。

介護を理由にした者の就職活動はどのような状況になっているのだろうか。介護・看護を理由に離職した者とその他（定年を除く）の理由で就職希望者と求職者の割合をみると（図表10）、どちらも介護離職者のほうが低くなっていた。このことから、介護離職後無業になった者は、転職を希望することも、そして実際に就職活動をすることが難しい様子がうかがえる。

3　一億総活躍社会実現に向けた「介護離職ゼロ」の政策フレーム

一億総活躍社会とは、「経済成長の隘路である少子高齢社会に真正面から向き合う」ため、「女性も男性も、お年寄りも若者も、一度失敗を経験した方も、障害や難病のある方も、家庭で、職場で、地域で、あらゆる場で、誰もが活躍できる、いわば全員参加型の社会」のことである（首相官邸2016）。この社会像の先には、「半世紀後の未来でも人口一億人を維持」し、「力強く日本の経済が成長していくとともに、その成長という手段を使って、国民みんながそれぞれの人生を豊かにしていくこと」を目指している。一億総活躍社会の実現にむけ、安倍政権は「アベノミクス第二ステージ」として、「新・三本の矢」の第三の矢に「安心につながる社会保障」を掲げた。その一角に「介護離職ゼロ」に関する政策がある[5]。

２０１５年10月、「ニッポン一億総活躍プラン」に盛り込む施策等を審議するため、関係閣僚と有識者からなる「一億総活躍国民会議」を発足させた。この会議の第３回（２０１５年11月26日）にて、「一億総活躍社会の実現に向けて緊急に実施すべき対策」を決定し、「介護離職ゼロ」に直結する緊急対策として６領域が提起された（図表11）。要介護者向けサービスの充実（施設や住宅サービスの整備）や介護人材の育成・確保、生産性向上とともに、介護者に対する相談支援体制の充実のため、地域のみならず職域をも巻き込んだ相談機能の強化、福祉分野の専門家であるケアマネジャーが仕事と介護の両立に関する助言できるよう体制づくりなども提示された。また、介護に取り組む家族が介護休業・介護休暇を取得しやすい職場環境整備にむけ、介護休業関連の制度見直しも示された。これらの提起をふまえ、２０１６年

図表11　一億総活躍社会の実現に向けて緊急に実施すべき対策－「介護離職ゼロ」関連（抜粋）

高齢者の利用ニーズに対応した介護サービス基盤の確保
（略）

求められる介護サービスを提供するための人材の育成・確保、生産性向上
（略）

介護する家族の不安や悩みに応える相談機能の強化・支援体制の充実
- 介護に取り組む家族のための総合的な相談機能を地域・職域を通じて強化する。
- 介護と仕事の両立についてもケアマネジャー（介護支援専門員）が助言できる体制を整備する。
- 介護保険制度の内容や手続きを住民へ周知徹底する。

介護に取り組む家族が介護休業・介護休暇を取得しやすい職場環境の整備
- 介護休業の93日間を分割取得できるよう制度見直しを検討する。
- 介護休暇をより柔軟に取得できるよう制度見直しを検討する。
- 介護休業給付水準の引き上げを検討する

元気で豊かな老後を送れる健康寿命の延伸に向けた機能強化
（略）

生きがいを持って社会参加したい高齢者のための多様な就労機会の確保、経済的自立に向けた支援
（略）

出所　一億総活躍国民会議（2015）をもとに筆者が作成

に育児・介護休業法や雇用保険法等の改正が進められた（4節参照）。

その後、一億総活躍国民会議は、第8回（2016年5月18日）の会議で「ニッポン一億総活躍プラン」を取りまとめ、2016年6月2日に閣議決定された（首相官邸2016）。このプランでは、「名目GDP600兆円」「希望出生率1・8」「介護離職ゼロ」という目標それぞれについて、国民生活における課題、検討すべき方向性、対応策の樹形図を示し、「名目GDP600兆円」については2020年度まで、「希望出生率1・8」「介護離職ゼロ」については2025年度までに、どのような政策をいつ実行するかというロードマップを定めた。「介護離職ゼロ」分野では、政策対象を介護サービスの提供側、介護に取り組む家族、高齢者等にわけて樹形図が作成された。このうち、対応策としてあげられたものが図表12である。介護に取り組む家族の対応策に注目すると、先の「緊急対策」で挙げられたものに加え、「働き方改革の推進」が加えられた[6]。

図表12 「一億総活躍プラン」における「安心につながる社会保障」（介護離職ゼロ）に関する対応策

政策対象	対応策
介護サービスの提供側	① 高齢者の利用ニーズに対応した介護サービス基盤の確保
	② 求められる介護サービスを提供するための多様な人材の確保、生産性の向上
介護に取り組む家族	③ 介護する家族の不安や悩みに応える相談機能の強化・支援体制の充実
	④ 介護に取り組む家族が介護休業・介護休暇を取得しやすい職場環境の整備
	⑤ 働き方改革の推進
高齢者等	⑥ 元気で豊かな老後を送れる健康寿命の延伸に向けた取組
	⑦ 高齢者への多様な就労機会の確保
	⑧ 障害者、難病患者、がん患者等の活躍支援
	⑨ 地域共生社会の実現

出所　首相官邸（2016）p46 をもとに筆者が作成

「③介護する家族への相談機能強化・支援体制充実」には、地域包括支援センター(7)が身近な相談先であることを広く周知しつつ、同センターの土・日・祝日の開所を促進すること、ハローワーク等との連携により、介護離職の防止に向けた取り組みを強化すること、2016年度からケアマネジャーの研修カリキュラムに家族に対する支援を追加すること、認知症サポーター養成講座(8)の開催をさらに促進し、修了者の把握と活用、地域・職域の先進的な事例の展開、サポーター同士の発表・討議の機会の提供などの取り組みを進めること、認知症の人やその家族が集う取り組みを2020年度までに全市町村に普及させることなどが挙げられていた。

「④介護休業・介護休暇を取得しやすい職場環境の整備」では、緊急対策に基づいた介護休業等の制度見直しを進め、施行後5年経過時に施行状況の検討を行い、所要の措置を講じること、介護に直面した労働者への休業からの復帰支援など、WCBに資する雇用環境の整備を行った事業主に対する支援を強化するとともに、事業主へのコンサルティングを提供すること、介護保険の被保険者となる労働者（40歳に達した労働者）に対する介護休業制度や介護保険サービスの周知・啓発を実施すること、WCBが可能となるよう、モデル就業規則の整備等により、多様な正社員の普及を図ることなどが明示された。

しかし、介護離職ゼロ関連の現状分析や対応策をみると、2015年の介護保険制度改正で導入された地域包括ケアシステムとの整合性は薄いものであった。一部、サービス付高齢者向け住宅の整備といった居住系サービスの充実は謳っていたが、特別養護老人ホームの拡大は、待機要介護者対策にはなるものの、要介護度3以上の重度要介護者に利用を限定していこうという介護保険制度改革の議論を踏まえると重度の要介護者に偏重した支援とも受けとめられる。2節でもふれたが、要介護度の軽重よりも、直接介護をおこなっている項目の多少が介護離職に影響があるという結果をふまえると、比較的軽度でも、認知症など見守りも含めた介護時間の長い者に対する支援が必要であろう。それには、介護時間の長時間化を抑制できるような、また、長時間化による介護負担を軽減できるような在宅サービスの充実とともに、在宅で介護をしている介護者の就労や就労以外の生活（健康や自身の生活を維持するための家事労働やスポーツ、趣味、ボランティア活動といった社会活動など）を無理なく継続できるような支援施策の制度化が求められよう。

4　仕事と介護の両立に向けた職場での取り組み

職場の介護者支援の実態

介護中の労働者を雇っている事業所ではどのような取り組みをおこなっているのだろうか。2013年雇用均等基本調査からひも解いてみよう。

介護の問題を抱えている従業員がいるかどうかを把握している事業所は半数程度の51・7％であった。実態把握の方法（複数回答）は、「自己申告制度等で把握した」が60・7％と最も高く、「直属の上司等による面談で把握した」の50・2％が続いた。「仕事と介護の両立などに関する従業員アンケート」（1・2％）や「介護に関する相談窓口」（2・6％）といった事業所全体で統一的に把握する方法については、低率であった。

また、現在、仕事と介護の両立支援に関する職場環境の整備に取り組んでいる事業所は57・3％であり、その内容をみると（複数回答）、「介護休業制度や介護休暇制度等に関する法定の制度を整えること」（84・3％）が最も高いが、介護休業を取得した者がいた事業所の割合は1・4％と低い値で、法律に則った社内規定の整備をうたっていても、利用率は伸びていない。このほか、「制度を利用しやすい職場づくりを行うこと」（27・6％）、「従業員の仕事と介護の両立に関する実態把握やニーズ把握を行うこと」（23・6％）、「介護に直面した従業員を対象に仕事と介護の両立に関する情報提供を行うこと」（22・9％）も比較的高い値を示しているものの、先の法定制度の整備と比べると低い状況で、事業所独自の取り組みまで進んでいるところは少ない。

この状況をふまえると、事業者は雇用者に対して介護の状況把握が十分に行われておらず、また、法律に基づいた制度の利用も低調で、実態の伴ったＷＣＢ支援に関する職場環境の整備も道半ばといえる。このような状況をふまえ、２０１６年3月29日、国会で育児介護休業法等の見直しをおこない、政府主導で職場でのＷＣＢ支援体制の強化を図った。次に、その概要を整理しておこう。

介護離職防止に向けた改正育児・介護休業法（2016年）

２０１６年の改正育児・介護休業法では、育児休業関連の改正も行われたが、ここでは、介護休業関連の項目に限定してみていくことにする（厚生労働省都道府県労働局雇用環境・均等局２０１６）。

（１）介護休業の分割取得（２０１７年１月施行）

介護休業とは、労働者（日々雇用される者を除く）が、要介護状態（負傷、疾病又は身体上若しくは精神上の障害により、２週間以上の期間にわたり常時介護を必要とする状態）にある対象家族の介護体制を整えるための休業であり、直接介護をするための休業ではない。この休業は従来、対象家族１人につき、通算93日まで原則１回に限り取得可能としていたが、介護の始期・終期、その間の期間に介護体制の変化に対応させるという観点から、対象家族１人につき通算93日まで、３回を上限として、介護休業の分割取得を可能にした。対象家族については（７）でふれる。

（2）介護のための所定外労働の免除制度の創設（２０１７年１月施行）

介護終了までの期間に請求できる権利として、所定外労働の免除制度を創設した。ただし、事業主に引き続き雇用された期間が1年未満の労働者等は、労使協定で除外することができる。１回の請求につき、１ヶ月以上1年以内の期間で請求でき、請求できる回数に制限はなく、対象家族1人につき介護終了まで利用可能な制度である。事業の正常な運営を妨げる場合には、事業主は請求を拒否することもできる。

（3）介護のための所定労働時間の短縮等の措置の拡充（2017年1月施行）

介護のための労働者に対する所定労働時間野短縮等の措置とは、①所定労働時間の短縮措置、②フレックスタイム制度、③始業・終業時刻の繰上げ・繰下げ、④労働者が利用する介護サービス費用の助成その他これに準じる制度のことであり、事業主はこれら4つのうちいずれかの措置を選択して講じなければならない（選択的措置義務）。改正前、所定労働時間の短縮等の措置は、介護休業と通算93日の範囲内で取得可能であったが、改正後は、介護休業とは別に、利用開始から3年以上の期間の利用が可能となった。

（4）介護休暇の半日単位等の取得（2017年1月施行）

介護休暇とは、要介護状態にある対象家族の介護その他の世話を行う労働者（日々雇用される労働者を除く）が、1年に5日（対象家族が2人以上の場合は10日）まで、介護その他の世話を行うための休暇である。改正前は1日単位で取得することとなっていたこの休暇を、改正後は半日（所定労働時間の2分の1）単位での取得を可能にした。

（5）有期契約労働者の介護休業の申出の要件緩和（2017年1月施行）

①同一の事業主に引き続き1年以上雇用されていること、②介護休業開始予定日から93日経過する日から6か月を経過する日までに労働契約（更新される場合には、更新後の契約）

の期間が満了することが明らかでないことの2つの要件を満たす有期契約労働者は、介護休業を取得することができることとなった。

（6）介護休業等取得しながら継続就労とする労働者の就労環境の整備（2017年1月施行）

介護休業制度等の取得等を理由に上司・同僚等が行う解雇その他不利益な取扱い[10]を防止するため、事業主に雇用管理上必要な措置を義務付ける。また、派遣先で就業する派遣労働者も、派遣先も事業主とみなして、上記の防止措置義務を適用する他、事業主による制度取得等を理由とする不利益取り扱いの禁止規定を派遣先にも適用することとなった。

（7）介護休業等の対象家族の範囲拡大（省令事項）

改正前の対象家族は、配偶者、父母、子、配偶者の父母の他、同居かつ扶養している祖父母、兄弟姉妹及び孫であったが、改正後は同居・扶養していない祖父母、兄弟姉妹及び孫も対象家族として追加された。

（8）介護休業給付率の引き上げ（雇用保険法の改正、2016年8月施行）

介護休業中の雇用保険から支給される介護休業給付の給付率を、現行の賃金の40％から67％へ引き上げた。これまで育児休業中の休業給付率は67％であったため、介護休業給付率と開きがあったが、今回の改正で、同率になった。

（2）（3）（4）は日常的な介護者のニーズに応えるため、2016年改正で創設・変更されたものである。育児介護休業法には、上述の8点以外に、WCB支援として介護中の労働者に対し、時間外労働（1か月24時間、1年150時間を超える労働）の制限や深夜業（午後10時から午前5時まで）の制限する規定もあるが、今回の改正で変更がなかったため省略する。

厚生労働省が提示する介護離職予防のための両立支援モデル

厚生労働省は介護離職ゼロにむけ、事業所がWCB支援に取り組みやすくするため、「介護離職を予防するための両立支援モデル」をまとめた（厚生労働省2016）。このモデルでは、5つの取り組みとともに、すぐに活用できるツールも提示している。

第1の取り組みは、「従業員の仕事と介護の両立に関する実態把握」である。活用できる具体的なツールとして、雇用者に対する介護の実態把握調査票がある。介護経験の有無、介護に対する不安、介護に直面した際に希望する働き方、両立支援制度の周知状況などを把握するためのアンケートである。対象年齢は介護に直面する可能性が高まる40歳・50歳代の雇用者を中心に配布することを推奨している。

第2の取り組みは、「制度設計・見直し」である。具体的なツールとして、人事用に「『仕事と介護の両立支援制度』を周知しよう」チェックリストを示している。自社の仕事と介護の両立支援制度を雇用者に周知徹底するためのポイントを確認するためのツールである。

第3の取り組みは、「介護に直面する前の従業員への支援」である。具体的なツールとして、人事用に社内研修用の「仕事と介護の両立セミナー」のテキストを配布している。これは、介護に対する事前の心構えの重要性や仕事と介護の両立のためのポイント等を掲載しているもので、人事担当者が社内セミナー等を開催する際に利用できるものである。また、雇用者用のツールとして、「研修実施後のフォローアップ調査票」、「仕事と介護の両立準備ガイド」リーフレット、「親が元気なうちから把握しておくべきこと」チェックリストがある。テキストに基づき実施した研修や「仕事と介護の両立準備ガイド」リーフレットについての効果測定のための調査票である。このリーフレットとは、両立するための事前の心構えの重要性や、両立に向けたポイントなどを雇用者に周知するためのものであり、チェックリストとは、介護への事前の備えの一環として、雇用者が親の状況や親の住む地域の地域包括支援センターの情報などを確認・記録するためのツールである。これらのツールは、人事担当者が40・50歳代の雇用者を中心に配布するものである。

第4の取り組みは、「介護に直面した従業員への支援」である。ここで活用するツールは、人事・管理職用として「従業員から介護に関する相談を受けた際に対応すべきこと」チェックリストと雇用者用の「ケアマネジャーに相談する際に確認しておくべきこと」チェックリストである。人事・管理職用のチェックリストは、雇用者から介護に関する相談を受けた際に対応すべきポイントを、雇用者用のチェックリストは、ケアマネジャーに相談する際、どのようなことをケアマネジャーに伝えるべきか、確認すべきかのポイントをまとめたツールである。

第5の取り組みは、「働き方改革」である。これに関するツールは、管理職用に「働き方の工夫を考えよう」チェックリストである。WCBが実現できる環境づくりに向け、職場での「働き方の工夫」のポイントをまとめたものである。

以上9つのツールは、いずれも厚生労働省ホームページからダウンロードできるようになっている。それぞれの5つの取り組みは、図表13のように相互に関連している。

5　介護者支援に取り組む自治体—岩手県花巻市のケース

岩手県花巻市は2010年から市独自の事業として、アウトリーチ手法を活用した「在宅介護者等訪問相談事業」を実施している。本節では、この事例に注目し、自治体に求められる介護支援の役割を考えていこう。

岩手県花巻市の現状

岩手県のほぼ中央に位置する花巻市は、総面積908・32㎢

図表13　厚生労働省が示す介護離職を予防するための両立支援対応モデル

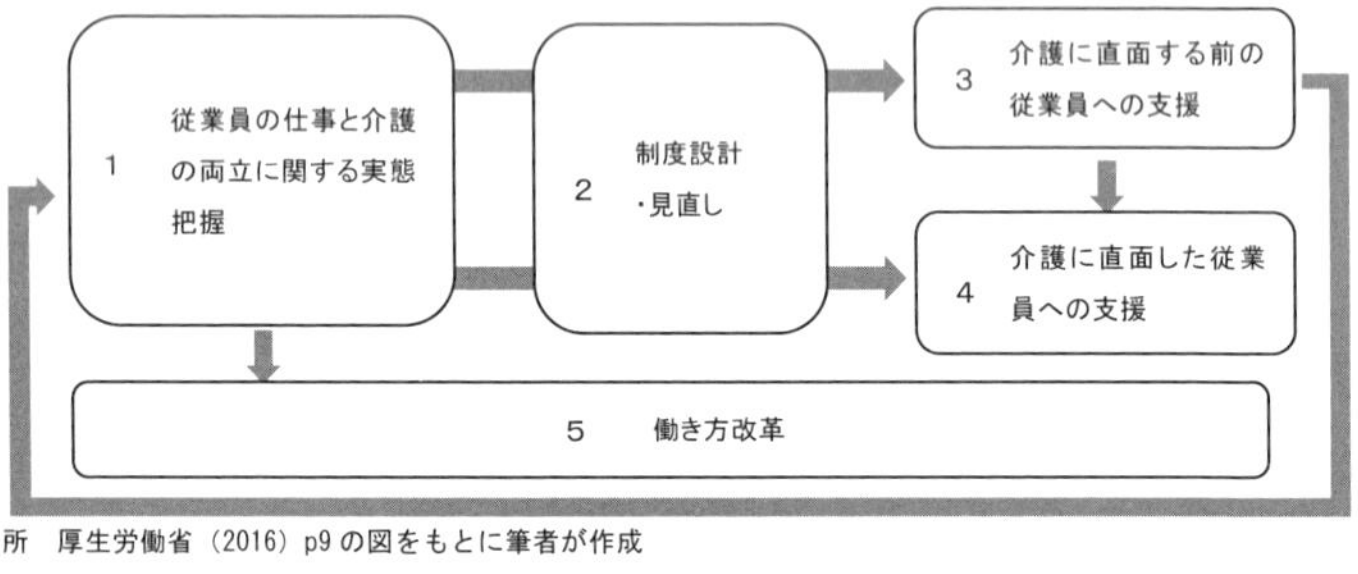

出所　厚生労働省（2016）p9の図をもとに筆者が作成

を有する。人口は97771人、世帯数33833世帯、高齢化率32・1％、15歳未満人口比率11・9％である（平成27年国勢調査）。人口は2005年以降、減少傾向にある一方、世帯数は1975年以降増加している。これは、世帯規模が小さくなってことを意味している。また、過去10年間で高齢化率は6・3％増、15歳未満人口比率は1・5％減と少子高齢化が進んでいる。要介護者等認定者数の状況は、2011年度末の5512人から2016年6月の6416人へと増加傾向にある。地域包括支援センターは市内5か所あり、2012年度からはすべて花巻市社会福祉協議会（以下、花巻社協という）に一本化して委託されている。

花巻市が2010年から「在宅介護者等訪問相談事業」（以下、「訪問相談事業」という）に乗り出した理由は、在宅介護者が置かれている厳しい状況が全国から報告されていること、民生委員から、「地域包括支援センターとの連携が進んできている反面、介護サービスや高齢者福祉サービスを受給しない、相談を拒否する世帯があるなど、活動困難」といった在宅介護者が孤立している可能性が指摘されたことなどがある（堀越2016）。

在宅介護者等相談訪問事業とは

（1）「在宅介護者実態調査」で介護者の実態把握

花巻市生活福祉部長寿福祉課は、「訪問相談事業」開始に先立ち、実態把握のため「在宅介護者実態調査」を実施した。在宅で介護している介護者の方の健康状態や介護に対する要望等を伺い、今後の施策に反映することを目的にした調査で、２００９年８～10月に実施した。調査対象者は、（Ａ）介護保険居住サービス利用者の介護者２２３３人、（Ｂ）要介護認定を受けた介護サービス未利用者の介護者５７６人、計２８０９人で、回答者は（Ａ）１２８６人、（Ｂ）１４４人、計１４３０人（回収率50・９％）であった（花巻市「在宅介護者実態調査実施要領」より）。調査の担当機関は、調査対象者（Ａ）が居宅介護支援事業所、（Ｂ）が地域包括支援センターであった。調査項目は、介護者の基本属性（要介護者との続柄、年齢、性別、要介護者の要介護度）の他、介護負担感、介護の困りごと、介護や生活上の悩みの相談相手、介護に関する要望、健康状態（抑うつ傾向の測定）であった。

主な調査結果をみると、主な介護者は配偶者、子ども、子どもの配偶者の合計が94％、女性77％と、家族や女性への介護依存が高かった（花巻市生活福祉部長寿福祉課「在宅介護に関する実態調査報告」より）。介護の負担感は、「大変負担を感じる」「やや負担を感じる」が80％で、負担感が大きかった。日ごろ感じていることの上位３つは、「心労の負担が大きい」（21・３％）、「旅行や趣味など楽しむ余裕がない」（17・２％）、「外出ができない」（12・３％）の３項目であった。介護サービスを利用していない（Ｂ）のグループに限定すると、「本人が介護サービス利用を拒む」（15・４％）、「旅行などを楽しむ余裕がない」（17・０％）、「心労の負担が大きい」（16・０％）が高くなっていた。相談相手は同居家族、別居の子ども・兄弟・親戚、ケアマネジャーの合計が68％で、サービス利用者ではケアマネジャーの割合が高くなっていた。市役所や地域包括支援センターへの相談は合計2％と極めて低かった。また、健康状態の調査から、軽度及び中度の抑うつ傾向があるとみられる人が24％いた。この調査では、就労に関する項目はなかったが、介護の負担が健康状態や介護者の社会生活（趣味、旅行など）に影響を与えていることがわかる。

（2）「在宅介護者等訪問相談事業」の開始

2010年度からスタートした「訪問相談事業」は、在宅介護者を対象に、介護や生活上の悩みや不安の解消を目的に訪問相談員を配置し、家庭訪問を実施している[11]。事業状況は図表14に示した通りである。事業対象者は、（1）で示した実態調査のうち、（B）に分類された要介護認定者のうち、居宅サービスを利用しなかった介護者である。ただし、居宅介護サービスを利用し始めた介護者から依頼があったり、地域包括支援センターや居宅介護支援事業所からの紹介などがあれば訪問するとしている。また、

図表14　花巻市在宅介護者等訪問事業の事業状況

	2010年度	2011年度	2012年度	2013年度	2014年度	2015年度
相談員の配置（人）	6	3	3	2	2	2
相談員の所属	社会福祉協議会地域包括支援センター	社会福祉協議会	社会福祉協議会	社会福祉協議会	社会福祉協議会	社会福祉協議会
財源等	緊急雇用対策	ひかりをそそぐ交付金	ひかりをそそぐ交付金	介護保険特会（地域支援事業）	介護保険特会（地域支援事業）	介護保険特会（地域支援事業）
予算規模（千円）	13,678	7,450	7,450	5,340	5,435	5,217

出所　堀越（2016）掲載の表に筆者が加筆・修正

2010年度の訪問では、前年度に実施した「実態調査」で抑うつ傾向にある介護者も対象としていた。

この事業で訪問相談を行う人を「介護者等訪問相談員」(以下、訪問相談員という)と呼んでいる。訪問相談員の役割は、対象者の家庭訪問を行い、対象者が抱える介護・介護予防、日常生活への様々な悩みや不安等の相談を聞き、それらの解消に向け助言等をすることである。訪問時は、対象者の健康状態を把握するため、日々の食欲状態、定期通院の有無、日常の服薬、健康診断の受診有無などを確認するとともに、健康診断を迎える時期には、必ず受診を奨励することとしている(花巻市在宅介護者等訪問相談員のマニュアルより)。また、地域包括支援センターが開催する、介護者教室や家族介護者交流事業を案内している。そして、困難事例と判断した場合、地域包括支援センターに報告・連絡し、同センターが民生児童委員をはじめ関係者の協力のもと解決に臨んでいくことも示している。財源は、2013年度以降、事業継続のため、緊急的財源から経常的財源へと変更し、介護保険特会に計上することとなった。これにより、事業継続が容易になったわけだが、予算規模の関係で、現在、訪問相談員は2名の嘱託職員が担っている。

在宅介護者等訪問相談事業の訪問相談票分析から見えてくる介護者の姿

要介護認定を受けながらも、介護保険サービスを利用していないという潜在的に課題を抱えている可能性の高い介護者に対し、継続的に訪問相談を行っている本事業は、基礎自治体が行っている介護者支援事業のなかでも先駆的なものである。「訪問相談事業」の最大の特徴は、アウトリーチ手法を取り入れている点である。近年、社会福祉や医療等で注目されている援助技術である。アウトリーチとは、「生活課題を抱えた人が相談機関にやってくるのを待つのではなく、訪問などによって援助者側から積極的に援助を必要としている人に介入すること」で、アウトリーチが担う機能には、①ニーズの掘り起こし、②情報提供、③サービス提供、④地域づくりがある（久松他２０１６）。

筆者は、花巻社協が事業を担うようになった２０１１年度以降の訪問相談票の分析を進めている。その分析結果の一部を紹介しよう。訪問対象者のうち、多くの介護者への相談訪問は1回もしくは数回で単年度中に訪問が終了することが多い。しかし、この中から、年度を跨いで複数回訪問している介護者もいる（図表15）。次年度継続数は減少しているものの、２０１５年度時点で継続訪問5年目を迎えている者もいる。長期の継続訪問事例は、要介護者だけでなく介護者自身も要介護認定を受けていたり、障がいがあり、介護負担を強く感じてい

図表15　花巻市訪問相談調査数の推移

単位　世帯

	2011年	2012年	2013年	2014年	2015年
名簿数	830	1,003	833	749	661
訪問数	708	751	630	587	421
次年度継続数	75	30	26	12	10

出所　花巻市訪問相談事業の訪問調査票（各年度）より集計

るケース、要介護者が強硬に介護サービスを利用することを拒否しているケース、介護をするのは家族の義務と感じて、個人で解決できるレベルを超えるほどの課題を抱えているが、外に発信できず社会資源が届いていないケースなど、仕事、家族や近隣との人間関係、健康など、多くの課題をかかえていた。長期的に訪問相談員が関わることで、介護サービスの利用につながったりしているケースもあるが、家族介護を継続するために、仕事を辞めているケースもあった。職場での両立支援の取り組みは、「介護離職ゼロ」にむけて不可欠なことであるが、現在の就労者の支援にとどまらず、離職を余儀なくされた者に対する就労支援の整備も地域レベルで求められている。

花巻市の事例は、行政と社協が協力し、介護保険サービス未利用者を対象にアウトリーチしていることで、他者（介護・医療・保健の専門職、友人、隣人など）からみて支援が必要にもかかわらず、自発的に支援を求めていないため支援の枠組みから埋もれてしまう介護者に支援のきっかけづくりをしている点は大いに評価できる。これは、アウトリーチの機能の第一にあった「ニーズの掘り起こし」であり、その先の「サービス提供」にもつながっていく。また、花巻市の訪問相談事業では、家庭訪問を通じてかかわることで、「介護」だけに特化するのではなく、「生活」全体にわたる諸問題をとらえ、介護をしやすい環境を整えていこうとしていた。これは、早期の介護者のニーズに応じた支援につなげられるのか、また不安や悩みをこじらせずに介護者自身が介護をしながら社会生活を営めるのかを個別に把握する介護者アセスメントを考える上でも有効な事例といえる。

6　介護者支援に取り組む市民活動

一般社団法人日本ケアラー連盟の事例

（1）日本ケアラー連盟とは

一般社団法人日本ケアラー連盟（以下、ケアラー連盟という。）は、2010年6月に発足し、2011年に一般社団法人となった。ケアラー連盟は、「ケアラー」を、「介護」「看護」「療育」「世話」「こころや身体に不調のある家族への気づかい」など、ケアの必要な家族や近親者・友人・知人など無償でケアする人ととらえ、一般的に「介護者」とされている老親や高齢の配偶者などを介護する者という意味よりも広く定義している。ミッションは、①ケアラーの課題を明らかにし、ケアラー支援の必要性を訴える、②ケアラーの健康と生活、人権を守る、③法制化をはかり、社会全体でケアラーを支える仕組みをつくる、④ケアラー支援で持続可能な社会をつくるの4つである（日本ケアラー連盟パンフレット「ケアラーを社会で支えるしくみを－ケアラー支援法をつくろう」）。2015年には、ケアラー支援に取り組むIACO（国際ケアラーズ支援組織連盟）に「Carers Japan」として加盟が承認された[12]。

（2）介護者支援ガイドブックで介護者支援の始め方を伝授

これまで、ケアラー連盟は調査やセミナーなど多数の事業を行っているが、ここでは、2015年度の「あなたのまちの介護者支援ガイド」に注目しよう。[13] このガイドブックには、認定NPO法人さいたまNPOセンター（以下、さいたまNPOセンターという、6節参照）、介護者サポートネットワーク・アラジン、北海道栗山町社会福祉協議会の介護者支援活動の事例を紹介したものである。ガイドブックの最後には、過去に実施した調査から導き出された介護者の4つの特徴と、3つの事例から得られた介護者支援の5つのポイントを示している。

介護者の特徴だが、①介護は家族に縛られていること、②介護者が支援の必要性に気づかないこと、③誰に何を相談したらいいかわからないということ、④将来の見通しがもてないことである。これらの特徴から、介護者は体調が悪くても、それを押して介護を続けてしまう。育児のように将来予測が難しい介護は、長期化や要介護者の急激な変化もあり先が見えないという不安も付きまとう。不安・悩みを抱えていても、日ごろの介護に追われてしまい、どこに相談していいのかもわからず、SOSを発信できず孤立してしまう可能性があるというわけだ。

そこで介護者を支援するためのポイントとして、①介護者の実態把握、②人・もの・場を連動して機能する仕組みづくり、③潜在化している介護者ニーズの顕在化、④介護者へのアウトリーチ、⑤介護者支援政策の整備を挙げており、次のように説明している。

①の実態把握を行うことで、介護者のニーズを明確にするとともに、地域の人びとの介護者

支援に関する認識を高め、介護者につながるきっかけづくりにもなる。4節で示したように厚生労働省主導で介護離職予防のためのWCB支援モデルを出していたが、ここでも、介護者支援の第一歩として、実態把握の必要性を指摘していることから、介護者支援の重要なポイントといえる。②の人・もの・場づくりだが、介護者サポーターの養成講座を開催し、介護者の支援を担う人材を育成するとともに、介護者とのつながりをつくるためにケアラー手帳等のツール開発や介護者がつどえる「場」づくりも、総合的な介護者支援を行うためには重要である。これらが相互に連動して効果的な循環を生み出すことで、介護者の孤立を予防し、社会への「参加」を後押しすることにもつながるためである。この事例として後述するさいたまNPOセンターの取り組みが参考になる。

③について、ケアラー連盟では、できる限り早期に介護者の潜在的ニーズを掘り起こすことが支援の第一歩と考えている。ニーズの発見がなければ、地域にある福祉資源につなげることも難しい。この潜在的ニーズをいち早くとらえ、支援につなげる体制づくりが求められている。④について、介護者が憔悴しきって孤立状態にあり、支援の必要性があってもそれに気づかず、自ら行動できない場合も考えられる。介護者のところに訪問し、介護者の現状の把握とともに、福祉資源を直接説明し、その利用を促すことが求められる。認知症ケアの分野では、初期集中支援チームをつくり、家庭訪問を通じて、包括的・集中的に認知症患者とその家族の初期支援にあたっているが、これをその他の要介護者とその介護者にも拡大していく必要があろう。花

巻市の訪問相談事業は③④の事例にあたる。

⑤についてだが、介護者支援を一体的に行うには、政策の位置づけについて地域の関係者と共有する必要がある。政策の中に介護者支援を明確に位置付けることから始まる。その第一歩として、ケアラー連盟は、介護者支援推進法の制定に向け、積極的に社会に発言をしている。２０１０年に「介護者支援の推進に関する法律案（仮称）政策大綱案（素案）」を作成し、２０１１年・12年と改定を重ねてきたが、２０１５年に「介護者支援の推進に関する法律案（仮称）」要綱骨子（案）をまとめた（日本ケアラー連盟パンフレット「ケアラー支援法の制定を提案します」）。ここには、法律の目的、基本理念の他、国・地方公共団体・事業主の責務、介護者支援推進計画、基本的施策、介護者支援推進協議会の項目を挙げている。

認定NPO法人さいたまNPOセンターの事例

（1）さいたま市との協働事業として介護者支援スタート

ケアラー連盟のガイドブックにも掲載されたさいたまNPOセンターの介護者支援事業についても見ていこう（日本ケアラー連盟２０１６）。さいたまNPOセンターは、１９９９年に設立され、２０００年にNPO法人格を、２０１３年に認定NPO法人格を取得した。埼玉県下で活動する非営利の中間支援組織である。介護者支援関連事業には、市民自治を醸成・発展させ、地域開発にもつながるものとして、２００９年度から取り組んでいる。このころ、地域包括支援センターで介護者支援に取り組んでいるところはほとんどなかった。さいたまＮＰＯセンターの事務所があるさいたま市では、地域包括支援センターで「介護者サロン」を開催することになっていたが、それが十分に実施されていなかった。そのような折、さいたま市高齢福祉課から「認知症サポーターが1万人を超えた」という情報を聞いたことがきっかけとなり、さいたまＮＰＯセンターが「さいたま市認知症サポーター・フォローアップセミナー」の企画提案をしたことから始まる。単なる知識にとどまることなく、認知症サポーターに地域福祉の担い手として活躍していただくため、「介護者支援」を主眼としたフォローアップセミナーの開催と、「介護者支援フォローアップセミナー」を受講した認知症サポーター⒁の方に、ボランティアの「介護者支援地域協力員」として介護者サロンに協力してもらうことを提案したのである。この企画が、２００９年度、同市市民協働推進課「市民提案型協働モデル事業」として採用され、さいたまＮＰＯセンターと同市高齢福祉課との共同事業として２００９年11月に実施した。この事業の経験から、介護者支援の社会的意義を主催者・参加者ともに認識し、この事業に本格的に乗り出す必要性を実感した。

（2）「介護者支援セミナー」の開催と「介護者サロン」の立ち上げ・運営

フォローアップセミナー後、さいたまＮＰＯセンターは本格的に「介護者支援」に乗り出すことになった。新領域事業であったため、その財源確保にも工夫を要した。２０１０年度は社会福祉医療機構（ＷＡＭ）の助成金で、２０１１～14年度は、厚生労働省「地域支え合い体制づくり事業」と埼玉県「高齢者と地域のつながり再生事業」の助成金で事業のための資金を獲得した。毎年、埼玉県内の４～５市で介護者支援セミナーを開催し、介護者支援を行う市民団体の育成に乗り出した。この間、県内24の市区町でセミナーを開催し、市民が運営する介護者支援団体を26団体立ち上げた。セミナーは4回の連続講座となっており、そのカリキュラムは、図表16に示したとおりである。

介護者支援セミナーは、さいたまＮＰＯセンターが事務局をつとめるものの、開催する各市区町の市民が実行委員会をつくり、セミナーの運営に当たっている。実際に地域福祉の担い手となるよう、介護者サロンを開設するには仲間づくりとキーパーソンの育成という仕掛けをセミナー運営の中に盛り込んでいる。また、同じ年度にできた複数の実行委員会が「合同実行委員会」を結成し、地域を超えた横のネットワークづくりも行われている。

さらに、介護者支援セミナーを受講した後、介護者サロンの立ち上げに向けた情報交換会を開催している。介護者サロンとは、「介

図表16　さいたまNPOセンターの「介護者支援セミナー」カリキュラム

第1回	第2回	第3回	第4回
【介護者支援の社会的意義】介護する人に社会的支援を	【制度解説】介護保険制度と利用の現状	【介護者支援の方法】どうやって介護する人をささえるのか	【援助技術】上手に聞いて支援をすすめよう－傾聴入門
【介護者の実態】開催自治体の介護者による体験事例発表	【介護者の心理】介護する人の特性と心理	【介護者支援の実践】地域で取り組む介護者支援	第4回セミナーのふりかえりを兼ねたグループワーク
第1回セミナーのふりかえりを兼ねたグループワーク	第2回セミナーのふりかえりを兼ねたグループワーク	第3回セミナーのふりかえりを兼ねたグループワーク	

出所　日本ケアラー連盟（2016）p16の表に筆者が加筆修正

護している人達が集まり、日常的な介護の不安や悩み、想いを話し合う場」（日本ケアラー連盟2016）である。この運営にあたる市民グループは、同じ場所、同じ曜日、同じ時間帯に会場を確保して茶話会を企画し、介護者に参加を呼びかけ、その茶話会のコーディネートをしている。介護者サロンが発展した形として、「介護者カフェ」という形態をとるグループも出てきている。カフェを運営する場合、飲食店として営業許可を取る必要があるため、その開設のハードルは高いが、行政が補助するケースもある。

介護者支援セミナーの受講を啓発段階とするならば、情報交換会は自分の住んでいるまちで介護者支援をどのように行っていくかを考える段階へと、目標設定の意味合いが変わっていく。２００９年度当初は、地域全体の福祉や介護の実情の話が情報交換されていたが、「介護者支援」の必要性がメディアで取り上げられることが増えていったことが影響してか、すぐに介護者サロンをどう作っていったらいいかについて話し合いができるような土壌ができているという。情報交換会には、市民だけでなく、当該実行委員会が設立されている行政の担当者や地域包括支援センターの職員も参加する例も出てきており、介護者支援の公助と共助の連携が情報交換会の場で生まれている市区町もあった。このような過程を経て設立された介護者サロンは２０１５年10月現在で31にも上った。

市民活動団体が取り組む介護者支援の意義

ケアラー連盟が『介護者支援ガイドブック』を全国の市町村社会福祉協議会に配布したところ、現場の方から複数の問い合わせが、ケアラー連盟にも、さいたまＮＰＯセンターにもあったという（さいたまＮＰＯセンター　第18回通常総会議案書より）。国が旗振り役となって「介護離職ゼロ」対策に乗り出して2年目に突入したが、草の根的な市民活動団体は、それに先立ち活動をしていた。「介護離職ゼロ」の実現に向け、職域での介護者支援体制の確立が不可欠であることはいうまでもない。厚生労働省の「両立支援対応モデル」では、職場で行う介護者支援の内容として、地域の支援拠点として地域包括支援センターの存在や、介護の相談役としてケアマネジャーの存在を知らせることをあげている。これらが介護者支援の中核的存在であることは否定しないが、有効に機能するためには、地域社会で介護者支援に取り組む団体が増え、地域包括支援センターやケアマネジャーが提供できる介護者支援メニューを増やすことも必要である。これは、地域社会においても、介護者支援システムの整備が求められていることを意味する。職域と地域の両面から介護者支援が確立することで、社会から孤立することない介護者を包摂する社会を実現することができるだろう。

7　おわりに

「介護離職ゼロ」という目標を達成することは険しい道であるが、このような目標が経済政策と関連づけながら優先事項となることは、生活問題を研究テーマに扱ってきた筆者にとって感慨深く、時代の変化を感じるとともに、「介護社会」の到来を物語るものでもある。しかし、同居家族を「福祉における含み資産」とした日本型福祉社会に逆戻りしないよう、介護者に対する社会的評価や権利保障のシステムづくりが求められよう。現在の「介護離職ゼロ」政策には、WCB支援に力点が置かれているものの、インフォーマルな家族介護者をどのように評価するか、また、介護者の権利とは何かといった点は十分に盛り込まれていない。その方法を考える材料として、ドイツとイギリスの介護者支援政策を紹介し、本稿のまとめに代えたい。

ドイツの公的介護保険制度⑮では、要介護者を所得目的ではなく、週14時間以上、在宅で介護している者を介護者と定義し、介護者に対して社会保険制度を適用している（本澤２０１６、齋藤２０１３）。年金制度では、介護者の定義に加え、介護と並行して毎週30時間以上の稼得活動に従事していないという条件を満たせば、介護保険の保険者である介護金庫が、介護保険の財源から年金保険料を支払う。災害保険では、介護者が要介護者の身体的介護や家事援助といった通常の介護に伴う労働災害だけでなく、通勤災害もみとめ、施設の介護職員等と同様に、介護中のケガや病気の治療やリハビリを無料で受けたり、疾病手当の受給なども認められている。介護中の災害保険の保険料は市町村が独自財源から負担している。失業保険に関しては、介護者が在宅での介護が終えた後、労働市場に復帰できるように無償で職業教育を受けられたり、ハローワークによる職業紹介などの就労支援を行っている。失業保険の保険料は年金同様、介護金庫が介護保険の財源から支払っている。これら社会保障制度を介護者に適応するということは、家族などによる無償のインフォーマルな介護を社会的労働として認めることを意味しており、この点が介護保険制度の創設時、ドイツ社会で高く評価された（本澤２０１６）。

イギリスでは、介護者アセスメントを介護者の権利として認めている。介護者アセスメントとは、「ケアラー自身のニーズを知り、ケアラーがどのような状況でケアを行い、ケアの役割を担うことがケアラー自身にどのような影響を与えているかを把握する」ものである（日本ケアラー連盟２０１３）。１９９５年制定の「介護者（承認及びサービス）法」（The Carers (Recognition and Services) Act 1995）は、介護者のアセスメント請求権とレスパイト（一時休息）権を制度化した。２００４年7月成立の「介護者（機会均等）法」（Carers (equal opportunities) Act）では、地方自治体が介護者本人に介護者アセスメント請求権を知らせる義務があることを定めた。この法律の成立は画期的であった。単に、介護者にアセスメント請求権という新しい権利を付与するだけでなく、実効性を高めるため、その権利を知らせる義務を自治体の責任として規定したのである。介護者のニーズをアセスメントする際、地方自治体は、就労状況、就労意欲、教育・職業訓練・余暇活動等の状況と希望などを考慮する必要がある。これは、社会生活を営む権利がある個人として介護者をとらえていることを意味している。

花巻市の訪問相談事業では、介護者・要介護者双方の状況を把握するため、日ごろの様子を聴き、それをまとめた訪問相談票を作成していた。これらを拝見すると、介護者が置かれている状況や性格などにより、初回の訪問で介護の全体像がつかみやすい方と、言葉少なのため、複数回の訪問でも介護の何に不安や悩みを感じているのかを十分に把握できない方がいた。1回の訪問ですべてのことがわかるわけではないが、介護者に対するサポートを早期に適切に行う環境を整えていくためには、介護者の置かれている状況を把握できるアセスメントシートの開発が求められよう。これは、職場でも活用できるものと考える。働いている労働者が、どのようなことに悩み、どのような体調であるかなどを把握することは、WCBを可能にする一歩となるだろう。介護休業制度をはじめとする両立支援策が充実したとしても、労働者のニーズや置かれている状況に対応した支援でなければ、生きた制度とならない。

介護者が介護によって仕事や趣味、休息など自身の社会的な生活をあきらめることのないよう、介護をしていない人と同様に多様な社会生活が営めるような介護者支援メニューの充実が求められる。現在の日本では、WCBが困難な状況にあることは事実であり、この課題を克服することは介護者支援の第一歩である。その上で、介護者の支援は職場に加え、地域社会の中でも充実させ、職場と地域の両面から介護者の生活を下支えできるよう、国、地方自治体、事業所、民間非営利組織等、それぞれの施策拡充と連携強化が、「介護離職ゼロ」実現に近づける上で必要である。

謝辞

本稿は、科研費JP25750012・JP26502014をもとにおこなった研究成果の一部である。ここに伏して感謝申し上げる。

引用文献

一億総活躍国民会議（２０１５）「一億総活躍社会の実現に向けて緊急に実施すべき対策―成長と分配の好循環の形成に向けて―」
http://www.kantei.go.jp/jp/topics/2015/ichiokusoukatsuyaku/kinkyujisshitaisaku.pdf
首相官邸（２０１６）「ニッポン一億総活躍プラン」
http://www.kantei.go.jp/jp/singi/ichiokusoukatsuyaku/pdf/plan1.pdf
厚生労働省都道府県労働局雇用環境・均等部（２０１６）「育児・介護休業法のあらまし―平成29年１月１日施行対応―」
http://www.mhlw.go.jp/bunya/koyoukintou/pamphlet/dl/32_01.pdf
厚生労働省（２０１６）「企業における仕事と介護の両立支援実践マニュアル―介護離職を予防するための仕事と介護の両立支援対応モデル（平成27年度仕事と介護の両立支援事業）」

http://www.mhlw.go.jp/file/06-Seisakujouhou-11900000-Koyoukintoujidoukateikyoku/0000119918.pdf

齋藤香里（２０１３）「ドイツの介護者支援、海外社会保障研究」No.184、pp16-29

日本ケアラー連盟（２０１３）「ケアラーを地域で支えるツールとしくみ（平成24年度老人保健事業推進費等補助金老人保健健康増進等事業）」

日本ケアラー連盟（２０１６）「あなたのまちの介護者支援ガイド―参考にしたい介護者支援の３つの活動」

久松信夫・小野寺敦志・加藤伸司・矢吹和之（２０１６）「地域包括支援センターにおける認知症高齢者と介護家族へのアウトリーチ機能の検討」日本認知症ケア学会誌、14(4)、pp780-791

堀越栄子（２０１６）「自治体によるアウトリーチ型在宅介護者支援―岩手県花巻市「地域支援事業」を事例として」日本女子大学家政経済学会、家政経済学論叢、第52号、pp3-16

三菱ＵＦＪリサーチ＆コンサルティング（２０１３）「平成24年度仕事と介護の両立に関する実態把握のための調査研究事業報告書」

http://www.mhlw.go.jp/bunya/koyoukintou/dl/h24_itakuchousa00.pdf

明治安田生命生活福祉研究所・ダイヤ高齢社会研究財団（２０１４）「仕事と介護の両立と介護離職―明治安田生活福祉研究所とダイヤ財団が初の共同調査」

http://www.myilw.co.jp/research/report/pdf/myilw_report_2014_03.pdf

本澤巳代子「介護と家族　ドイツの選択①～⑤」シルバー新報、２０１６年8月19日・8月26日・9月2日・9月16日・10月7日

註

（1）二宮利治「日本における認知症の高齢者人口の将来推計に関する研究」（平成26年度厚生労働科学研究費補助金特別研究事業）の研究成果を参照。

（2）2節で用いている数値のうち、特段のことわりがなければ、「平成24年就業構造基本調査」結果の値である。

（3）２０１３年1月に、就労者の手助け・介護の実態や直面可能性、介護制度や支援制度に関する情報認識度、両立支援制度認知状況、利用状況等の実態や職場の支援に対する期待、課題等を把握することを目的に、三菱ＵＦＪリサーチ＆コンサルティングが実施したウェッブアンケート調査で、有効回答数は、40歳代～50歳代の就労者２０００人（内訳　男性正社員１０００人、女性正社員１０００人）、40歳代～50歳代の介護による離職者９９４人（男女ともに離職前は正社員）である。

（4）２０１４年実施の明治安田生命生活福祉研究所とダイヤ高齢社会研究財団が共同で行った「仕事と介護の両立と介護離職」に関する調査は、親の介護経験のある全国の正社員約２２６８名を対象に実施したインターネット調査である。

（5）「安心につながる社会保障」の中には、介護離職ゼロとともに、生涯現役社会の構築も目標に掲げている。

（6）働き方改革では、非正規雇用労働者の待遇改善、長時間労働の是正、高齢者就業の促進を挙げている。

（7）地域包括支援センターは、２００６年に制度化された介護に関する総合的な相談の機関である。

（8）２００５年度から、自治体や企業・団体が事務局となり認知症サポーター養成講座を開催している。２０１６年12月31日現在、全国に８５０万人ほどの認知症サポーターがいる（２００５年度からの累計、キャラバン・メイトを含む）。

(9)「介護休業制度等」とは、介護に関する制度で（介護休業や所定労働時間の短縮措置等）の他、妊娠・出産・育児に関する諸制度（育児休業、子の看護休暇等）を含むものである（厚生労働省都道府県労働局雇用環境・均等部２０１６）。

(10)「解雇その他不利益な取扱い」とは、解雇、雇止め、契約更新回数の引き下げ、退職や正社員を非正規社員とするような契約内容変更の強要、降格、減給、賞与等における不利益な算定、不利益な配置変更、不利益な自宅待機命令、昇進・昇格の人事考課で不利益な評価を行う、仕事をさせない、もっぱら雑用をさせるなど就業環境を害する行為をすることである（厚生労働省都道府県労働局雇用環境・均等部２０１６）。

(11) 岩手県花巻市生活福祉部長寿福祉課「ケアラー支援フォーラム２０１３基調報告資料　花巻市在宅介護者等訪問事業の取組み」より。

(12) 日本ケアラー連盟が加盟したＩＡＣＯとは、正式名称をInternational Alliance of Carers Organizationsという介護者支援をテーマにした国際組織である（http://www.internationalcarers.org/）。２００４年に設立された同団体は、現在、日本の他、オーストラリア、カナダ、フィンランド、フランス、インド、ネパール、アイルランド、イスラエル、ニュージーランド、スウェーデン、台湾、イギリス、アメリカの介護者支援団体が加盟している。２０１６年8月、国連経済社会理事会のコンサルタントとしてのステイタスを取得し、各国政府および国連関係事務局の作業プログラムへの貢献が可能になった。

（13）このガイドブック作成は、厚生労働省の平成27年度老人保健事業推進費等補助金老人保健健康増進等事業である。

（14）認知症サポーターとは、「認知症に対する正しい知識と理解を持ち、地域で認知症の人やその家族に対してできる範囲で手助けする人」（厚生労働省）のことで、全国で養成している。

（15）日本の介護保険はドイツの制度を参考に制度設計されたことは周知の事実であるが、介護者支援制度については、制度設計時、「介護の社会化」を進めるには逆効果であるとして、介護者支援制度に消極的な考え方であった。そのため、日本の介護保険制度創設時に介護者支援の理念は盛り込まれていない。その後、「地域包括ケアシステム」という新たな介護システムの構築やオレンジプランの策定が進む中、要介護者や認知症患者だけでなく、その家族も支援の対象として政策に位置づけようとする動きが出てきている。

第3章 「働き方改革」は何をめざしているのか

高橋 祐吉

1 「働き方改革」とは何か

「働き方改革」登場の背景

第二次安倍内閣は今年で5年目に入ったが、俗称「アベノミクス」と呼ばれる経済政策のなかで、労働分野で今般注目されているのは「働き方改革」である。本章では、この「働き方改革」に焦点を当てながら、その深層に迫ってみたい。まず最初に触れておきたいのは昨今のGDPの動向である。この値は、短期の景気動向を判断する材料としても活用されるので、4半期すなわち3カ月ごとに発表されている。そこで、直近のデータ、つまり2016年7~9月期のGDPの値を見てみよう。前の4半期と比較すると、成長率は名目で0・1%、実質で0・3%のプラスとなり、年率に換算すると、実質経済成長率はプラス1・3%という結果となった。GDPの二本柱と言われる個人消費と設備投資だが、個人消費はプラス0・3%、設備投資はマイナス0・4％なので、日本経済は依然として安定した回復軌道に乗れないでいるように見える。実質GDPがプラスを維持できたのは外需に依存しているからで、その構造に変化はない。

とくに注目されるのは個人消費の動向である。個人消費はGDPの5割半ば近くに達する（おおよそ530兆円のうちの290兆円）ようなきわめて大きなウェイトを占めているうえ、われわれの生活実態を反映した数字になるからである。その個人消費が前期比プラスとなったとはいえ依然として低調なのは、ごく常識的には、消費税増税の影響で消費が押し下げられ、それがまだ戻っていないと言われたりしているが、2014年4月の8％への増税後もうしばらくすれば3年経過することになるので、消費税増税の影響だけにとどまらず実質賃金が低下し続けており、その結果として実質消費支出が低迷しているからではないかと思われる。しばらく前に、「内需総崩れ」や「家計の逆襲」などと言われたりもしたのは、そのためであろう。

最近発表された「毎月勤労統計調査」によると、2015年度の実質賃金はマイナス0・1％だったので、この結果、実質賃金は5年連続してマイナスとなった。先進国の中で日本の賃金のみが低迷を続けていることも、注目すべき事実である［図表1］［図表2］。そうしたことの結果でもあるが、1年を通じて勤務した給与所得者4756万人のうち、年収が200万円未満の働く貧困層とよばれるワーキングプアは、男性が301万人、女性が838万人、計1139万人にも達しており、全体の24％を占めるに至っている。こうした事実を踏まえてみると、アベノミクスの成果が感じられないといった受け止め方には、明らかに根拠があるというべきであろう。

図表1　減少する実質賃金、増大するワーキングプア

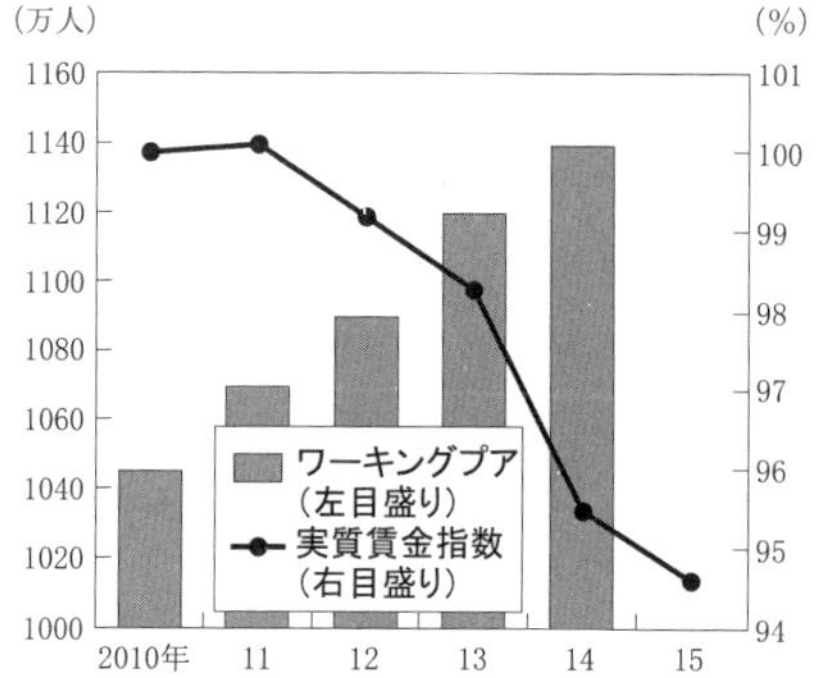

出所：国税庁「民間給与実態統計調査」、厚労省「毎月勤労統計調査」
注：ワーキングプアは、1年を通じて働いた給与所得者のうち年収200万円未満の人数。実質賃金の指数は2010年を100としたもの。

図表2　低迷し続ける日本の賃金

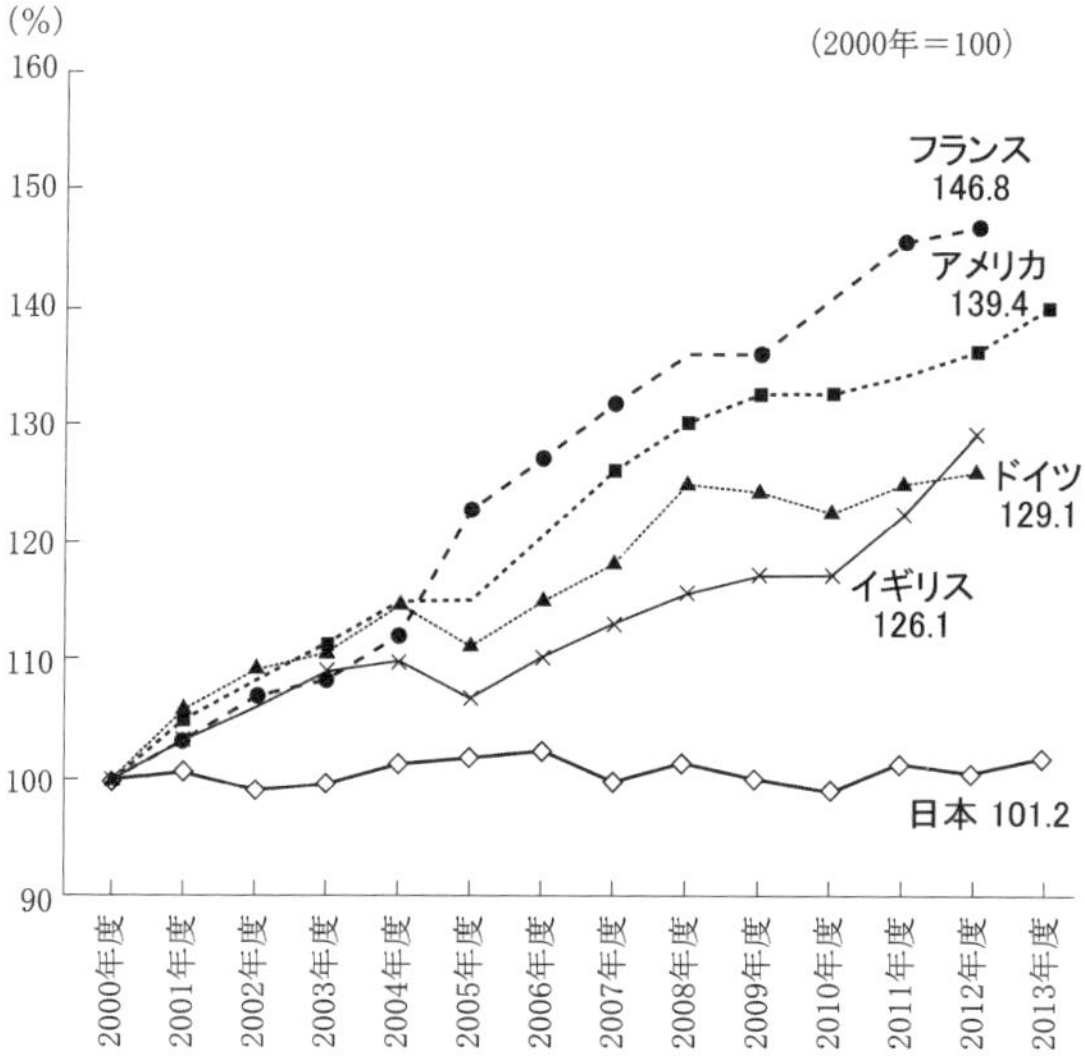

出所：日本労働政策研究・研修機構『データブック国際比較2015』
注：賃金は、製造業の時間当たり賃金である。

国民が日々の暮らしを営むうえで必要となる家計支出のことを消費支出と言い、その金額は、税込み収入である実収入から、非消費支出（税金や社会保険料のような消費を目的としない費用）と貯蓄を差し引くと得られる。貯蓄がゼロの世帯が増えているとの調査結果もあるので、実収入から非消費支出を差し引いた可処分所得のほとんどを、すべて消費支出にまわさざるを得ない世帯が増えているのであろう。ときには、「節約志向のマインド」が未だに解消されていないといった指摘もなされるが、「節約」というのは、まだ倹約の余地が残されている人に対して言えるものであろう。須田慎一郎によれば、これまで中流だった人々が、「クルマ、外食、旅行」などを節約しており、「偽装中流」化しているとのことだが、省くべき無駄を無くしてしまった人には、そもそも節約という表現は当てはまらない。その場合には窮乏と言うしかない。

そうした、節約という表現が当てはまらない、つまり窮乏する人々が増えていることを想定させる調査結果もある。先頃の新聞報道によれば、消費支出に占める食料費の割合を示す「エンゲル係数」が上がってきているという。生命を維持するためには最低限の食料費が必要なので、これは他の費目に比べてそう大幅に圧縮することはできない。それ故、生活が貧しくなると、消費支出に占める食料費の割合が増加するという傾向がある。そのために、エンゲル係数はこれまで生活水準を示す指標だといわれてきたのである。食料費を削ることがもはや難しくなった人々が、他の費目を削らざるを得なくなり、その結果エンゲル係数が上がってきているのであろう。

松尾匡の『この経済政策が民主主義を救う』には、「国民健康栄養調査」のデータが紹介されているが、それによれば、日本ではだいぶ前からエネルギー摂取量だけではなくタンパク質摂取量も減り続けているという。筆者のような高齢者の場合などは、加齢にともなって基礎代謝が落ちてくるのでエネルギー摂取量が減って当然であるが、若者に限定した場合でもその傾向は顕著にみられるというのである。しかも、彼らの場合、失業率が上がるとエネルギー摂取量は減り、失業率が下がるとエネルギー摂取量は増えているとのことなので、経済状態が栄養状態にまで影響を及ぼしていることがよくわかる。

その松尾は、「失業していた若者たちはどんな食生活だったのか、どんなにたくさんの栄養不良の失業者がいたのかということが推測される」と述べるとともに、ひところ話題となった「飽食日本」はもうとっくの昔に過去の話になっていて、いま日本に広がっているのは、「相対的貧困」でも「過剰富裕化」でもなく、きわめて古典的な「正真正銘の窮乏」だと言うのである。「清貧」などと言う言葉も昔流行ったが、今広がっているのは、自らが選び取った清らかな「貧」、あるいは贅肉をそぎ落としたミニマリストの「貧」のような立派なものではなくて、押し付けられた、そしてできれば逃れたい「貧」であり、まさに貧困そのものなのであろう。

ところが、いわゆるアベノミクスの提唱者やその周辺から聞こえてくるのは、そうした現実を直視しているとは思えない話ばかりである。そのいくつかを拾い上げてみると、「日本経済のファンダメンタルズ（＝基礎的条件）」はしっかりしており、企業の収益も「過去最高」となった。3年連続で「今世紀最高」の賃上げがおこなわれたし、雇用指標とりわけ有効求人倍率も大きく改善して「人手不足」時代が到来している。そんな言説ばかりがまかり通っている。それにしても現実認識のギャップが何故にここまで大きくなるのであろうか。政治の世界では、そう簡単には「失敗」を認めることができないといった事情もあるに違いない。まったくの個人的な感想を言えば、経済政策に自分の苗字まで冠してしまっては、個人的にも「失敗」を認めたくないという気持ちもきっと働くに違いなかろう。

「人が動く」ということ

そこでまずは、働くということを経済とのかかわりで少し原理的に考えてみよう。現実の社会に生きるわれわれにとって、安心して働き続けることができるかどうかは、最重要のテーマとなっているはずである。安心して働き続けることができなければ、所得が安定することはありえないし、所得が安定しなければ消費が上向くこともありえない。当然ながら、デフレからの脱却も困難となる。こんなことはイロハのイのような気もするが、残念ながら今日の日本ではそのイにはなってはいない。政策担当者だけではなく、「企業社会」に生きるわれわれ自身も、イロハのイとは思っていないからである。

バーニー・サンダースの「社会」主義的な主張との対比でいえば、われわれの経済の見方があまりにも「会社」主義的なのである。経済というものを論ずる際に、「会社」という存在に深くとらわれ過ぎて、「社会」という視野がかなりぼやけているようにも感じられる。「世界で企業がもっとも活躍しやすい国にする」ことが政策目標として掲げられたりするのは、日本が「企業社会」へと変質したことを象徴的に示しているのではなかろうか。さすがに最近は、企業が活躍してもトリクルダウン・セオリーが機能しないことがはっきりしてきたために、「企業の活躍」から突如「総活躍」に転じたのであろうが…。

そんな状況にあればこそ、もう一度イロハのイに立ち返ることが必要なのである。筆者自身は、いま俎上に上っている「働き方改革」には批判的だが、働き方（その内容をなすのは、雇用と賃金と労働時間なわけであるが）こそが経済の土台であるべきだという年来の主張は、今でも変わってはいない。そして意外なことに、アベノミクスの4年の経験から浮かび上がってきたのは、まさにそのことだったのではなかろうか。結局のところ、働き方を安定したものにしない限り、持続的な成長などおぼつかないということだろう。「雇用なき成長」(*jobless recovery*)や「賃金なき成長」(*wageless recovery*)では、*recovery* 自体が長続きしないのである。

今日の日本経済の停滞の中身は、雇用と所得の停滞を起点とした悪循環の構造にあると言えるだろう。すなわち、工藤昌宏が指摘しているように、設備投資、雇用、所得、消費、生産といった経済の基本カテゴリーがうまく連結されていないが故に、いつまでたっても不安定な状況から抜け出せないのである。今うまく連結されていないと述べたが、それは例えば、生産が伸びても設備投資につながらず、設備投資が伸びても雇用増につながらず、雇用が伸びても所得増につながらず、所得が伸びても消費増につながらない、といった事態が生まれていることを指す。その原因は、経済の土台となるべき働き方が大きく揺らいでいるからである。もうひとつの「働き方改革」が求められる所以である。アベノミクスの「成功」を示すあれこれの指標があったとしても、それらはいずれも全体に波及する力を欠いた部分指標にとどまっているために、いつまでもプラス成長に転ずることができないのである。いま注目すべきなのは、悪循環の構造や連結不全の状況を生み出す起点となっている雇用と所得の停滞であろう。雇用と所得、言い換えるならば働き方が問われているのである。

そこで、起点となっている雇用と所得の停滞、すなわち働き方をめぐる論点をもう少し掘り下げてみよう。まずは雇用をめぐる問題である。今更言うまでもないが、働くことは生きるためでもあり、そしてまた生きることでもある。このあまりにも自明な事実の重要性を、自明であるが故にわれわれはついつい忘れるのである。アベノミクスでは、企業の活躍をもたらすものとして「働き方改革」が位置づけられており、キーワードとしての「人が動く」ことがこの間称揚されてきた。「人が動く」ことによって、柔軟で多様な働き方が可能になり、それが企業の成長に結び付くと考えられてきたからである。そうした主張が、人々の働くという営みをどのように位置付けており、そしてまたどのように変えようとしているのかを、今この時点で再考してみなければならない。

ちなみに、非正社員はもともと流動的な労働力であり常日頃動いているわけで、いまさら「動く」などと言ってもらう必要はない。であるとすれば、「人が動く」、そしてまた動くことによって可能となる「多様な働き方」の実現のためには、抽象的な「人」ではなくて、動かないあるいは動かしにくい「正社員」を動かさなければならないということになるのだろう。「働き方改革」の根幹にあるのは、正社員の「働き方改革」であり、「正社員改革」なのである。「限定正社員」や「ジョブ型正社員」(地域や仕事内容が限定された正社員)などが取りざたされてきたのも、それ故であろう。これまでの議論の流れから言えば、こうした新たなタイプの正社員は、非正社員の処遇を改善するという方向性を部分的には持ってはいるものの、主要には正社員をさらに動かしやすくするものとして位置づけられている、そんなふうに言わなければならないだろう。

たとえば、昨年の「産業競争力会議」で財界メンバーの一人は、「正規雇用者の雇用が流動化すれば待機失業者が減り、若年労働者の雇用も増加すると同時に、正規雇用者と非正規雇用者の格差を埋めることにもなる」と述べたようであるが、こうしたところに「働き方改革」の原型が浮き彫りにされていると言えるのではなかろうか。しかしながら、これでは低位に平準化する形で格差が埋められることになりかねないわけで、こうした改革では先に触れたような雇用と所得の停滞を起点とした悪循環の構造を打開できる可能性は低い、もっと言えば、悪循環を深めかねないようにさえ思われる。人件費を削減し、人材の育成を軽視したフロー型で短期指向型の経営が広がれば広がるほど、悪循環の構造から抜け出せなくなっていくのである。

こうした話と関連してさらに付け加えておくならば、厚生労働省は「解雇の金銭解決」制度についての検討会を設置して、議論を始めたとのことである。この制度は、たとえ裁判で当該の解雇は不当であり無効だとの判決が出たとしても、金銭を支払うことによって労働者を解雇できるようにするというものである。「限定正社員」や「ジョブ型正社員」は、当然のことながらこの制度の対象となるはずだが、それだけではなく、広く正社員全体が対象となりそうな気配が感じられる。こうした制度もまた解雇という形で正社員を動かすことになるわけで、正社員の「働き方改革」の一環としてとらえることができるだろう。

労働組合サイドからは、解雇を自由化するものだとの批判があるが、それと同時に筆者が気になるのは、こうした動きが、雇用がさらに不安定になるのではないかといった「ぼんやりとした不安」を、社会に確実に広げていることである。景気は「気」だとの名言（あるいは迷言か？）があったが、明らかにその「気」なるものを削いでいるのではなかろうか。わが国の正社員の雇用は、別に「岩盤」などと目の敵にされるほど硬直的なわけではない。そのことは、OECDの *Employment Outlook* 2013に紹介されている一般労働者の雇用保護指標（あわせて有期労働者の雇用保護指標についても）に関する国際比較のデータを見れば明らかである［図表3］［図表4］。

これを見ると、先のような議論が為にするものだということがよくわかる。わが国の場合、一般労働者も有期労働者も雇用保護が弱すぎることが問題だと言っても言い過ぎではない。森

図表3　OECD諸国における一般労働者の雇用保護指数

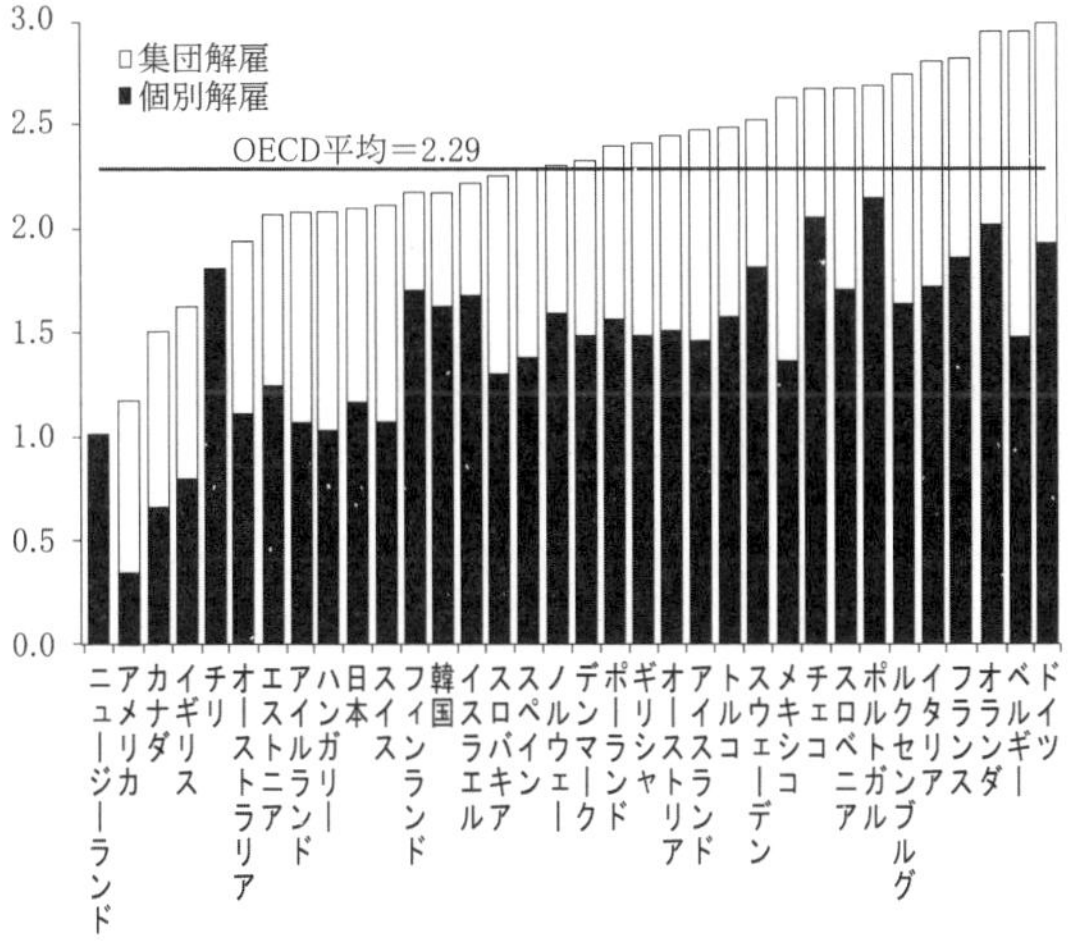

出所：OECD, *Employment Outlook*, 2013

図表4　OECD諸国における有期労働者の雇用保護指数

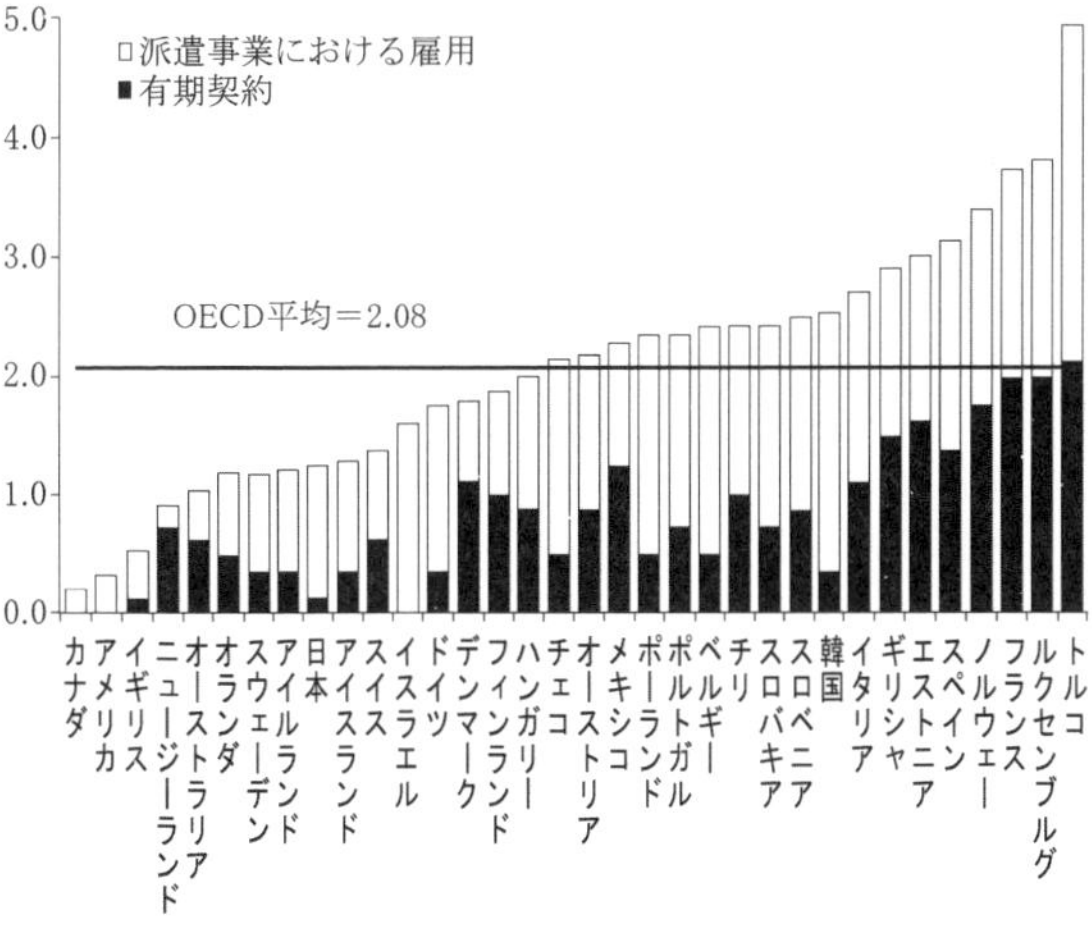

出所：図表3に同じ

永卓郎の『雇用破壊』には、以前富士通の成果主義を批判して名を売った城繁幸のネット上での発言が紹介されている。城によれば、日本は「ガチガチの解雇規制国家」だそうだが、こういうものをまさに妄言と言うのであろう。その城は、解雇規制の緩和を批判する森永の主張を「評論家の戯言」だと批判しているようだが、その科白はそっくりそのまま城に返さなければなるまい。

2　正社員の「働き方改革」の諸相

「高度プロフェッショナル制度」の登場

職業構造の面でのホワイトカラー化や産業構造の面でのサービス経済化といった変化は、人々の働き方にもさまざまな影響を与えており、「働き方改革」の深層をなしている。まずは、ホワイトカラー化の影響を取り上げてみよう。ここで重要なのは、ホワイトカラーの正社員の方がブルーカラーの正社員よりも長時間働く人が多かったり、サービス残業が当たり前になっていたり、年休が取れなかったりするような現実があるということである。わかりやすく言うと、機械従属的ではないオフィスでの働き方の方が、工場での働き方よりも、時間管理がルーズになったり曖昧になりがちなのである。たとえ表面上ではあっても、働き方に裁量労働的な側面がつきまとってくるからであろう。こうした事態が放置されれば、「企業社会」はいつでも長時間労働の温床となっていくのである。

労働時間が長くなると、それにともなってサービス残業も増えていく。2014年度のサービス残業代は、是正された額（100万円以上の支払いのみ）だけに限定しても143億円にも上っている（いまサービス残業という表現を使ったが、サービスすることを求めているのは企業の方だから、正しくは不払い残業と言うべきなのかもしれない）。不払いなのは残業代だけではない。少数精鋭化された職場環境の下では、年次有給休暇なども未消化となりがちであるが、こうしたものも含めるならば広く不払い労働ととらえるべきであろう。ちなみにわが国の年休の取得率は、21世紀に入ってから今日まで5割を切り続けている。アメリカなどでも不払い労働は大きな社会問題となっており、英語では「賃金窃盗」(*wage theft*) と呼ばれているという。不払い労働をなくすためには、われわれにもサービスではなく窃盗と呼ぶような厳しさが求められているのではなかろうか。

労働時間に関しては、とりわけホワイトカラーの職場で労働基準法違反が広がっているという現実があるので、それを踏まえるならば、まずは使用者に対して、労働時間の把握と管理を義務付けることが必要となる。現行の労働基準法にはそもそもそうした規定がないからである。そのうえで、残業時間の上限を設定することが求められることになる。上限が限定されていないがために、日本はＩＬＯ第一号条約さえ批准できないでいる。上限の目安としては、1998年の「大臣告示」によって行政指導の規準とされてきた、月45時間、年360時間が考えられるので、その法制化が早急に検討されるべきであろう。こうした「働き方改革」がまずは必要となる。

しかしながら、現実の「働き方改革」では、ホワイトカラーの働き方は時間でではなく成果で評価されるべきだということで、高度な専門職で一定の収入以上の労働者を対象に「高度プロフェッショナル制度」（特定高度専門業務・成果型労働制）を導入して、残業といった考え方そのものを失くそうとしたり、あるいはまた裁量労働制の対象を拡大しようとしている。前者について言えば、これは第一次安倍内閣で導入されようとしたいわゆる「残業代ゼロ法案」を再現させたものと言ってもいいであろう。今回もまた、ともかくも労働時間の規制の適用が除外される制度をなんとか導入しようというわけである。労働時間が管理されない労働者とは一見矛盾した表現のはずだが、こうした事態は企業内における非労働者化の動きとでも言えるかもしれない（企業外に向けた非労働者化の動きは「個人請負」となって現れている）。

残業代が支払われないということになったら労働者はさっさと帰宅するはずだという論理と、残業代を支払わなくてもいいなら経営者は労働者を「使い放題」にして、いくらでも働かせるはずだという論理、このどちらにリアリティーがあるだろうか。職場における圧倒的に企業優位の労使関係や、すでに不払い労働が広範囲に広がっている現実を直視するならば、後者の論理が現実化する可能性はかなり高いと考えて間違いなかろう。

労働時間に関する規制があまりにも緩やかなために、過労死が大きな社会問題となっているわが国において、更なる労働時間規制の適用除外制度をつくろうというのであるから、「高度プロフェッショナル制度」に対する働く人々の側からの抵抗は、思いのほか強い。「何時間働こうが、あるいは働くまいが、会社が一定の賃金を支払う」と言われても、「あるいは働くまいが」などと言った事態が絶対に生まれないことを、労働者は本能的に察知しているからである。こうした抵抗を「岩盤」などと称して、それを打破することが成長戦略でもあるかのように語るエコノミストや学者が今でも後を絶たないが、実はそうした主張こそが、デフレ不況の起点となっている雇用と所得の停滞から逃れることを難しくしていると言わなければならない。

「36協定の見直し」をめぐって

最近安倍内閣は、「高度プロフェッショナル制度」の不人気を埋め合わせるかのように、36協定の見直しによる労働時間の規制「強化」を主張し始めた。日本においては、労使協定（すなわち36協定）を結べば、労働基準法に定められた1日8時間、週40時間の上限を超えて働かせることが可能になり、特別条項をつければ、行政指導の限度（月45時間、年360時間）を超えてさらに働かせることも可能である。つまり、労働時間については「青天井」となっているのである。特別条項付きの36協定は、約4割の企業で締結されており、大規模企業ではほとんどの企業に及んでいる［図表5］。そうしたことから言えば、特別条項付きの36協定の見直しは当然であり、遅きに失した感さえある。さらに言えば、こうしたことは労働組合こそが真っ先に問題とすべきことであったろう。

労働時間に関しては、一見すると規制の緩和と規制の強化が同時に併存しているようにも見えなくはない。日本を代表する名だたる大企業の労使が、過労死として労災認定される際の基準となる月80時間を超えるような、とんでもなく長い36協定を締結している現実があるので〔図表6〕、そうした協定を見直すこと自体はもちろん評価すべきことである。そのうえで考えるべきは、規制の強化が、いったいどこまで本物なのか、そしてまたいったいどの程度の規制の強化となるのかということであろう。さらに付け加えておけば、「高度プロフェッショナル制度」が導入されれば、そこには残業という考え方が存在しなくなり、その結果、残業規制をしようがしまいがどうでもよくなるわけで、そうしたことにも

図表5　特別条項付きの36協定の締結状況（従業員規模別）

	特別条項がある	1ヶ月の延長時間				1年の延長時間			
		平均時間	60時間超	80時間超	100時間超	平均時間	600時間超	800時間超	1000時間超
計	40.5%	77：52	72.5%	21.5%	5.5%	650：54	57.9%	15.0%	1.2%
1～9人	35.7%	79：02	75.0%	20.4%	6.2%	652：44	60.3%	14.6%	1.3%
10～30人	45.6%	75：38	67.4%	22.8%	3.3%	648：00	54.5%	16.5%	0.8%
31～100人	52.5%	76：28	71.3%	20.5%	5.7%	643：26	53.9%	12.3%	1.7%
101～300人	68.1%	80：14	73.0%	29.5%	8.9%	659：30	56.7%	17.7%	2.4%
301人～	96.1%	83：10	82.8%	34.7%	10.6%	679：22	62.3%	22.1%	1.7%

出所：厚生労働省「労働時間等総合実態調査」（2013年）

図表6　東証1部上場売り上げ上位100社の36協定の残業上限時間（月間）

関西電力	193	富士フイルム	3ヵ月250
日本たばこ産業	180	三菱重工業	3ヵ月240
三菱自動車	160	キリンビール	3ヵ月240
ソニー	150	東京ガス	3ヵ月240
清水建設	150	三井化学	3ヵ月240
三菱マテリアル	145	三菱東京UFJ銀行	3ヵ月240
東京電力	144（+54）	トヨタ自動車	80
昭和シェル石油	140	三井住友銀行	80
NTT	139	出光興産	80
東芝	130	キャノン	80
日立製作所	3ヵ月384	デンソー	80
NEC	3ヵ月360	シャープ	80
丸紅	120（−30）	ソフトバンク	80
京セラ	120	スズキ	80
パナソニック	120（+37）	アイシン精機	80
中部電力	115（−20）	リコー	80
三菱電機	112	ダイハツ工業	80
三井物産	104	商船三井	80
ヤマト運輸	101	豊田自動織機	80
大日本印刷	100（−100）	全日本空輸	80
鹿島	100	住友商事	80
豊田通商	100	大和ハウス工業	80（+10）
三菱商事	100	マツダ	80（+20）
富士通	100	東レ	79（−20）
新日鉄住金	100	富士重工業	79
住友金属工業（新日鉄と合併）	−	旭化成	75
伊藤忠商事	100	ヤマダ電機	75（−5）
三井住友海上火災保険	100	メディセオ	75
三菱化学	100	電通	75
コスモ石油	100	KDDI	75
住友化学	100	野村證券	72
九州電力	100	スズケン	70（−30）
川崎重工業	100	損保ジャパン	70（−10）
JFE商事	100	大同生命保険	70（−10）
双日	100	コマツ	70
ブリヂストン	100	武田薬品工業	70
積水ハウス	100（+40）	阪和興業	70
凸版印刷	100	神戸製鋼所	70
住友電気工業	99	JX日鉱日石エネルギー	69
東北電力	3ヵ月270（+20）	いすゞ自動車	3ヵ月200
アサヒビール	90（−10）	日産自動車	3ヵ月180
ヤマハ発動機	90（−10）	JFEスチール	3ヵ月180
JR東日本	90	東京海上日動火災保険	60
日本郵船	90	日本通運	60
JR東海	90	セブン-イレブン・ジャパン	60（+15）
みずほ銀行	90	東燃ゼネラル石油	56
三井不動産	90	第一生命保険	3ヵ月160
ホンダ	90（+15）	イオン	50（−20）
NTTドコモ	89（−40）	アルフレッサ	45
日野自動車	3ヵ月265	三越伊勢丹	45

出所：『東京新聞』2015年6月1日

注：かっこ内は2012年調査からの増減時間（1ヵ月あたり）。分単位は切り捨て。持株会社は代表的な子会社の協定届を請求した。職種により異なる場合は、最も長い協定時間。前回調査では、法定労働時間と別基準で協定届を出した企業があり、企業に確認の上、前回数値を修正したものもある。

注意を払っておくべきだろう。

厚生労働省は、「過労死等防止対策推進法」にもとづいて、2014年度の勤務実態に関する調査結果を公表したが、それによると、1カ月の残業がもっとも長かった正社員の残業時間が80～100時間だったと答えた企業が11%、100時間を超えた企業が12%に上ったとのことである。合計すると23%の企業に80時間を超えた労働者がいたという結果になった。さらに興味深いことは、従業員規模1、000人以上の大企業で、そうした労働者がいた企業が5割を超えていたことである。とりわけ大企業が、労働時間の側面からみた「働き方改革」にいかに鈍感であるかがよくわかる。労災認定基準となる80時間を超えるような働き方が「合法」化されている社会は、異常だという他はない。

いまのところ、規制強化の中身が、先に触れたような法規制による残業時間の上限設定になるのかどうかはわからない。その水準も、これまで行政指導の規準とされてきた月45時間、年360時間になるのかどうかもわからない。いくらなんでも、月80時間が上限だなどということはないであろうが、それさえも未だはっきりしていない。いずれにしても、中身が示されて初めて正当に評価されることになる。疑り深い筆者としては、「働き方改革」の深層は「高度プロフェッショナル制度」に現れているような規制の緩和にあり、36協定の見直しは表層なのではないかと見ているが、いずれにしても、わが国の長時間労働の「岩盤」(これこそが「岩盤」と呼ばれるにふさわしいはずである)を崩すような「大胆」な「転換」があってこそ、「働き方改革」の名にふさわしいものになるのではなかろうか。

「労働移動支援」の現実

最近話題となったのは、「追い出し部屋」の変形（あるいは進化形か?）でもある「辞めさせ部屋」をめぐる問題である。「ローパフォーマー」と呼ばれる低評価の社員を辞めさせたい企業に対し、人材派遣会社が人員削減の手法を提供し、さらには企業から人材派遣会社に出向させるという形で再就職支援も引き受け、その結果、「労働移動支援助成金」が人材派遣会社に流れているというのである。ある人材派遣会社は、「戦力入れ替え」のお勧めまでしていたという。新聞の記事では、「人材会社の利益のために、必要以上のリストラが誘発されかねない」と指摘されていた。マネーを動かすことが収益につながるだけではなく、人材を派遣するだけではなく、辞めさせるという形で動かすことも収益につながっていることがよくわかる。

辞めさせたい社員に働きかけて、自己都合による退職に追いやるひとつの手法が「追い出し部屋」であった。「追い出し部屋」はもちろん正式な名称ではない。正式には「事業・人材強化センター」などと呼ばれたりしている。リストラの対象とされた社員は、会社が募集する希望退職に応じるか、それとも「追い出し部屋」への異動を受け入れるか、この二者択一を上司から迫られてきた。しかしながら、こうしたやり方では、企業がどうしても退職勧奨を口にせざるを得ないし、強引な退職勧奨が社会的な批判を招いてもきた。そこでそれを避けるために、間に人材派遣会社を入れることによって、企業は表面上リストラを強制しているわけではないような装いをとるようになったのである。有体に言えば、リストラをリストラとは思わせないような工夫が凝らされてきたということだろう。

人材派遣会社に流れていた「労働移動支援助成金」というのは、企業が雇用を維持できない状況になった場合に、労働者を速やかに再就職させるために、再就職支援の業務を委託した企業に支給されるものである。そもそもの出発点は、「日本再興戦略」でいうところの「行き過ぎた『雇用維持型』から『労働移動支援型』への政策転換を図る（失業なき労働移動の実現）」という「働き方改革」の一環として拡充され、予算も増額された制度であった。「日本再興戦略」で謳われた「雇用制度改革・人材力の強化」という節の冒頭には、「リーマンショック以降の急激な雇用情勢の悪化に対応するために拡大した雇用維持型の政策を改め、個人が円滑に転職等を行い、能力を発揮し、経済成長の担い手として活躍できるよう、能力開発支援を含めた労働移動支援型の政策に大胆に転換する」という文言が掲げられていたことからもわかる。

「労働移動支援助成金」が膨らむのとは対照的に、休業措置などで労働者の雇用を維持する企業に支給される「雇用調整助成金」は、半減された。それ故、「労働移動支援助成金」はもともと雇用維持を弱めるためのものだったのであり、その意味では間接的なリストラ支援の助成金制度だったわけである。そうであるならば、リストラを誘発するのはある意味当然と言えば当然であろう。「失業なき転職」によって「人が動く」と言えば何とも美しく聞こえるが、こうした人材派遣会社を活用することによって生み出される「働き方改革」は、無理に人を動かすことによって働く人の人権を貶めかねないのであり、退職強要と表裏一体のものとなりかねない。

「人手不足」の到来をどう見るのか

上述のようなリストラによって人は離職するが、無味乾燥な仕事内容、劣悪な労働条件、見えない将来展望なども、働く人々を「自発的な離職」に追い込んでいる可能性は十分にある。失業している人は、これまで身に付けた知識や経験、技能を生かせる仕事につきたいと考えるはずだが、そうした仕事は簡単には見つけられない。40代に入ると年齢が壁となって、それだけで新しい仕事にたどり着くことがきわめて難しくなっているからである。ところでもしかすると、「自発的な離職」によって完全失業者となった人は、雇用保険を当てにして仕事を辞めたり、雇用保険があるために仕事を選り好みしていつまでも働かない人なのではないかと考える人もいるかもしれない。だが果たしてそうだろうか。

完全失業者は雇用保険を受給しているはずだと思っている人も多いはずだが、実際はそうではない。完全失業者の約8割は、雇用保険を受給しないまま職を探しているからである。もともと失業手当を受給できない人がいるうえに、たとえ受給資格があったとしても、失業者の6割は最短の3か月しか受けられない状況におかれているので、その間に仕事を見つけられなければ、失業手当なしに仕事を探さざるを得なくなるからである。安心して「人が動く」ことができるためには、そしてまたスムーズな「労働移動支援」というのであれば、こうしたところでの「働き方改革」が必要なはずである。

完全失業者のなかには、正規雇用の仕事を探している人が半数以上いるし、いても当然なのだが、そうした仕事はなかなか見つからない。雇用保険を受給しないまま職を探さざるを得なくなれば、ともかくも早く仕事を見つけなければならなくなり、正社員の仕事を諦めて非正社員として働かざるを得なくなる。製造業派遣や清掃、警備、倉庫業務などの「年齢、学歴、経験不問」の非正社員の仕事であれば、すぐに見つかるからである。しかしながら、こうした非正社員の雇用が増えたとしても、雇用と所得の停滞を起点とした悪循環の構造を打開する力は、きわめて弱いと言わざるを得ない。いったん職を失うとそう簡単には希望の職に就けない社会を、転職社会などと美化することはできないだろう。

正社員の仕事が見つけられない場合は、ワーキングプアになることを覚悟して非正社員の仕事に就くことになるが、なかには職探しを諦める人もでてくる。不本意ながら非正社員で働く人は、統計上は就業者となるので完全失業者からは除外され、職探しをあきらめた人は、求職意欲喪失者ということで非労働力人口に区分されるので、こちらは失業者からも労働力人口からも除外されることになる。その結果、いずれの場合も失業率は下がる。しかしながら、不本意な非正社員も求職意欲喪失者も、ともに半ば失業者（あるいは潜在失業者）とみなされるべき存在なのではないか。公表された失業率が、実態を十分に反映していない可能性がある（2016年の内閣府の試算によれば、不本意な非正社員と求職意欲喪失者を加えた「広義の失業率」は8・4％になるという）。

安倍首相は有効求人倍率の改善をアベノミクスの成果の一つに数え上げており、データ上はそう言って間違いではないが、その背後には、あれこれ検討してみなければならない問題が潜んでいるようにも思われる。最近の有効求人倍率の改善は、日本経済が人口減少期に入ったことによって求職者数が減ったり、団塊の世代の労働市場からの引退が最終局面を迎えて求人数が増加したり、建設や介護といった特定の職種や離職率がかなり高い職種で求人が増えたり、あるいはまた、ハローワークを経由しない非正社員の就職が広がったりしているためだとの指摘もある。

こうした現実を踏まえると、非正社員の増大によって低下した完全失業率や、非正社員の求人数の増大によって上昇した有効求人倍率の動向のみでもって、雇用環境の改善やら人手不足やらを喧伝するのは、何とも早計に過ぎるのではなかろうか。このようにして生まれた雇用環境の改善や人手不足は、たとえ事実としていくら喧伝されたとしても、それは雇用と所得の停滞を起点とした悪循環の構造を打破するだけのインパクトを持ち得ない。消費を喚起する力が余りにも弱いからである。次に詳しく触れる非正社員問題が、景気回復を難しくする大きな重しとなっていることは明らかであろう。

3 非正社員の「働き方改革」の諸相

非正社員とは誰のことか

雇われて働く人である雇用者に関する問題は多岐にわたるが、今日もっとも注目されるのは、いわゆる「就業形態の多様化」、すなわち多様な働き方の広がりである。正社員以外に、パート・アルバイト、派遣労働者、契約社員、嘱託などで働く人々がこの20年ほどの間に急速に増えてきたからである。「労働力調査」におけるそれぞれの働き方の定義を見ると、派遣で働く人を除けば、それ以外の就業形態の違いは今ひとつ判然としない。勤め先での呼称によって区分されているにすぎないからである。パートなどと呼ばれていても、正社員と見まごうような働き方のパートさえいる。さまざまな呼称を持つそれらの就業形態の間には、そもそも明確に区分できるような取り扱い上の違いはないということなのであろう。このように、違いが不明瞭で融通無碍なところがいかにも日本的ではある。

そうであれば、正社員とそれ以外の人すなわち非正社員に区分されていると理解した方が話はわかりやすい。では、正社員と非正社員は何を基準に区分されることになるのであろうか。これまでは、正社員は雇用契約の期間に「定めのない」雇用であり、それ以外の非正社員は「定めのある」雇用であるとされてきた。無期雇用と有期雇用の違いである。この違いが大事なことは今でも変わらない。しかしながら、もともと雇用というものは、労使間における長期の人的関係のもとでフルタイムで働くこととして、歴史的には理解されてきたという経緯がある。そうであれば、こうしたこれまでの伝統的な雇用概念からの乖離は、①臨時的な雇用（無期雇用から有期雇用への変化）を軸にしながらも、これに②パートタイム雇用（フルタイム雇用からパートタイム雇用への変化）や③雇用者と使用者が分離した雇用（直接雇用から間接雇用への変化）の登場も加わって、この三つの側面から生じているとみることができる。

近年いわゆる人材派遣会社を介して活用されている派遣労働者や請負労働者などは①や③と、直接雇用されていてもパートやアルバイト、契約社員、嘱託などは①や②と深い関わりを持つことになる。日本の場合は、戦後次のような順序で乖離してきている。まず、①の臨時工が1950年代に急増したが、その後労働組合によって臨時工の本工化の取り組みが進められた結果減少し、ついで②のパートタイム労働者が1960年代に登場して今日まで増大し続けており、そして③の派遣労働者が1985年の労働者派遣法の成立によって新たに登場した。しかも先の三つの側面から生じた乖離は、もちろん独立しても存在するが二重、三重に重なり合ってもいる。たとえば短時間の日々雇用で働くような人々の場合、①、②、③のすべてがあてはまることになる。言い換えるならば、こうした三つの側面からの乖離が進行し、そのことによって逆に正社員という概念が確立してくるということなのかもしれない。

このように見てくると、「就業形態の多様化」とはじつは非正社員の多様化に過ぎないようにも思われるのであるが、にもかかわらず、非正社員という働き方に対する倫理的な批判を内在させた正規―非正規の枠組みでは、人材活用の実態を見誤るといった見解も存在する。非正社員の増大を擁護するもうひとつの議論は、非正社員という働き方が、労働者の側の自発的な選択によっても増大しているというものである。「最大の非正社員」であるパートなどは、今でも自発的にパートという働き方を選択して働いている人が多数派である。こうしたパートを込みにすれば、非正社員の多数派は自発的に非正社員を選んでいると言えるのかもしれない。しかしながら、こうした議論を繰り返している限りいま何が問題となっているのかはまったく見えてこない。

また、パート以外の非正社員のなかにも、働くのかそれとも働かないのかを選択できる立場にいて、自発的に非正社員として働くことを選択している人がいることも否定はできない。だが、生きるために仕事を求めている人であれば、それがどのような仕事であったとしても、それしかなければその仕事に飛び付かざるを得ない。そしていったん働き始めれば、その仕事を失うことに不安を感じることにもなる。ネットカフェや簡易宿泊所に寝泊まりし、日雇いで生きる人の場合などはまさにそうであろう。そうした事態を前にして、彼らは今のような働き方を自発的に選択し維持したいと考えているのだと解釈するのであれば、それは本末転倒だと言わなければならない。

急増する非正社員

２０１５年の「労働力調査」によれば、役員を除く雇用者総数５２８４万人のうち、正社員が３３０４万人を占め、残りの１９８０万人が非正社員である。雇用者総数に占める非正社員の割合である非正社員比率は37％といまや4割近くにも達している。この非正社員数と非正社員比率は、当時の日経連が「新時代の『日本的経営』」を提唱した１９９５年には８７４万人、19％であったから、その後20年ほどの間に人数にして１１０６万人、率にして18ポイントも増えたことになる。まさに激増と言えようが、当時ここまでの急増を予測し得た人はほとんどいなかったのではなかろうか。先の「新時代の『日本的経営』」では、雇用ポートフォリオという考え方が示され、そこでは、「長期蓄積能力活用型」や「高度専門能力活用型」と並んで、「雇用柔軟型」がこれからの雇用のあるべき姿の一つとして位置づけられた。それぞれの雇用形態に応じて処遇を弾力化し、必要に応じて雇用調整を容易にするなどして、人材活用の面から経営の効率化（＝高コスト体質の是正）が目指されたのである。非正社員の急増は、こうした、内部労働市場を狭め外部労働市場を広げるといった新たなビジネスモデルのもとで、使い勝手のいい労働力としてふんだんに活用されてきた結果であると言ってもいいであろう。

そこから浮かび上がってくるのは、以下のような興味深い現実である。まず第一に指摘すべきことは、男性の非正社員比率や若年層の非正社員比率が高まってきたことである。非正社員に占める女性の比率は68％だから、現在でも非正社員が女性に集中していることは間違いないが、この間の変化という点から見れば、非正社員に占める男性比率の上昇が注目される。第二に指摘すべきことは、間接雇用の非正社員や偽装雇用ともいうべき個人請負はもちろんのこと、直接雇用の非正社員の内部にも、フルタイム型すなわち家計補助型ではなく「家計自立型」の非正社員が増大してきたことである。「労働力調査」によれば、非正社員の5割弱をパート、2割をアルバイトが占めており、依然として多数派であることに変わりはない。しかし非正社員に占めるパート・アルバイト比率は、1995年には8割を超えていたので、この間パート・アルバイト以外の非正社員が急増して、その結果「家計自立型」の非正社員が増えてきたことがわかる。パートは主婦、アルバイトは学業途上の若者の仕事としてイメージされてきたので、それ以外の非正社員の多くは、「家計自立型」の非正社員となっている。それどころか、近年ではパート・アルバイトにさえ「家計自立型」と言っていいような非正社員が生まれてきているのである。

そして第三に指摘すべきことは、上記のことと最も深いかかわりを持った論点であるが、不本意な選択あるいは非自発的な選択の結果として、非正社員となった人が増えたことである。つまり、正社員として働きたかったにもかかわらず、長期のデフレ不況下でビジネスモデルが変わり、正社員に対する需要が減少したために、やむを得ず非正社員として働かざるをえなくなった人が増えたのである。2015年の「労働力調査」によれば、非正社員のうち、非正社員で働いている理由として「正規の職員・従業員の仕事がないから」と答えた不本意型の人は、若干減少したとはいえ315万人もおり、非正社員の17%を占めている。これだけの人がやむをえず非正社員で働いており、いまだに非正社員の「罠」から抜け出すことができないでいることを忘れてはならないだろう。

「同一労働同一賃金」の提唱

これまでも、繰り返し雇用と所得の停滞を起点とした悪循環の構造が問題なのだと指摘してきた。デフレからの脱却のベースとなるのは、個人消費を引き上げるだけの賃金上昇である。安倍政権はそのため財界に賃上げを求め、「好循環」を生み出そうとしてきた。俗に「官製春闘」と呼ばれるほどの力の入れようだったわけである。しかしながら、昨年はそれも不発に終わった。「過去最高」の収益をあげたはずの大企業に限定しても、それほどの賃上げは実現しなかったからである。今世紀に入ってからの賃上げを振り返ってみると、ベアゼロが何年も続くほどの低調振りであったから、「今世紀最高」の賃上げ（しかもここには、本来賃上げとは呼べないはずの定期昇給による賃上げ額が含まれ、8割強にも達しているのである）を実現したと自画自賛してみても、もともとそれほどのものではなかったし、春闘がすでに相場形成力を失って波及効果も弱まっていたし、それに加えて、企業別組合の多くは今でも正社員のみを組合メンバーにしており、非正社員は賃上げから置き去りにされていたからである。春闘はすでに大きな限界を抱えていたと言えるだろう。

その限界が露呈してきたからこそ、雇用者の4割近くにも膨らんだ非正社員の処遇に言及せざるをえなくなったと見ることもできる。安倍政権はもともと非正社員の「働き方改革」には冷淡だったが、そのために格差が広がりまたそのことが批判の対象とされてきたこともあって、「同一労働同一賃金」の提唱につながったのかもしれない。さらに言えば、正社員の「働き方改革」をスムーズに進めて、「人が動く」状況を広く実現するためにも、たとえ「表層」ではあったとしても、非正社員の処遇の改善に取り組むことが必要になったとも考えられる。

非正社員は、知識や経験や技能が評価されない仕事につくことが多く、そのために勤続年数が評価の対象とされていない。その結果、ワーキングプアと呼ばれる年収200万円未満の人の多くを、非正社員が占めることになるのである［図表7］。ここに登場してきたのが、「同一労働同一賃金」と最低賃金の引き上げの提唱である。この提唱は、そもそも大量の非正社員を前提としたものなので、ある種の弥縫策として登場したかのように見えなくもない。この「同一労働同一賃金」ですぐに思い出すのは、労働基準法第4条である。そこには、「使用者は労働者が女性であることを理由として、賃金について、男性と差別的取扱いをしてはならない」と定められている。しかしながら、今もって男女間の賃金格差は解消されてはいない。直接差別というあからさまな差別はなくなっても、間接差別（表面的には性に中立的な慣行や基準であっても、実質的に性差別につながる行為や慣行）が広がっており、性別職務分離による「女性職」の低賃金が根強く存在しているからである。

こうした事態を解決するために登場してきたのが、「同一労働同一賃金」の考え方を発展させた「同一価値労働同一賃金」という考え方である。この考え方は登場してからかなりの年月が経ち、ＩＬＯでも条約化されているので、今では世界標準と言ってもいい。そして、「同一価値労働同一賃金」を実現するための手法として多くの国々で採用されてきたのが、それぞれの仕事を、①必要とされる知識・技術、②精神的・肉体的負荷、③責任、④作業条件といった要素ごとに点数化して評価する職務評価という技法である。これによって、男女間の賃金格差を解消していくことが期待されているわけである。非正社員の多数派は今でも女性なので、これもまた非正社員の「働き方改革」に資するはずである。

図表7　年齢別にみた正社員と非正社員の賃金

（月額、2014年）

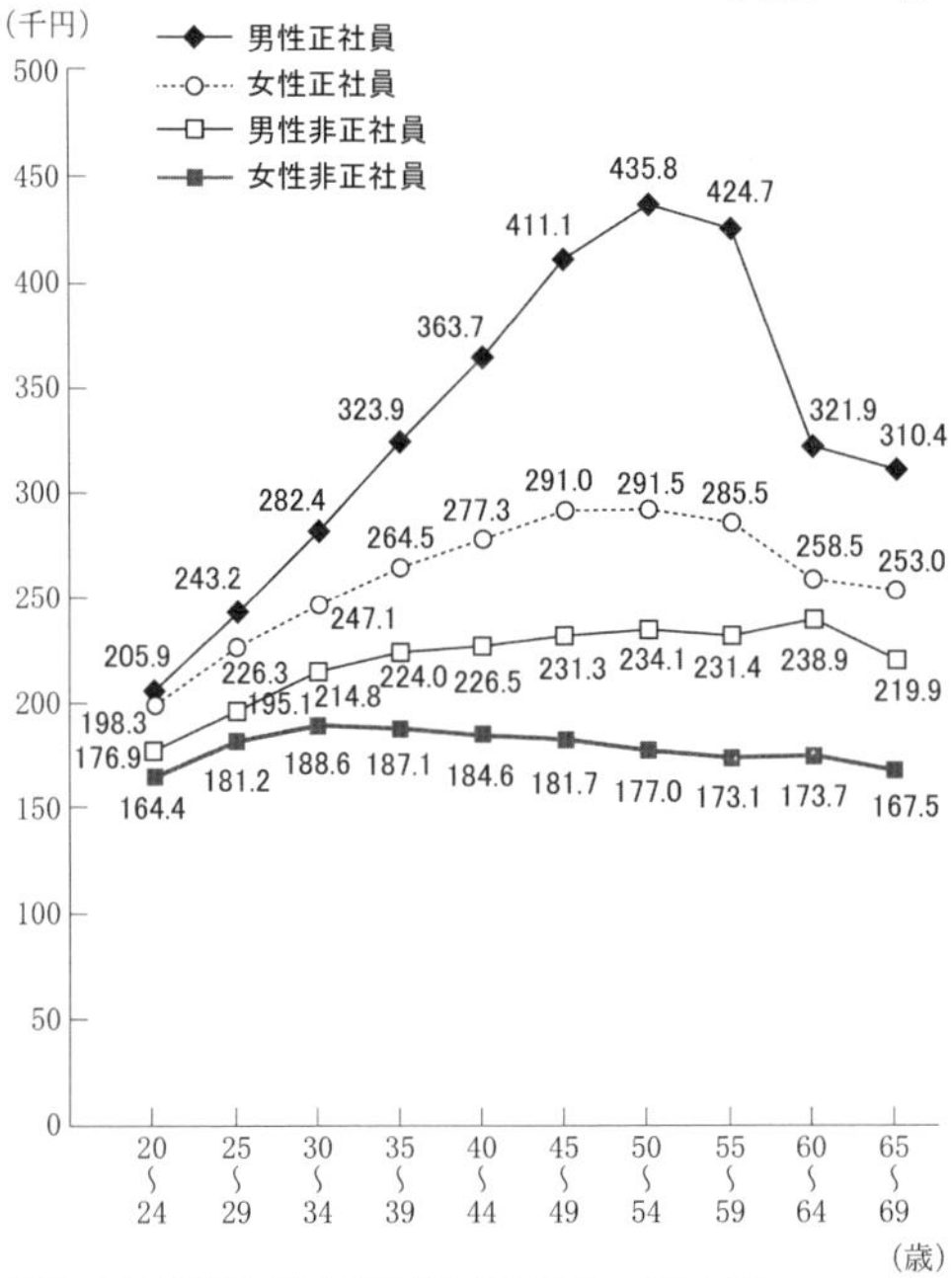

資料：厚生労働省「賃金構造基本統計調査」（2014年）

　ところが、日本では賃金制

度の設計に職務評価という技法を導入することは、職務給の導入なしには無理であり、勤続年数や職務遂行能力といった要素が大きな比重を占めている日本の賃金制度にはなじまないので、職務評価の活用も「同一価値労働同一賃金」の実現も困難であるという受け止め方が、広く存在している。手元にある何冊かの労働法の著作を広げてみても、だいたいそうした考え方が記述されている。しかしどうもこうした受け止め方は誤解にもとづくようで、同僚の兵頭淳史が『労働の論点』で指摘しているように、世界の標準的な理解では、賃金決定において勤続年数や職務遂行能力を考慮することを排除するものではない。大事なことは、もともと「同一価値労働同一賃金」の考え方は、職務給を導入するためのものではなく、あくまでも男女間の賃金格差を解消するための手段であるということだろう。

そのように考えてくると、「同一価値労働同一賃金」の考え方は何も男女間の賃金格差の解消だけに限定される必要はないわけで、非正社員の「働き方改革」にも活用すべきものだというとになる。ＥＵの「パートタイム労働指令」では、「パートタイム労働者は、雇用条件について、客観的な理由によって正当化されない限り、パートタイム労働であることを理由に、比較可能なフルタイム労働者より不利益に取り扱われてはならない」とされているし、ほぼ同じ文言が「有期労働契約指令」にもある。であるならば、日本においては、非正社員の低い処遇を改善するためには、同じ職場の正社員の賃金の決め方、上がり方に可能な限り近づけていくことが大事なわけで、そこに資する限りで先の職務評価の技法は活用できるはずである。

そのように考えてくると、非正社員の勤続年数もやはり評価の対象とされるべきであろうし、諸手当や一時金、退職金の扱いについても考慮されるべきである。現行のような大幅な不利益取り扱いが、どこまで「客観的な理由によって正当化」されうるものかどうかが問われるべきなのである。もしもそれを非正社員は正社員とは違うということで問わないのだとしたら、非正社員は身分としてとらえられていることになり、あからさまな差別が許されていることになる。職務給を導入しなければ「同一価値労働同一賃金」の適用は難しいと考える必要もないし、勤続年数や職務遂行能力を考慮することが「同一価値労働同一賃金」の考え方と矛盾すると考える必要もない。さらに言えば、「同一価値労働同一賃金」の取り組みが強まるならば、非正社員の急増にも歯止めがかかる可能性も生まれるであろう。

最低賃金の改善と「社会的賃上げ」

非正社員の処遇の改善に関して言えば、より重要なテーマがある。それは最低賃金の引き上げである。というのは、多くの非正社員の時給が、ほぼ最低賃金にはりついているという現実があるからである。安倍首相は、昨年暮れの経済財政諮問会議の場で、「全国平均798円の最低賃金を毎年3％程度引き上げて、全国平均1000円を目指す」と表明したが、企業の内部留保がこれだけ膨らんでいるのに「好循環」を実現するための賃上げが思うように進まない現実を、ようやく認めざるを得なくなってきたということなのかもしれない。3％程度の引き上げでは、加重平均でさえも1、000円に達するまでにはかなりの時間がかかりそうであり、その金額でもワーキングプアすれすれでしかないから、問題は多々あるわけだが、それでも、最低賃金の引き上げに言及したこと自体は意味のあることであろう。

ところで、2008年に施行された改正最低賃金法では、9条2項で地域別最低賃金は「地域における労働者の生計費及び賃金並びに通常の事業の賃金支払能力を考慮して定められなければならない」とされ、さらに同条3項では、2項における「労働者の生計費を考慮するに当たっては、労働者が健康で文化的な最低限度の生活を営むことができるよう、生活保護の施策との整合性に配慮するものとする」と定められた。こうした規定があえて設けられることになったのは、わが国の最低賃金額が他の先進諸国と比べて低く、場合によっては生活保護の支給水準よりも低くなるという批判が広く存在したからである。それ故、9条3項の規定は、最低賃金が生活保護費を下回るような事態、すなわち俗にいう「逆転現象」を是正する必要があることを法によって認めたものと言うこともできる。憲法9条も大事な問題であるが、最低賃金法の9条も見逃すことはできない。

最低賃金の引き上げがどれぐらいの人々の賃金引き上げに資するのかは、その影響率を見るとわかる。影響率とは、最低賃金額の引き上げ後にその金額を下回ることになる労働者の割合のことであるが、この影響率は2014年度の全国平均で3・6%となっている。この影響率を産業別に比較すると、宿泊業、飲食サービス業では9・4%、生活関連サービス業、娯楽業では6・4％、卸・小売業では6・0％となっており、こうした非正社員への依存度の高い成長産業では、全国平均を大きく超えている。最低賃金の引き上げが「社会的賃上げ」と呼ばれる所以である。

安倍政権も、野党の時代には最低賃金の1000円への引き上げを「アンチ・ビジネス」だなどと公然と批判していたことからもわかるように、もしかしたら、最低賃金の引き上げは企業の成長を妨げ、失業を生むに違いないといった「常識」に、世の中の人々は深くとらわれているのかもしれない。現行の地域別最低賃金は、最も高い東京で932円、最も低い沖縄等で714円（本当はこの金額こそがわが国の最低賃金だと言うべきであろう）なので、これに一般労働者の年間の所定内労働時間である1、819時間を掛けると、それぞれ169万5千円と129万9千円となる。あまりにもミゼラブルな生活と言うしかない。

OECDによる最低賃金の国際比較のデータによれば、賃金の中央値に対する最低賃金の比率は、日本はなんとチェコとともに36％で最下位である。最低賃金額が先進国の中で最低という事態が生じているのである。こうした現状にもかかわらず、最低賃金の引き上げは雇用の削減や失業、倒産の可能性を強めると宣う経済学もあるわけだが、せめてOECD平均の48％ぐらいになってから、その可能性を論じてもらっても遅くはなかろう。賃金の引き上げを、春闘での大企業の正社員の賃上げだけに限定していてはならない。それだけでは相当に大きな限界があって、もはや内需を喚起するだけの力を持ち得ていないからである。ワーキングプアの賃上げに結び付く最低賃金の引き上げ、すなわち「社会的賃上げ」は、貯蓄ではなく消費を確実に増やすのであり、だとするならば、それは広義の意味での「成長戦略」になると言うべきである。

「逆転現象」は解消されたのか

ところで、生活保護法は第1条において、「この法律は、日本国憲法第25条に規定する理念に基き、国が生活に困窮するすべての国民に対し、その困窮の程度に応じ、必要な保護を行い、その最低限度の生活を保障するとともに、その自立を助長することを目的とする」と定めているので、働く人々を対象とした最低賃金が、「最低限度の生活を保障する」生活保護費を下回るような事態があるとすれば、それは由々しき事態だといわなければならない。就労に対するインセンティブやモラルハザードの回避という観点からも、「逆転現象」の解消が必要となることは言うまでもない。最低賃金の改定に当たって、「逆転現象」が解消されたのかどうかが大きな社会的関心を集めてきたのも、そのためである。

そうしたなか、2015年の中央最低賃金審議会の小委員会報告において、全国のすべての都道府県において「生活保護水準と最低賃金との比較では、乖離が生じていないことが確認された」と述べられ、「逆転現象」は解消されたと宣言された。一見この問題はすでに解決済みであるかのように広く報道もされたわけであるが、じつはここには大きな問題点が隠されていたのである。生活保護費と最低賃金の高低を比較するためには、まずは月額の生活保護費がどれだけになるのかを算定し、そのうえで、それを月間の労働時間で割って時給に換算する必要がある。国の計算方式では、生活保護費が低く見積もられ、そして月間労働時間は逆に長く見積もられることによって、時給はかなり低く算定されており、その結果、「逆転現象」は解消されたことになったのである。

2011年に始まった神奈川の最賃裁判では、原告側は現行の計算方式の問題点を5点にわたって指摘したが、地裁では原告らの訴えは却下すなわち門前払いされたために（その後東京高裁でも門前払いされた）、原告側が指摘した計算方式の問題点に国側は反論することはなかった。そのために、国の計算方式の問題点が社会的に明らかにされなかったのである。まず第一点は、生活保護費の基準額が違っていることである。神奈川の場合、生活保護費を算定するにあたって県内を6つの「級地」にわけて衣食などの生活費に差をつけていた。同じ県内でそこまで分ける必要があるのかという気もするが、都市部とそうでない地域とを区別していた。最低賃金は県内で一律に適用されるので、どの「級地」の基準額を採用するかがまずは問題となる。国は人口加重平均で基準額を算定していたが、これに対して原告側は、これでは都市部に住んでいる人は保護費以下となってしまうので、県内のすべての生活保護受給者が含まれることになる1級地の基準額を採用すべきだと主張した。

第二点は、住宅扶助費の算定の違いである。国は生活保護の受給者に実際に支給した実績値の平均を採用していたのであるが、原告側はこれでは実績値以下の人が生まれることになるとして、そうならないようにするためには、受給可能な最高限度額を採用すべきだと主張した。

第三点は、勤労必要経費の取り扱いをめぐる問題である。国はこの経費を保護費に算入しなかったのであるが、原告側は、生活保護を受けながら働く人には、勤労必要経費が認められているのであるから、最低賃金で働く人にも認められてしかるべきだと主張した。働いて収入を得ている者が生活保護を申請した場合には、通勤費や社会保険料の実費分が収入額から控除されるだけではなく、就労意欲を増進して自立を促すためにも、収入額から一定の金額が勤労控除として控除され、そのうえで生活保護費が算定されることになる。外で働くことになれば、それにともなう諸経費がどうしても必要となってくるからである。先の住宅扶助費とこの勤労必要経費の取り扱い方が異なっていることが、金額面での大きな違いを生んでいる。

第四点は、税と社会保障費をめぐる問題である。周知のように、生活保護の受給者は税と社会保障費の負担を免除されている。最低賃金は税金や社会保険料などの公課負担が差し引かれる前の金額なので、生活保護費と比較する場合には、公課負担を除いた金額で比較しなければならない。その際に国は、全国でもっとも最低賃金が低く公課負担も少ない沖縄県の負担割合をもとにして補正したが、原告側は神奈川県の負担割合をもとに補正すべきだと主張した。そして最後の五点目だが、国は国の計算方式で算定した生活保護費を時給に換算するにあたって、月当たりの労働時間を法定労働時間である週40時間を年間通して働いたとみなし、その12

分の1である173・8時間で除して、時給額を算定していた（所定労働時間の上限となることの理論値では、当然ながら年末・年始の休みはもちろん夏休みもゴールデンウィークなどの祝日もないことになる）。これに対して原告側は、フルタイム労働者が実際に働いた月間の所定内労働時間である155時間で除すべきだと主張した。

このように見てくると、国の計算方式はデータの取り扱い方がかなり恣意的なのではないかと言わざるを得ない。基準額では加重平均値、住宅扶助費では支払額の平均値、公課負担では実態の最低値、勤労必要経費は未算入、労働時間は法定の最大値で算定しており、生活保護費を可能な限り低く見積もり、労働時間を可能な限り長く見積もって、時給額を可能な限り低く算定していることがわかる。こうして算定された時給840円をもとに、「逆転現象」はすでに解消していると主張したわけであるが、原告側の主張した生活保護費にもとづく時給換算方式では1436円となり、「逆転現象」の解消には程遠いということになる。

もちろん、この1436円という最低賃金の金額が、今の日本で直ちに実現するとは思えない。中小企業に対する支援も必要になるであろうから、当面は目標値にならざるを得ないだろう。問題は、現行の最低賃金額でフルタイム労働者の月間の所定労働時間を働いただけでは、生活保護費にはるかに及ばない水準だということ、すなわち、最低限度の生活を営むことが困難であることをしっかりと自覚することであり、「逆転現象」を解消するためには、依然として大幅な最低賃金の引き上げが必要であることを強く認識することであろう。しかしながら、恣意的な数字の操作で現実を糊塗し続けている限り、こうした自覚や認識は絶対に生まれようがない。

これまでの指摘から浮かび上がってくるのは、経済のあり方を考える際に、働くという視点が意外にも重要になってきているという事実である。為替相場や株価の動向、企業の業績などからしか経済というものをとらえられないとしたら、それはあまりにも一面的であろう。働くという人間の営みに広く深い関心が持続的に寄せられるようにならなければ、働く人々の将来に対する不安は解消されず、日本経済の再生は引き続き困難をきわめることになる。人間らしい働き方を軽視する社会に未来はない。いまわれわれに求められていることは、「企業社会」の綻びを補完するだけの「働き方改革」を、未来を取り戻すための「働き方改革」へと転換させていくことであろう。

参考文献

井上久他（2016）『「働き方改革」という名の〝劇薬〟』学習の友社

川人博（2014）『過労自殺〔第二版〕』岩波新書

工藤昌宏（2016）「浮上できない日本経済」（『経済』2016年6月号）

伍賀一道他編（2016）『劣化する雇用―ビジネス化する労働市場政策―』旬報社

昆弘見（2016）『あなたを狙う「残業代ゼロ」制度』新日本出版社

須田慎一郎（2016）『偽装中流』KKベストセラーズ
高橋祐吉、鷲谷徹、赤堀正成、兵頭淳史編（2016）『労働の論点』旬報社
高橋祐吉（2013）『現代日本における労働政策の構図―もうひとつの働き方を展望するために―』旬報社
竹信三恵子（2009）『ルポ雇用劣化不況』岩波新書
友寄英隆（2013）『「アベノミクス」の陥穽』かもがわ出版
増田明利（2016）『ホープレス労働』労働開発研究会
町田俊彦編（2014）『雇用と生活の転換―日本社会の構造変化を踏まえて―』専修大学出版局
松尾匡（2016）『この経済政策が民主主義を救う』大月書店
森岡孝二（2015）『雇用身分社会』岩波新書
森永卓郎（2016）『雇用破壊―三本の毒矢は放たれた―』角川新書

第4章　金融政策はこれでよいか
――大量資産購入とマイナス金利政策

田中　隆之

1　はじめに

日本銀行は、4年前の2013年4月4日に、「量的・質的金融緩和」(QQE)を開始した。前年の暮れに誕生した安倍晋三政権が「アベノミクス」を打ち出し、その第一の矢である「大胆な金融政策」を担うものだった。

その中心手段は、政府の発行する国債を日銀が大量に購入するというものだ。これは14年10月に量的に拡大された後、16年1月にマイナス金利政策が付け加えられて「マイナス金利付き量的・質的金融緩和」となった。さらに同年9月、日銀はそれまでの一連の金融政策に対する「総括的検証」を行うとともに、「新しい枠組み」を示した。そこでは、「長短金利操作付き量的・質的金融緩和」が打ち出され、さらに複雑さの度を増している。

だが13年4月に、当初2年をめどに達成するとしていた「2％物価目標」は、この一連の金融緩和政策では果たせず、達成時期のめどは5回も先送りされた。

本章では、これまでの日銀の非伝統的な超金融緩和政策を、先進国中央銀行の類似の政策の中に位置づけながら、そのメカニズムと成果を解説し、問題点の指摘を行ったうえで、今後の政策のあり方を考えてみることにしたい。

2　非伝統的金融政策の分類とその原理

通常の金融緩和（景気刺激策）のメカニズム

非伝統的金融政策とは何か。それを知るためには、通常の金融緩和の波及メカニズムを理解しなければならない。

その概要は、図表1に示されている。まず、日銀が、金融政策決定会合でコール金利誘導目標水準の引下げを

図表1　金融政策の波及経路（緩和の場合）

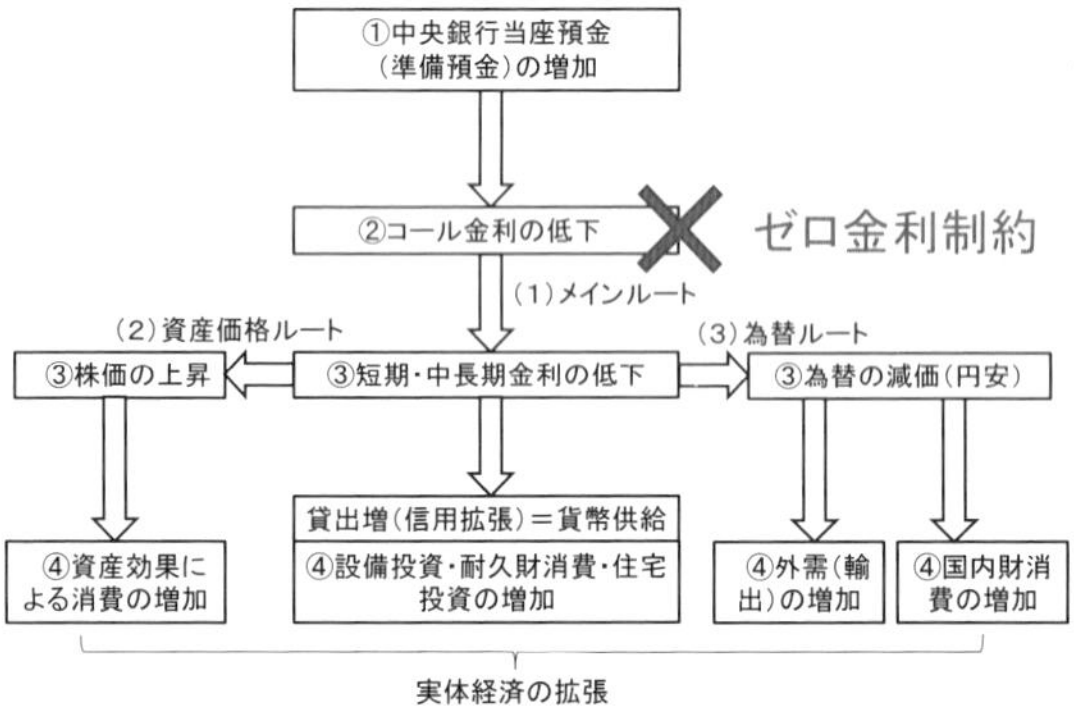

（資料）筆者作成。

決定する。日銀は、①公開市場操作の買いオペで準備預金を増やし、②コール金利を新しい誘導目標水準まで引き下げる。このコール金利の低下（および将来もコール金利が低く推移するという予想）が、③市場の裁定を通して⑴その他の短期金利や中長期金利の低下、⑵株価の上昇、⑶為替の円安、を引き起こす。④それらの変化が家計と企業の支出（消費、住宅投資、設備投資など）や外需を増やすことで総需要、したがって実体経済を拡張させる。

上記③を補足説明すると、⑴コール金利以外の短期金利（3カ月物、6カ月物ＴＢ金利など）、長期金利（長期国債、社債、住宅ローンなどの金利）は、コール金利の低下による裁定取引で低下するだけでなく、コール金利が長期間低くとどまるという予想によっても低下する[1]。⑵長期金利の低下により、株式が買われ株価は上昇する（金利の低下が、株式投資のための資金調達を促進。景気が好転すれば企業収益が増加するとの期待）。⑶長短金利の低下は円資産の魅力を低めるので、外国為替市場で円が下落する。

さらに④については、金利の低下、株価の上昇、為替の円安が、様々な形で支出を増加させる。⑴金利の低下は、企業や家計の資金調達コストを引き下げるので設備投資、耐久財消費、住宅投資を増加させる。この時、貸出が増加し信用創造が行われる（貨幣供給＝マネーストックが増加）。⑵株価の上昇は、資産効果により家計の消費を増加させる。⑶円安は、国内企業が供給する財・サービスの海外市場での価格を引き下げるから、輸出を増やす。同時に、輸入財の価格が上昇するので、国産品の消費が増加する。

以上を、「平時」における金融政策の実体経済への波及経路と、そしてとりわけ(1)をそのメインルートと捉えることができる。日銀は、90年代半ば以降、金融政策の景気への波及ルートをこのような形で整えてきたと言える。そして、米連邦準備制度理事会（FRB）など先進国の中央銀行は、いずれも同様な金融政策ルートの「整備」を行ってきた(2)。

注意しておきたいのは、かつて一部のマクロ経済学や金融論のテキストで行われていた、マネタリーアプローチ的な波及経路の説明は、現実を正しく捉えていないことだ。つまり、中央銀行が公開市場操作によって準備預金（したがってベースマネー）を増加させると信用創造によりマネーストックが増加し、それが金利の低下を引き起こすことで景気の拡大を招く、という説明が中心に置かれていたことがある。このような説明は、IS－LM分析における金融政策の捉え方、すなわち中央銀行がマネーストックを増加させることが金融政策の出発点であり、LM曲線が右シフトする結果金利の低下と生産の拡大が引き起こされる、というロジックと整合的である。

しかし、現実に行われている金融政策の出発点は、コール金利誘導目標水準の設定であり、それを達成するためにベースマネー（の構成要素である準備預金）の増加がはかられる。コール金利低下の結果、長期金利が低下して投資や消費支出の需要が発生し、貸出が増加する。貸出の増加により、企業の持つ預金が増加することでマネーストックが増加する。ここで景気拡大とマネーストックの増大は同時に起きる（その結果、増加した預金の一定割合である所要準備が増えるので、準備預金、そしてベースマネーも増加する）。

だから、「ベースマネーの増大→信用創造→マネーストックの増大」というマネタリーアプローチ的な説明と、それに続く「マネーストックの増大→金利低下→生産拡大」というＩＳ−ＬＭ分析の説明は、ほとんど現実を無視したものに過ぎない。マネーストック増大の前に金利（まずコール金利、そして長期金利）の低下がある点が重要だ。

非伝統的金融政策とその分類

ところで、そのコール金利はゼロに達してしまうと、それ以上引き下げることができなくなる。マイナスの金利は、通常は存在しないからだ。この状態を「ゼロ金利制約」というが、非伝統的金融政策とは、政策金利がゼロになったとき（「ゼロ金利制約」に直面したとき）に、②のプロセスを介さずに、直接③中長期金利の低下や④貸出の増加を引き起こそうとする政策である、と位置付けることができる。

その類型は、大きく５つに整理することができる。[3] 概要を図

図表2　金融政策の整理

政策		メカニズム	狙い
伝統的金融政策（短期金利引き下げ）		金利の裁定	②政策金利の低下→③中長期金利の引下げ→④投資・消費増（貸出増加）
非伝統的金融政策	A：中央銀行当座預金の増額	ポートフォリオ・リバランス	④直接的な信用の拡張（貸出増加）
	B：資産購入（非伝統的金融資産の購入）	資産価格の上昇（長期金利などの引き下げ）	③中長期金利の引き下げ→④投資・消費増（貸出増加）
	C1：フォワードガイダンス（長期金利の低下促進）	短期金利の予想形成〔市場参加者の期待に働きかける〕	③中長期金利の引き下げ→④投資・消費増（貸出増加）
	C2：フォワードガイダンス（インフレ期待の形成）	インフレ予想の上昇〔企業・家計の期待に働きかける〕	実質金利の低下→④投資・消費増（貸出増加）
	C3：フォワードガイダンス（成長期待の形成）	成長予想の上昇〔企業・家計の期待に働きかける〕	④投資・消費増（貸出増加）
	D：相対型貸出資金供給	銀行の貸出増	④投資・消費増（貸出増加）
	E：マイナス金利政策	金利の裁定	②政策金利の低下→③中長期金利の引下げ→④投資・消費増（貸出増加）

（注）①〜④は、図表1の記号と符合している。
（資料）筆者作成。

表2に示した。以下、これに沿って簡単に説明しよう。

A：準備供給量の増加

日銀が、政策金利がゼロになるのに必要な量以上の準備預金（ベースマネー）を供給する政策である。準備預金の増加により金融機関が貸出、したがって預金を増やし、マネーストックが増えることを狙ったものだ。これをポートフォリオリバランス効果と呼ぶ。この政策は2001～2006年の量的緩和期に日銀が行ったものだが、（3節で述べるように）実際にはこの現象は起きなかった。政策金利が下がらないので、中長期金利が下がらず、資金需要も増えなかったからだ。

B：大量資産購入

日銀が、長期国債や通常のオペでは購入しない金融資産を購入する政策である。通常の金融緩和の際に行われる買いオペでは、売戻し条件付きで短期国債を買う[4]。しかし、そのような条件を付けない購入方法（つまり「買い切り」）で、しかも短期国債以外の金融資産を買う。無論、売り戻し条件付きであろうと「買い切り」であろうと、資産の購入を行う以上、準備預金も増加する。したがって、Aも同時に行っていることになるが、狙いが異なる。その狙いは、リスクプレミアムの低下により長期金利（つまり長期国債の金利）や、社債その他の民間金融資産の金利（利回り）を低下させることにある。図表１の②が起きない中で、③を直接引き起こそうとするものと言える。

C：フォワードガイダンス政策

中央銀行が何らかのコミットメント（約束）を行うことで、「期待」に働きかけ、③や④を引き起こそうとする政策だ。これはさらに３つに分けることができる。１つ目は長期金利の低め誘導策（C1）である。短期金利がゼロの場合でも、将来のある時点まで短期金利を上げないと約束することで長期金利を下げることを狙ったものであり、金利の期間構造に関する期待仮説に依拠している(5)。

２つ目はインフレ期待形成策（C2）で、中央銀行が、将来高いインフレが生じてもそれを放置すると約束することで、インフレ期待を形成し、実質金利を引き下げて景気を刺激するというものだ。３つ目は、成長期待形成策（C3）で、中央銀行が、成長期待が高まるまで金融緩和を続ける約束をすることで、成長期待を形成し、設備投資などを誘発しようというものである。２つ目と３つ目の政策には、理論上問題があるが、５節で日銀のケースに則して触れることにする。

D：相対《あいたい》型貸出支援資金供給

貸出を増やした銀行に、中央銀行が資金供給を行う政策だ。先進国中銀の政策の中でBやCに埋もれてあまり注目されていないが、日銀が貸出支援資金供給、イングランド銀行（BOE）がファンディングフォアレンディング、欧州中央銀行（ECB）がTLTRO、という形でそれぞれ行っている。ただし、これについては、本稿では詳しく触れない。

E：マイナス金利政策

準備預金の一部（または全部）にマイナスの付利を行うことで、イールドカーブの起点であるコール金利（翌日物）をマイナスに誘導し、長期金利など金利体系全体の引下げで景気刺激をはかる。「ゼロ金利制約」そのものを突破し、②に再び働きかける政策と整理できる。

3　非伝統的金融政策の展開

世界に先駆けた日本の経験

２００８年の世界金融危機後、先進各国の中銀、とりわけFRB、BOE、ECB、そして日銀は、通常の金融政策とは区別される「非伝統的金融政策」に突入した。ここでは、政策展開のおおまかな経緯を見ておくことにしよう。

４中銀のうち、実は日銀だけは、それに10年ほど先行する１９９９年の時点で、すでに非伝統的金融政策に突入していた。バブル崩壊後の景気の低迷と、97～98年の平成金融危機を経て、金融緩和を続けたところ政策金利がゼロに達したため、金利引下げという通常の緩和手段が使えなくなったからだ。

99年2月に導入された政策は、「ゼロ金利政策」と呼ばれた（以下、図表3を参照）。ここでは、操作目標であり政策金利であったコール金利（無担保コール翌日物金利）の誘導目標水準がゼロ％に引き下げられた。だが、この政策を「デフレ懸念の払拭が展望できるような情勢になるまで」続けることを、別途（4月の総裁記者会見で）アナウンスすることで、長金利の低下を促す措置が講じられた。これは、フォワードガイダンスの嚆矢と言え、先の分類のC1に当たる。

ゼロ金利政策は、翌2000年8月に解除され、コール金利の誘導目標は0・25％に引き上げられた。しかし、秋になってアメリカのITバブル崩壊の影響を受け、景気は失速し、再び金融緩和が必要になった。

図表3　政策金利の推移と非伝統的金融政策の展開

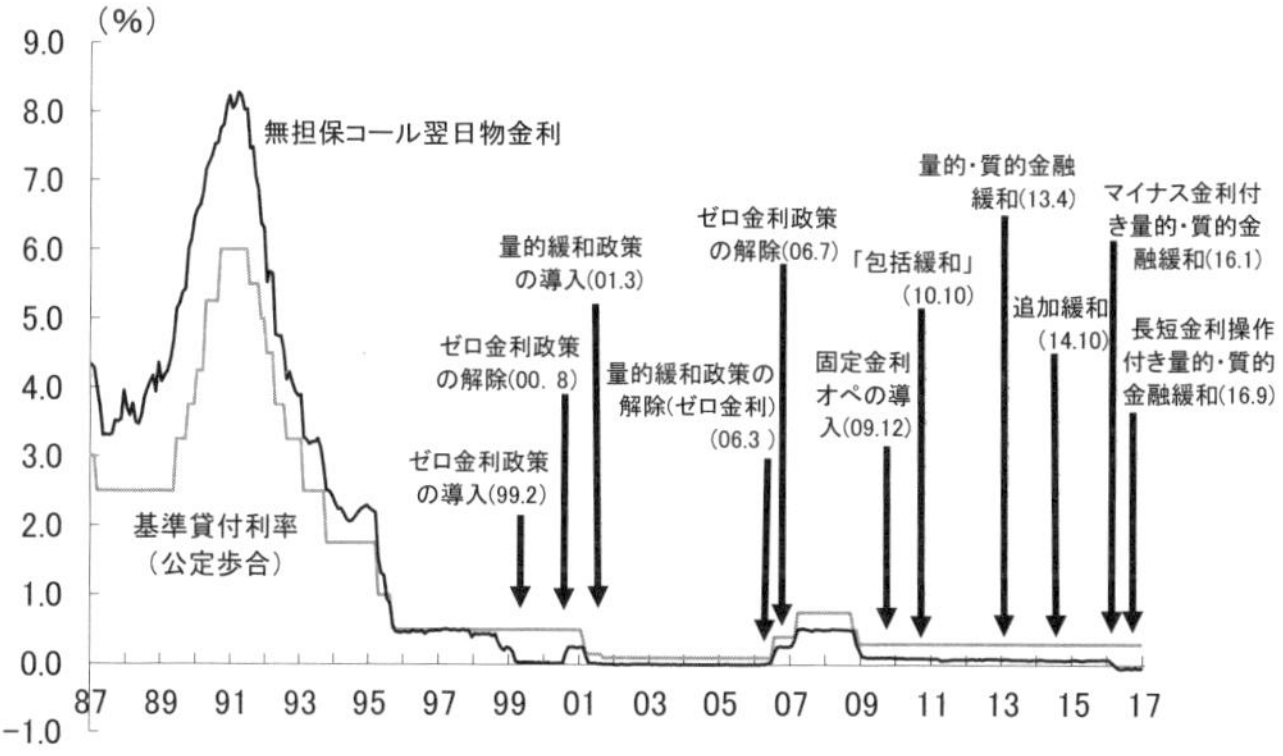

（注）（　　）内数字は、政策変更の年月。

そして01年3月に導入されたのが、量的金融緩和政策である。

同政策は、①操作目標をコール金利から日銀当座預金残高に変更し、②その残高をそれ以前の4兆円から5兆円に増額し、③その手段として長期国債の買い入れを増額する、④この政策を「消費者物価指数（生鮮食品を除く）の前年比上昇率が安定的にゼロ％以上になるまで続ける」――を含んでいた。操作目標が金利から量的な指標に移され、以後②では5兆円だった目標が、順次拡大されることが金融緩和の目安となった（結局30〜35兆円程度まで、都合8回の追加緩和が行われた）。④は、数値を明確化したフォワードガイダンス（C1）である。

この政策は、06年3月に解除されて操作目標がコール金利に戻され、さらに7月にはそれが0.25％に引き上げられ、非伝統的金融政策はひとまず「正常化」された。

世界金融危機後の日銀

だが、08年9月のリーマンショックを頂点とする世界金融危機の影響を受け、日銀は他の先進国中銀同様、再び非伝統的金融政策の世界に近づいていく。

金融危機直後には、まず金融システム安定化のための政策がとられた。金融不安定化の度合いは欧米よりもかなり小さかったが、日銀による銀行システムへの流動性供給や社債、CPの買取り（リクイディティー対策）、政府による第二地銀や信金、信組などへの資本注入（ソルベンシー対策）などが行われた。

一方、外需の激減を受けて景気が大きく後退したため、総需要調整策も必要になり、まずは給付金の支給や公共投資など、政府による財政出動が行われた。その後は、景気刺激の役割が金融政策にバトンタッチされた。政策金利であるコール金利の誘導目標水準は当初の０・５％から、08年12月には０・１％まで引き下げられ、政策金利は再び事実上のゼロ％となった（このとき、補完当座預金制度(6)に係る適用利率も０・１％とされ、以後コール金利の水準は２０１６年までこの水準が継続する）。

こうして、この時以降、日銀は二度目の非伝統的金融政策に突入したとみてよいだろう。この間、先に述べた日銀による金融システム安定化のための諸手段も並行して講じられていた。

しかし、金融が安定を取り戻すとともに、それらの政策からの撤収が行われ、これと入れ替わる格好で、09年12月に「固定金利オペ」（新型オペ）と呼ばれる新たな総需要調整策が導入された。０・１％の固定金利で３ヶ月間の買いオペ（資金供給）を行うもので（後に６ヶ月間を追加）、長めの短期金利引下げによる金融緩和効果を狙うものと説明された。そして、当初10兆円の規模の資金供給枠が示され、その後、供給枠の漸次拡大が金融緩和の目安となった（結果的に30兆円まで拡大）。

10年10月には、「包括的な金融緩和」が導入された。ここでは、「資産買入れ等の基金」が創設され、以後金融緩和は資産購入枠、つまり国債および民間資産（ＣＰ、社債、ＥＴＦ、Ｊ－ＲＥＩＴ）の購入枠の漸次拡大によって行われて行った。同時に、政策金利の誘導目標水準がそれまでの0・1%から0～0・1%へと一層引き下げられ、「物価の安定が展望できる情勢になったと判断するまで」実質ゼロ金利を続けるという約束が設定された[7]。フォワードガイダンスに相当する（C1）。

その後、12年暮れに安倍政権が成立し、13年3月に黒田氏が日銀総裁に就任し、4月に量的・質的金融緩和（QQE）が実施された。その後、14年10月に同政策が拡大され（追加緩和）、日銀のバランスシートは大きく膨らんでいった（図表4）。16年1月にマイナス金利付き量的・質的金融緩和、16年9月には長短金利操作付き量的・質的金融緩和が繰り出されるが、その詳細は4節でみることにしよう。

その他先進諸国の非伝統的金融政策

世界金融危機を受け、他の先進国中銀も非伝統的金融政策の世界に入っていく。当初は日銀同様、金

図表4　日銀のバランスシート推移

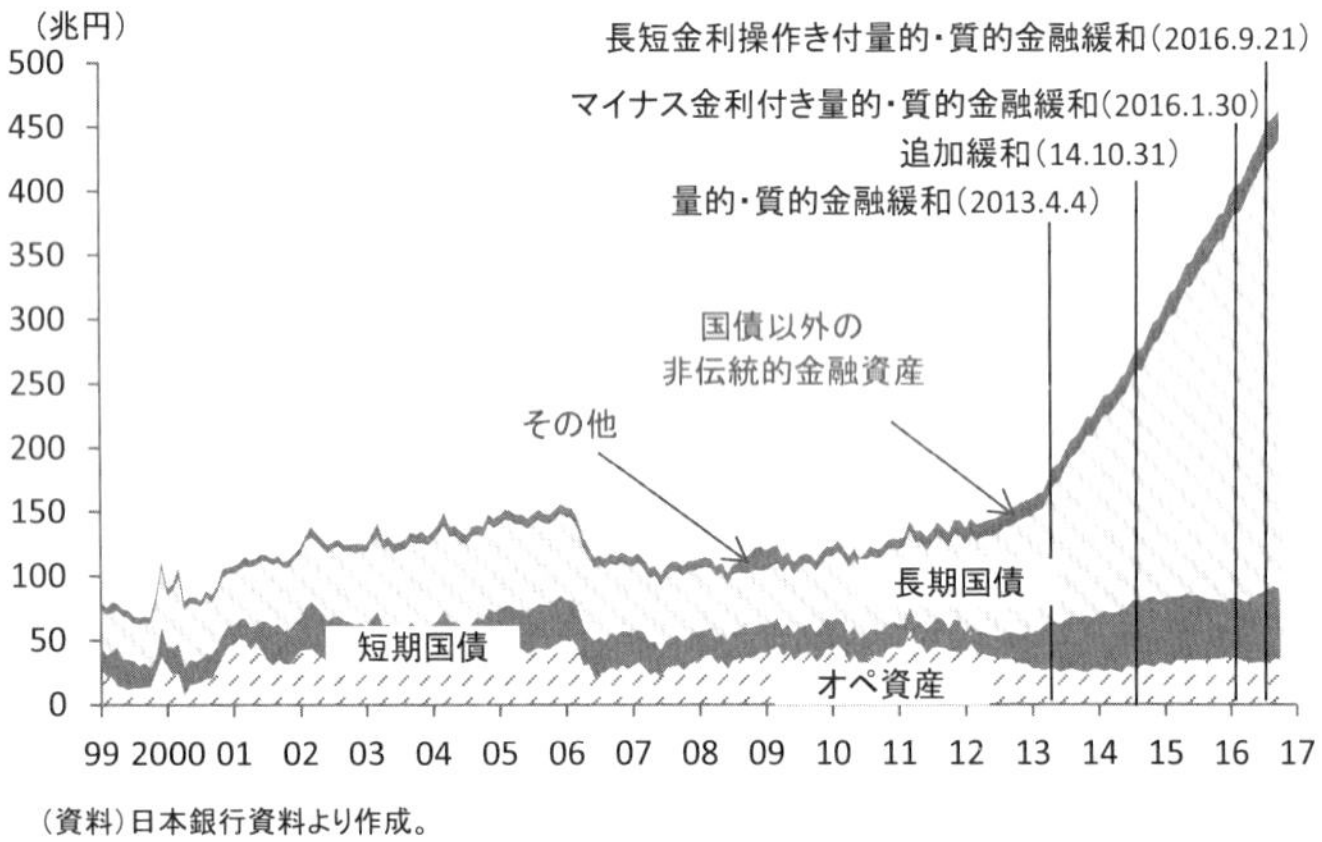

（資料）日本銀行資料より作成。

融システムの安定化策として、中銀による流動性供給、政府による金融機関への資本注入が行われた。次に、政策の焦点は景気浮揚に移って行き、まず大規模な財政出動が行われ、次に中銀の金融政策の発動が求められる、という形になったのも、共通の展開である。その時、多くの中銀で政策金利がほぼゼロに達し、その結果、非伝統的金融政策に踏み込まざるを得なくなった（図表５）。

　日銀を含めた４中銀の政策展開の概要を、図表６にまとめた。ＦＲＢ（アメリカ）は、２００９年から大量資産購入のＱＥ１、ＱＥ２、ＱＥ３を実施した。その波及経路は、主として国債や住宅ローン担保証券（ＭＢＳ）といった資産の購入で長期金利を低下させることによる景気刺激（**B**）で説明されている。同時に、**C1**タイプのフォワードガイダンスも行っ

図表5　先進国中銀の政策金利推移

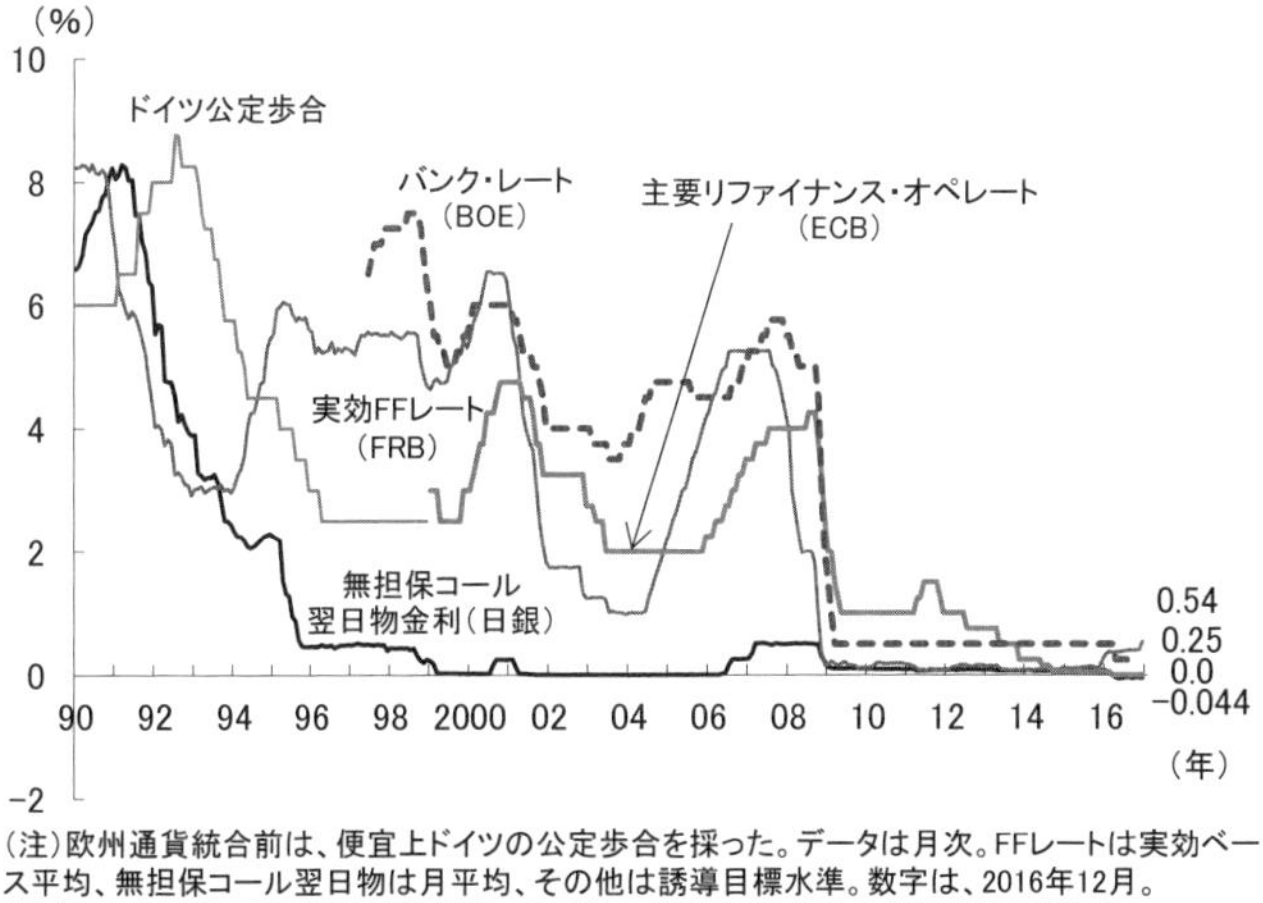

（注）欧州通貨統合前は、便宜上ドイツの公定歩合を採った。データは月次。FFレートは実効ベース平均、無担保コール翌日物は月平均、その他は誘導目標水準。数字は、2016年12月。
（資料）日本銀行、米国連邦準備制度、イングランド銀行、欧州中央銀行資料より作成。

図表6　世界金融危機後の4中銀の非伝統的金融政策

	日銀	FRB	BOE	ECB	その他
2008	9 リーマンショック、世界金融危機 *CP、社債買い入れなど* 12 ★	*CP買い入れなど* 12 ★	*SLSなど*		
2009	12 固定金利オペ導入	3 QE3	3 ★ 3 QE1 11	*7 CB購入*	
2010	10 包括緩和	3 11 QE2		*5 SMP導入*	
2011		6 9 ツイストオペ	10 QE2	*11 3年物LTRO*	
2012		12 QE3	11	*9 OMT導入*	
2013	4 QQE	12 12 （漸減開始）		11 ★	
2014	10 （追加緩和）	10		8 マイナス金利導入	
2015		12 利上げ		3 資産購入	
2016	1 マイナス金利付QQE 9 長短金利操作付QQE		8 QE（単発） 利下げ		
2017				4 （漸減開始）	

（注）*斜体*は、金融システム安定化のための方策。★は政策金利がほぼゼロに達した時点。QEは量的金融緩和、QQEは量的・質的金融緩和、CBはカバードボンド、SMPは債券購入プログラム、LTROは長期リファインナンスオペ、OMTは国債購入プログラム。
（資料）筆者作成。

ている。この政策は14年10月に終了している。

BOE（イギリス）も、09年からQE1、2と称する資産購入を行ったが、12年11月の時点で終了しており、その後はC1タイプのフォワードガイダンスで対応した。EU離脱ショックに対応して16年8月に一段の利下げと単発の資産購入を行ったが、その他に資産購入を行っていない。

ECB（ユーロ圏）の場合は、やや様相を異にする。FRBやBOEと異なり、09年の時点では政策金利である主要リファイナンス金利がほぼゼロには達していなかった。しかし、ギリシャ問題に端を発する財政危機で、金融システムが不安定化したため、安定化のための資産購入が何回か行われた。つまり、ＥＣＢでは、総需要調整は金利引下げで行い、金融システム安定化は資産購入で行う、という棲み分けがはっきりと行われていた。そのため、景気が悪化した14年には、日銀に先駆けてマイナス金利政策を導入した。ただし、その後15年に、初めて総需要刺激のために資産購入（各国国債の購入）を行うという手段をとった。したがって、日銀とは導入の順序は逆だが、資産購入とマイナス金利政策とを併用している。

４　アベノミクス下の金融政策

ＱＱＥ（量的・質的金融緩和）

アベノミクス下で展開されてきた一連の政策について、みていこう。

まず、13年４月に導入されたＱＱＥの内容は、公表文によると、以下のとおりである。

①操作目標をマネタリーベースに。年間60～70兆円ペースで拡大
②長期国債を年間60～70兆円ペースで購入。平均残存期間を３年弱から７年に延長
③ＥＴＦを年間１兆円、Ｊ－ＲＥＩＴを年間３００億円ペースで購入
④以上を、２％物価目標を安定的に持続するために必要な時点まで継続

そしてこの内容は、14年10月の追加緩和で、①が年間80兆円ペースに拡大され、②が年間80兆円ペースに増額されたうえで、その平均残存期間が7～10年に延長された。そして③でETFが年間3兆円、J－REITが年間900億円に強化された。

その狙いと構造を、導入直後の13年4月12日に行われた黒田総裁の講演を参考に、整理してみよう。

第1の特徴は、その直接の目標がデフレ脱却、つまりインフレ喚起になっていることだ。つまり、成長ないし景気の浮揚は、直接の目標になっていない。無論、インフレ率の上昇が実質金利を引き下げ、それがいずれ景気を刺激するというロジックになっているのだが、そのためにこそ、まずデフレ脱却、2％の物価上昇が最優先の達成目標になっている（これを当初2年を目途に達成するとしていた）。この点は、世界金融危機後の先進国中央銀行の政策の中で異彩を放っており、最大の特徴である。

第2の特徴は、複数の非伝統的金融政策手段を使い、それぞれの波及経路からの効果を狙っていることだ。そしてその波及経路の説明は、FRBによるQEの波及経路の説明がシンプルであるのに比べると、著しく複雑で複線的だ。

図表7に、その説明を、図表2で分類した政策の要素を当てはめながら、図示してみた。公表文の①はAにあたり、すでにかつての量的緩和政策時に、さして効力を発揮しなかったものである。FRBはQEの説明にこの波及経路を使っていない。これがポートフォリオリバラン

図表7　量的・質的金融緩和の構造

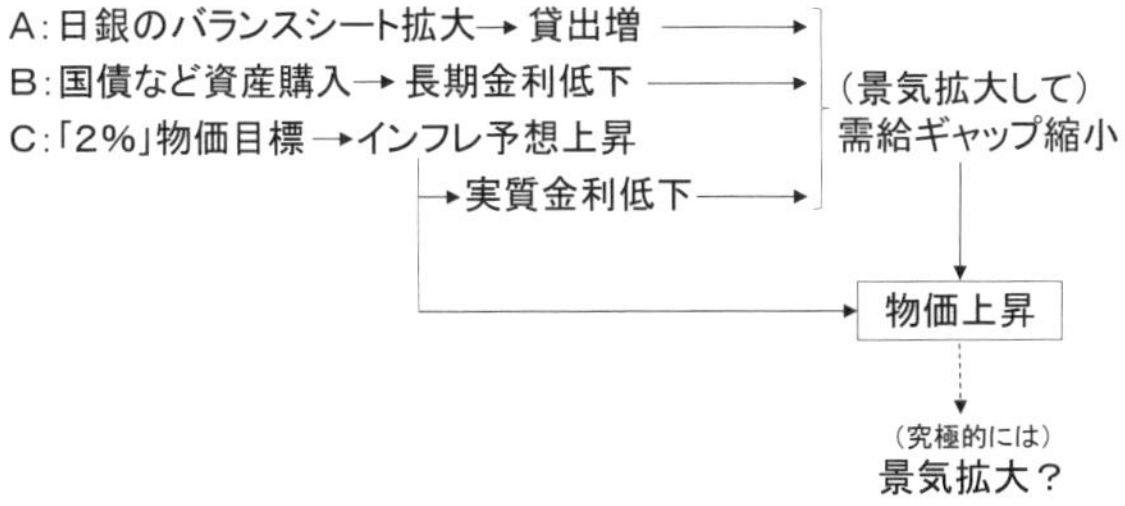

(資料)筆者作成。

ス効果を発揮して景気が浮揚し、それが需給ギャップを埋めてインフレ率が上昇する想定になっている。

なお、①では操作目標がコール金利からベースマネーに移された。日銀は、金融危機後に再度非伝統的金融政策の世界に入ってからも、操作目標をコール金利に置いたまま、その一方で「固定金利オペ」や「包括緩和」の下、資産購入を行って来た。ちなみに、FRBは、QEの間、操作目標を一貫してFF金利の誘導目標水準に置いたまま、これとは別の措置として資産購入量を決めていた。

公表文の②は、Bに当たり、長期金利の低下によって設備投資などを喚起することで景気を刺激することを狙っている。これは、まさにFRBによるQEの波及経路の説明と同じだ。ただし、やはりその結果、需給ギャップが埋まりインフレ率が上昇する点が、強調されている。③についての説明は、あまり行われていないが、リスクプレミアムの低下で資金調達が容易になることを狙っており、Bに含めてよいだろう。

さらに④はCのフォワードガイダンスに関わるが、「2%物価目標」を達成するまでの政策継続を約束することで、インフレ予想を引き起こそうというC2の要素が強い。そして、インフレ予想が高まると実質金利が低下して景気が刺激され、需給ギャップが縮小して物価が上昇する、というルートと、インフレ予想の上昇が実際の物価上昇を引き起こすというルートの双方が想定されているようだ。

総じて言えば、デフレ脱却（物価上昇）が第一義的な目標になっており、それは究極には景気拡大のためなのだが、デフレ脱却のために、需給ギャップの縮小（景気拡大）が必要とされている、という、やや込み入った関係になっていた。

マイナス金利付きQQE

次に、16年1月に導入されたマイナス金利付きQQEは、従来のQQEに、金利操作が加わったものだ。すなわち、それまでのQQEの措置をすべて維持したまま（ただし、②の国債の平均残存期間を7～12年にさらに延長）、「マイナス金利政策」を導入した。その結果、「金利」（新規に導入）、「量」（従来の①）、「質」（従来の②、③）の「3つの次元」で緩和手段を駆使するというアナウンスをしている。また、この政策を2％物価目標が達成されるまで継続するとして、④のフォワードガイダンスも継続している。

「マイナス金利政策」のしくみは、スイス中銀などがとっている階層構造方式を採用している（図表8）。すなわち、準備預金残高を、「基礎残高」（15年の平均残高220兆円から所要準備額9兆円を除いた約210兆円)、「マクロ加算残高」(所要準備額9兆円に貸出支援基金などの30兆円を加えた当初40兆円)、「政策金利残高」(残りの当初約10兆円)の3つに分け、基礎残高に0・1%、マクロ加算残高に0%の付利を行う一方で、政策金利残高に▲0・1%のマイナス金利を適用するというものだ。

ここで、その後マクロ加算残高を増加させて行き(政策委員会で決定)、その結果、当初10兆円の政策金利残高が「10〜30兆円」となるイメージで調整することになっている。これは、金融機関の負担を極力抑えながら、コール金利を引き下げるためである。準備預金にマイナス金利を適用すると、中銀に準備預金を預けている市中銀行の負担が大きくなる。一方、マイナス金利は、準備預金全体ではなく限界的な(追加的な)部分にかかっていれば、追加的な取引でのコストがマイナスとなるから、市場金利(コール金利など)に低下圧力をかけることができる。

図表8　マイナス金利政策における日銀当座預金への付利状況

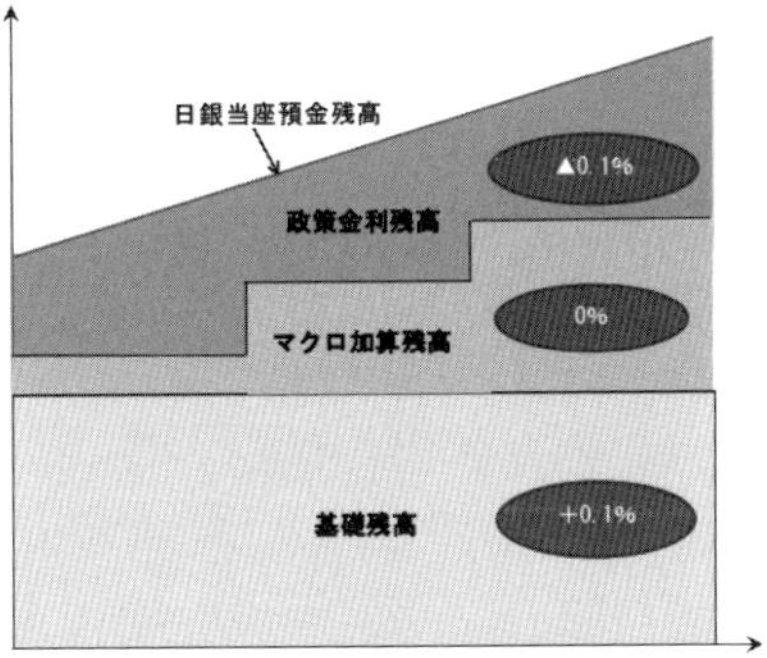

(資料)日銀。

この政策の狙いにつき、日銀は、イールドカーブの起点をマイナス化することでイールドカーブ全体を引下げること、と説明している。これに対し、政策発表直後、メディアは、銀行が日銀に置く準備預金の一部にマイナス金利を課すことで、銀行がそれを貸出に回すことを狙ったもの、という解説をしていた。いわゆるポートフォリオリバランス効果を狙ったものという理解だが、日銀はそのような経路を一切掲げておらず、飽くまで金利体系の引き下げによる景気刺激というルートを示していたことに、注目しておきたい。

「金利」「量」「質」の3つの次元で緩和手段を駆使するとしたのには、(A、B、E)、緩和手段の枯渇を否定する意図もあり、公表文には「今後、必要な場合、さらに金利を引き下げる」という文言も盛り込まれていた。だが、マイナス金利政策導入後、金融機関の収益不安が高まった(後述)ため、3月の決定会合後の公表文からはこれが削除され、また「3つの次元」の順序が「量」「質」「金利」に入れ替わった。

操作目標については触れられておらず曖昧だが、マネタリーベースに置かれたままとみられる。

長短金利操作付きQQE

16年9月内容に、日銀はそれまでの金融緩和政策の「総括的検証」を行い、その結果として金融政策の「新しい枠組み」を発表した。そこで導入されたのが、長短金利操作付きQQEである。これまでの枠組みがやや大きく変更されているので、公表文を、ＱＱＥで使ったのと別の記号を使って整理すると以下である。

❶イールドカーブコントロールの導入～金融市場調節方針として、短期：日銀当座預金残高「政策金利残高」の付利水準を▲0・1%、長期：10年物国債金利を概ね０%とする（保有残高年間80兆円増を「めど」に格下げし、平均残存期間は定めず）

❷長期国債以外の資産買入れを継続（ただし、ＥＴＦの買い入れを年間6兆円に増額）

❸オーバーシュート型コミットメント～消費者物価指数（除く生鮮食品）の前年比上昇率が安定的に2%を超えるまで、マネタリーベースの拡大方針を継続（ただし、マネタリーベース残高は短期的に変動しうる）

❶で操作目標が、ベースマネーから金利に戻されたと理解できる。ただし、その変更は、ＱＥ導入時のように明言されていない。「長短金利操作」の操作目標としての政策金利は、短期は「日銀当座預金の政策金利残高への付利水準」、長期が10年物国債金利、ということになるだろう。厳密にいうと、前者は日銀が自から付利水準を決定するのに対し（それによってコール金利が影響を受けるが、その水準を操作目標とはしていない）、後者は飽くまで誘導目標になっており、諸手段によってその水準に近づけることになっている。いずれにしても、ベースマネー残高はこの時点で操作目標から外されたとみてよい。

❸では、フォワードガイダンス（Ｃ2）の約束を、「安定的に2%を超えるまで」とするこ

とで、期待への働きかけを強化している（なお、❸は「2％物価目標を安定的に持続するために必要な時点まで」長短金利操作付きQQEを継続する、という従来型のガイダンスと並行してアナウンスされている）。

この政策の意図は何だったのだろうか。第1に、国債の購入余地が縮小していることを念頭に、政策を柔軟化することで、緩和政策の長期化にそなえた、という見方が可能だ。長期国債保有残高の年間80兆円の増加を「めど」に格下げしたのは、国債購入をペースダウンする余地を確保したものと思われる。また、公表文の中で、4つの追加緩和手段（短期政策金利引下げ、長期金利操作目標の引下げ、資産買入れの増大、マネタリーベース拡大ペースの加速）に言及しているが、金融緩和手段の枯渇を否定する意図が明らかだ。

第2に、1月に導入したマイナス金利政策の金融機関収益への悪影響に配慮して、長期金利の過度の低下をけん制する意図もあったと思われる。この点は、次節でマイナス金利政策の問題点を検討するときに、みることにする。

「QQEシリーズ」のこれまでの成果

13年4月のQQE導入以降の超金融緩和政策の成果、ないし市場、経済への影響を検討しよう。

第1に、円高・株安が進行した。図表9を見ると、日経平均株価の上昇と為替の円安は、Q

QEが発動される前から、すなわち安倍氏が自民党総裁選を制し、アベノミクスの語が登場した12年秋から進んでいる。

折しも、ギリシャの財政問題に端を発する欧州財政危機が収束の方向に向かっていたので、当時極端に進んでいた円高が解消する兆しが見られ[8]、それにアベノミクスの「第一の矢」(大胆な金融緩和)のアナウンスメント効果がうまく上乗せされて、為替と株が大きく動いた。ちょうど翌13年の4月に白川方明日銀総裁の任期が切れる予定だったため、安倍新首相の政策に協力的な総裁が指名されるだろうとの期待が先行したものと言える。そして、QQE実施後も、円安株高は続き、14年10月の追加緩和後はさらに進んでいる。

第2に、実体経済はどうか。総じて言えば、低成長ながら循環的には好況局面を維持していると言える。だが、逆に言えば、需給ギャップは縮小

図表9　株価と為替レートの推移

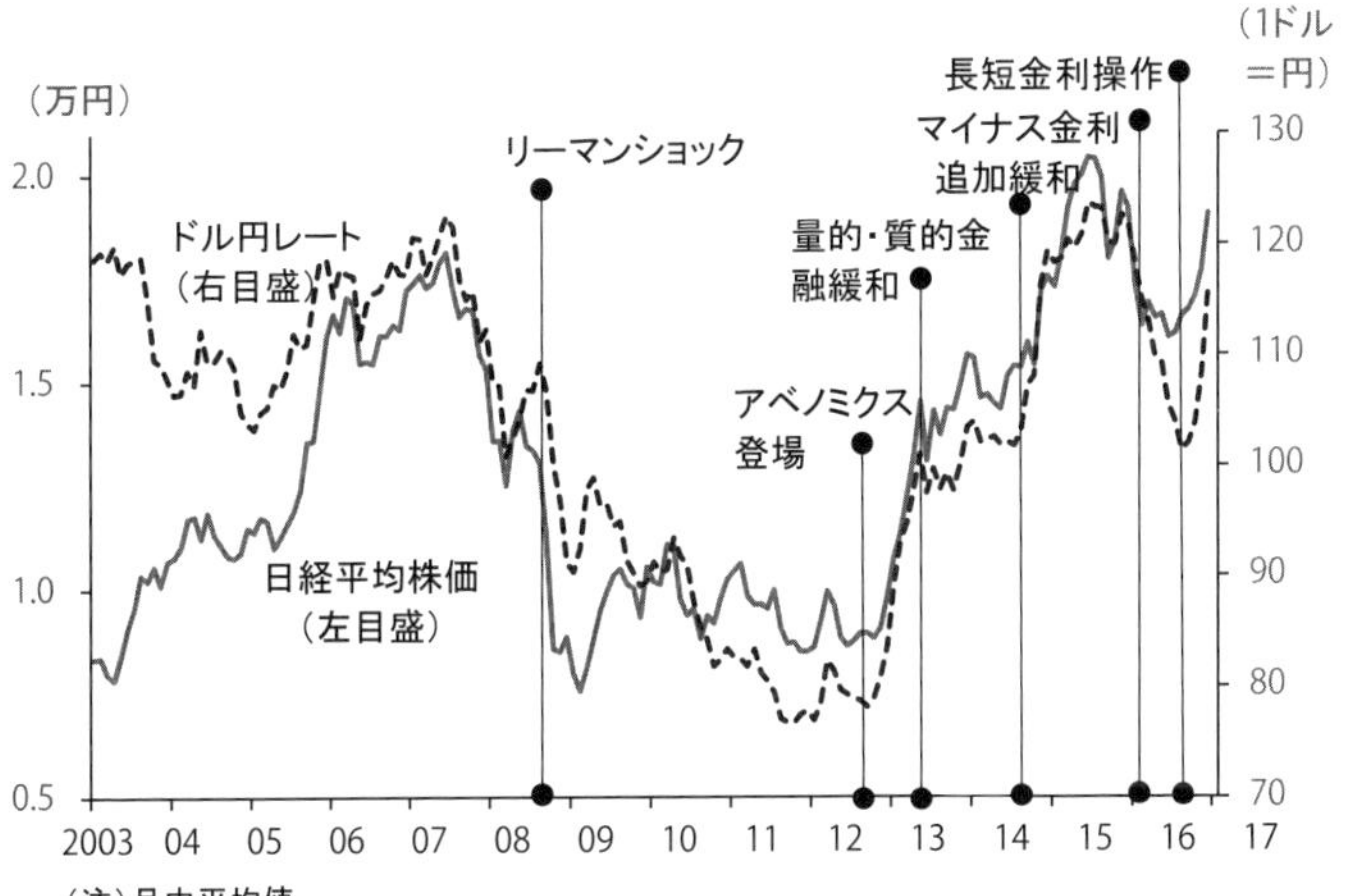

(注)月中平均値。

（改善）しているが、好況感が得られないという状態だ。

図表10がこの様子を物語っている。2013年度中は、円安による輸出企業の業積改善、また株高の資産効果による消費増で、実質ＧＤＰ成長率は2％台に乗った。経済社会の「気分」も大分明るくなった。だが、14年度以降、景気拡大ははかばかしくない。消費税引き上げの影響が、予想以上に（過去の消費税引上げの経験を超えて）大きかったことが要因の一つだ。実質ＧＤＰの水準は、13年度に世界金融危機前の07年の水準を取り戻したが、その後一進一退で15年度以降ようやく徐徐に水準を切り上げる展開だ。

その背景にあるのは、賃金上昇が鈍いなか、個人消費が盛り上がらない、という現象だ。特に14年度には、消費税引上げに加え、（消費税引上げの効果を除いても）物価が上昇したことが実質賃金を目減りさせ、消費縮小をもたらしたようにうかがえる。円安は、輸出

図表10　実質ＧＤＰの水準と増加率

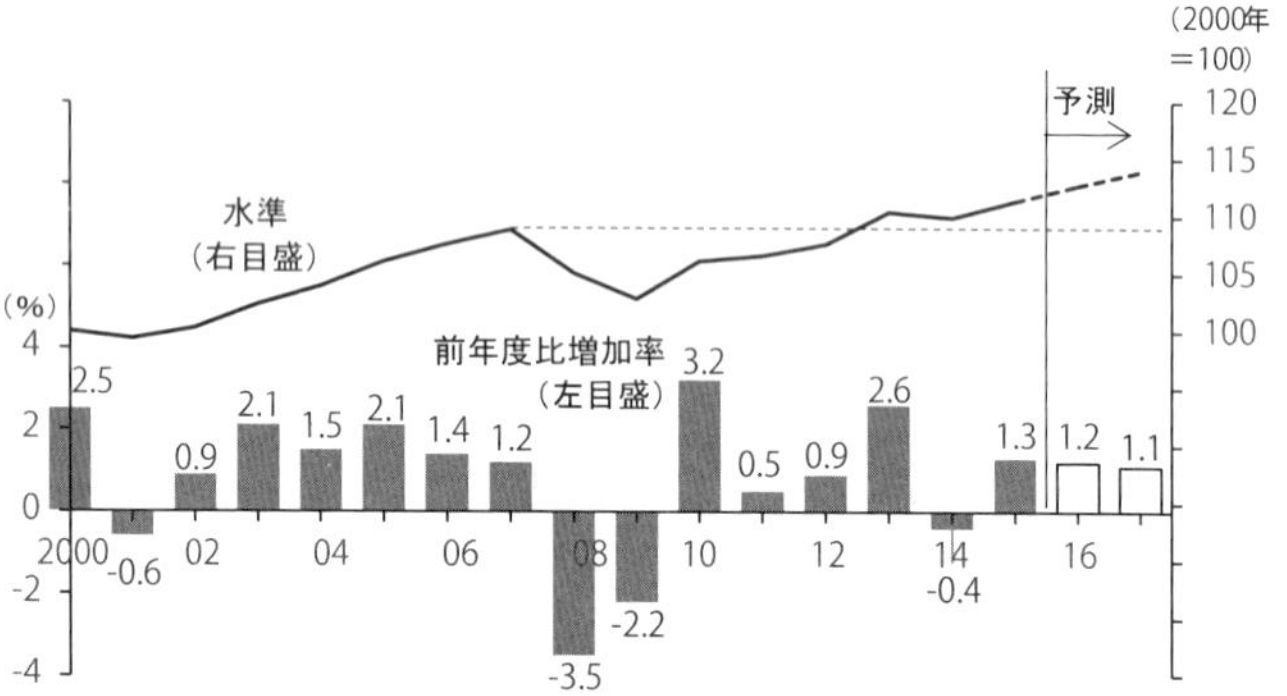

（注）年度データ。点線は、世界金融危機前ピークを示す。予測は、ESPフォーキャスト16年12月。
（資料）内閣府「国民経済計算」より作成。

企業の業績を改善させる一方で原材料価格を上昇させ、それが急速に進んだ14～15年度には、内需型中小企業の苦境が報告された。消費税引上げ効果が一巡した15年度以降も消費が顕著に回復しているわけではなく、大きな背景に社会保障不安や格差拡大が指摘されてきた。

　雇用自体は、かなりひっ迫した状況になっている。図表11を見ると、失業率は世界金融危機前のボトムの3・6％を超えて低下し（16年11月は3・1％）、有効求人倍率は危機前ピークの1・07倍を大きく上回っている（同1・41倍）。そうした状況下で名目賃金が上がらないのが顕著な特徴で、図表12が示すように、1人当たり賃金は世界金融危機後、もとの水準を取り戻すどころかほとんど横這いだ。

　非正規雇用の増加という雇用形態の大きな変化が、その背景にある。人口減少が進み、長期的な需要の伸びが予想されないなか、設備投資や正規雇用が増加し

図表11　失業率と有効求人倍率の推移

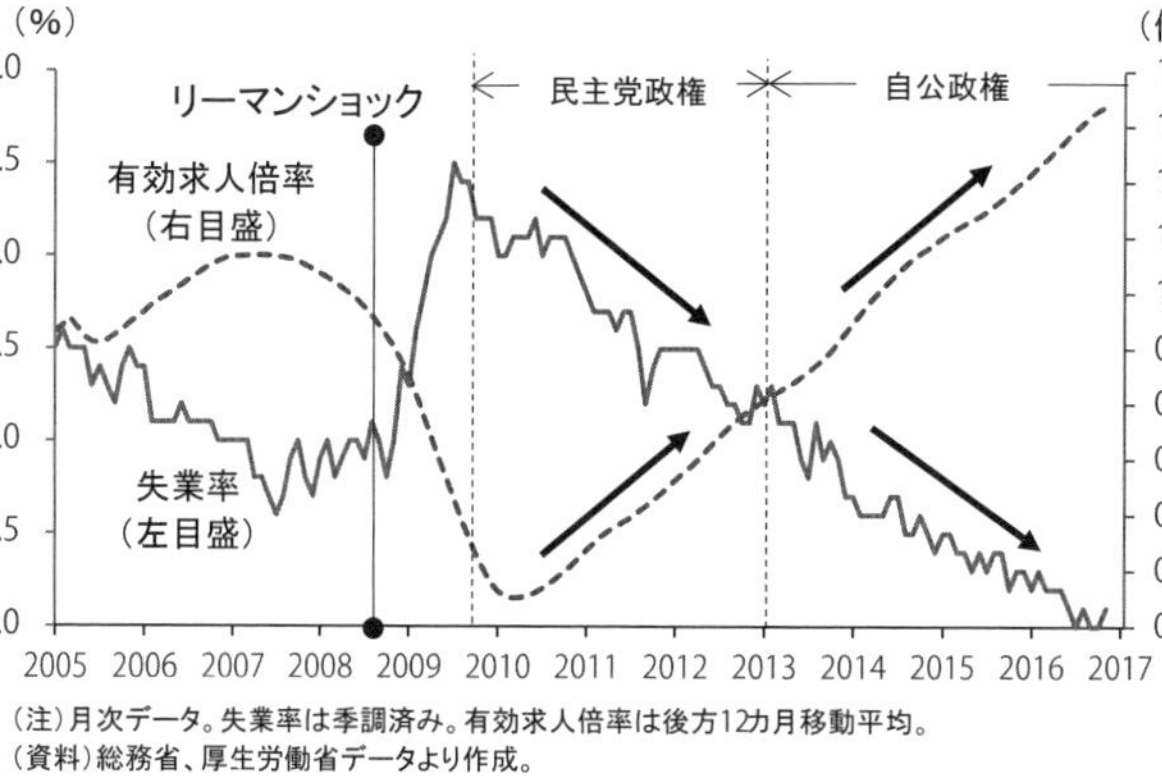

（注）月次データ。失業率は季調済み。有効求人倍率は後方12カ月移動平均。
（資料）総務省、厚生労働省データより作成。

図表12　賃金（1人当たり）と雇用者数の推移

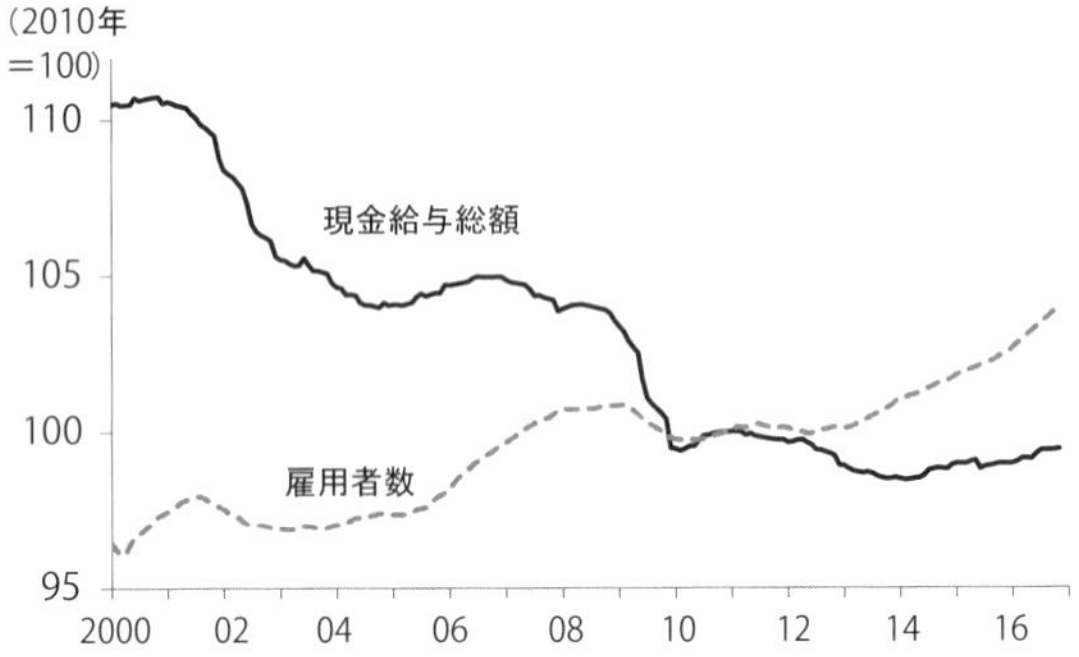

（注）現金給与総額は1人当たりの名目値。いずれも後方12カ月移動平均。
（資料）厚生労働省「毎月勤労統計」、総務省「労働力調査」より作成。

図表13　消費者物価指数上昇率の推移

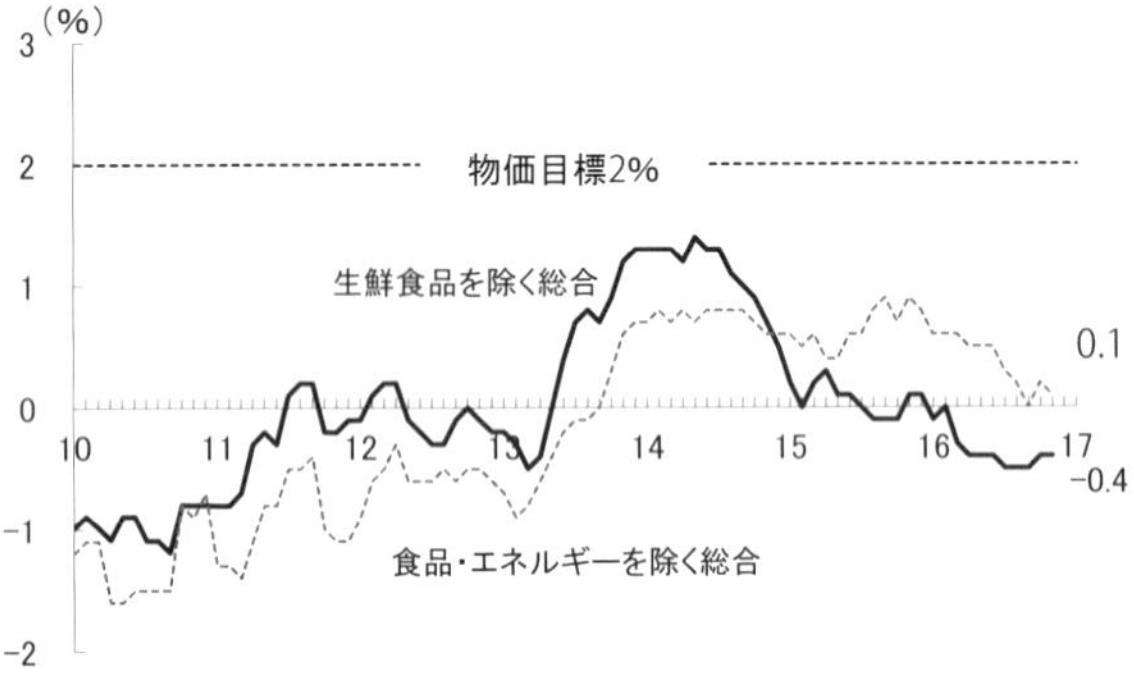

（注） 2010年基準指数。前年同月比。消費税引き上げの物価押し上げ効果（2014年4月～15年3月）を調整済み。「食料・エネルギーを除く総合」の「食料」には酒類を含まない。数字は2016年11月。
（資料）総務省資料より作成。

ないというのが実情である。

第3に、物価の動きを見よう。デフレからはいったん脱却したが、「2％物価」目標は達成しておらず、その後原油価格下落の影響を強く受け、物価上昇率はずるずると低下してきている。

図表13で、日銀がインフレ、デフレの目安としている消費者物価（生鮮食品を除く総合）上昇率の動きを見ると、それまで前年同月比マイナスだったのが13年6月にプラスに転じ、14年5月には（消費税引き上げの効果を除き）1・4％まで上昇した。しかし、その後低下に転じ、15年8月には再びマイナスとなった（16年11月は▲0・4％）。原油価格の下落を除いたベースでみると、やはり13年度半ばからプラスに転じ、14～15年度には1％近くまで上昇して推移していたが、16年度後半に急速に低下している。

13年時点で物価上昇率がプラスに転じたのは、資産効果からの消費活性化などにより需給ギャップが縮小したのと、円安による輸入物価上昇の影響を受けたものだ。その後、14年度後半からは原油価格低下の影響を強く受けている。

以上のような状況、すなわち株価は顕著に上昇したが、実体経済はさほどでもなく、「2％物価目標」は達成できない、という状況から、一連のQQEシリーズの効果をどのように評価したらよいだろうか。マイナス金利政策は導入間もないので、少なくとも国債の大量購入とそれによって期待に働きかけることで、デフレからの脱却（そして、直接の目標とはなっていないものの、景気回復）をはかる、という政策については、現時点で次のことが言えるだろう。

第1に、「期待」に働きかけ、物価上昇をはかるというルート（C2）は、ほとんど作用しなかった。ただし、それは大量の資産購入（国債のみならずとりわけETFなどの購入）と相まって、株価の水準を大きく引上げ、同時に円安をもたらした。

なお、予想（期待）物価上昇率については、計測が困難だが、これによって上昇した可能性がある。(9)

第2に、大量資産購入によって長期金利を引下げて景気を刺激するというルート（B）は、設備投資をほとんど刺激していない。ただし、株価を上昇させ、13年度にはその資産効果から個人消費を刺激し、景気を上向かせる効果がみられた。

第3に、ベースマネーの拡大によって景気を拡大するというルート（A）は、その一方でマネーストックの伸び率が上昇していないので、働いたとは判断できない。

こうしたなか、「デフレ脱却には金融政策（第一の矢）だけでは不十分であり、成長戦略（第三の矢）が必要だ」という論調が高まっている。確かに「第三の矢」は重要であり、これからの日本経済の成長を長い目で見た時には、これをきちんと進めなければならない。だが、喫緊の問題として重要なのは、「第一の矢」をこのまま継続することの是非である。それは、この政策の副作用に依存する。超金融緩和、とりわけ大量資産購入は、デフレ脱却の点でも景気浮揚の点でも不十分な力しか持たないことが明らかである以上、その副作用が大きいとすればそれを継続することは適切でない。
したがって、次にこれらの政策の副作用、問題点を検討しよう。

5　大量資産購入とマイナス金利政策の問題点

大量資産購入の問題点

大量資産購入は、ひとまず中銀の総需要調整策として認知されたといってよい。というのは、ＦＲＢがＱＥ１～３からの「出口」を順調に抜け出しつつあり、「正常化」が射程に入っているからだ。しかも、これら政策、とくにＱＥ３の導入の際に、ＦＲＢは政策の副作用や問題点を詳細に検討し、「出口」への道筋も考えていた。

政策の問題点は、①資産の大量購入を行うことによる、金融資産市場の機能低下（流動性の低下）、②金融政策の機動性が失われることによるインフレ懸念の発生、③バブル発生の懸念、④中銀に損失が発生することによる国庫納付金の減少ないし国庫の負担増――などだった。

しかし、日銀の場合、後述のように、ＦＲＢと違って「正常化」の目処は全く立っていない。そして、この時点に立って考えると、この政策の究極の問題点は財政ファイナンスの罠から抜け出せなくなる危険性であると言える。

このことは、大量資産購入からの正常化がなぜ必要なのかを考えてみるとよくわかる。正常化が必要なのは、第1に、金融政策の機動性を取り戻すためだ。超過準備を抱えたままでは、インフレ発生時に、これを十分に抑制できないことになりかねない。市中銀行は、中銀に持つ準備預金に対し、その法定準備率の逆数倍の預金を抱える水準まで、貸出を行うことができる。超過準備が存在するのは、資金需要がなく貸出が進まないからだが、逆に資金需要が発生した場合には、貸出が急増し、預金、すなわちマネーストックの拡大に歯止めがかからなくなるおそれがある。これは右の②の問題を引き起こす。

第2に、正常化により、財政ファイナンスの危険性を除去できる。中銀の国債購入が長引くと、停止した時に長期金利は大きく上昇する。その時、政府債務残高が巨額ならば、利払いが急増し、財政は破綻に向かう。それを避けるために資産購入を止められないとすれば、中銀はその時点で財政ファイナンスと紙一重の位置にあると言える。

中銀にとっては、これらの状態に陥る可能性を断つことが、インフレの長期的な予想をコントロールするうえできわめて重要なわけだ。

日銀の資産購入についても、FRBと同様、政策の「出口」で日銀に損失が発生することが懸念されている（右の④）。だが、この問題は、それだけで危機が発生するといった性質のものではなく、対処が可能だ。また、「出口」では、長期金利が上昇するので、国債を保有している銀行など金融機関に評価損が出て、金融システム不安が引き起こされることも懸念されている。だが、日銀が長期国債をどんどん買っているお蔭で、銀行のリスク量は相当に減っている。

したがって、究極の問題は、何といっても財政ファイナンスに陥る危険性であるので、これをもう少し詳しく説明しよう。日銀の場合、資産購入の量が（かつてのＱＥ３実施時の）ＦＲＢよりも圧倒的に多く、現在毎月新発債の９割に達している。その結果、図表14に見るように日銀のバランスシート規模は15年度末で対ＧＤＰ比約80％と、ＦＲＢやＢＯＥ、ＥＣＢの20％を圧倒的に上回っている。だから、購入停止時に、長期金利跳ね上がる可能性が格段に大きい。

これに加え、日本の政府債務残高の対ＧＤＰ比は15年末で２３０％と、ギリシャを上回ることはよく知られているが、アメリカの１１３％、イギリスの１１４％と比べ、実に2倍以上の大きさだ（図表15）。現在、低金利によって支えられているので利払い額は低く抑えられているが、長期金利が１％上

図表14　先進国4中銀のバランスシート規模（対 GDP 比）

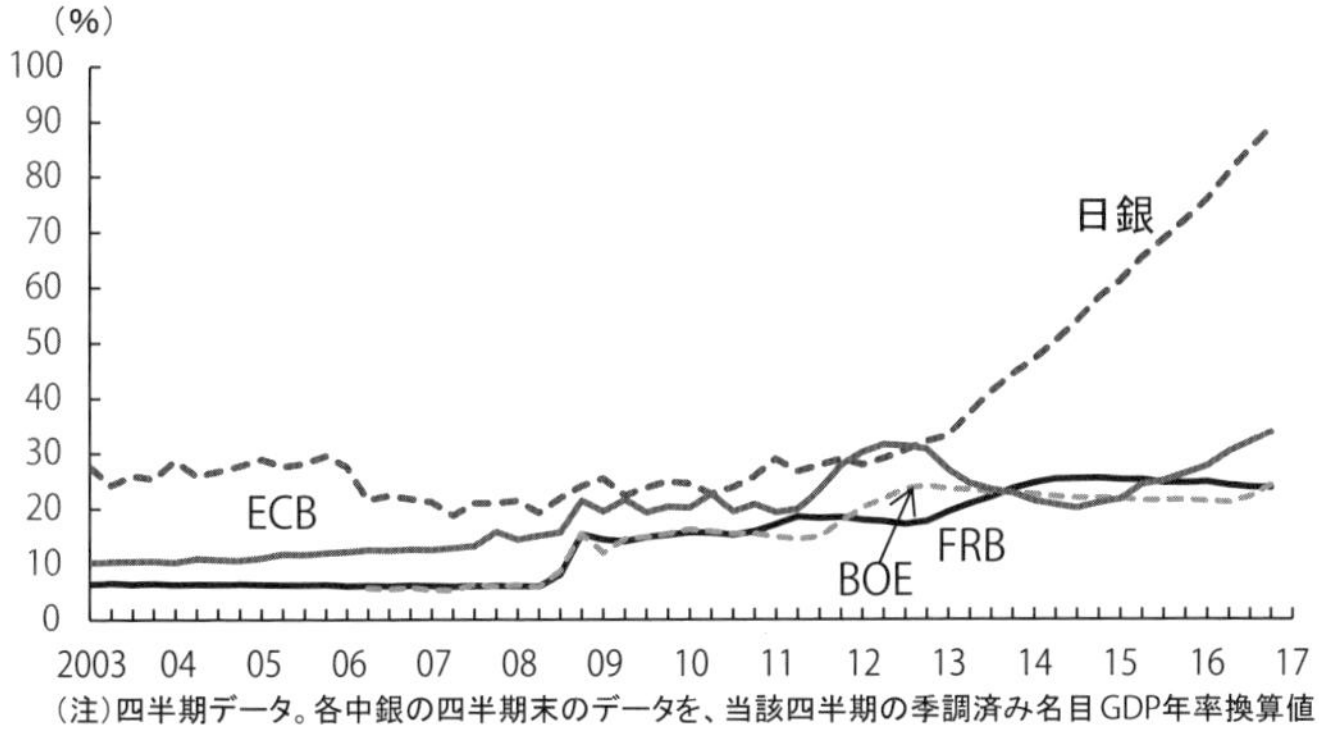

（注）四半期データ。各中銀の四半期末のデータを、当該四半期の季調済み名目GDP年率換算値で除したもの。
（資料）各中央銀行、　US-DOC、UK-ONS、Eurostat、内閣府データより作成。

昇するごとに年間10兆円ずつ増加する。しがたって、長期金利上昇↓利払い増から財政再建困難↓さらに国債売り・長期金利上昇という、スパイラル的な金利上昇と、政府債務残高の急増に陥る可能性がある。

日本の場合、国債が残高ベースで9割以上国内で消化されているので、海外への資本逃避の可能性は小さく、財政危機はない、という議論もある。しかし、逆に言うと、債権者の多くが日本の企業や家計であるということは、ギリシャのように債務再編（金利や元本の減免）やデフォルト（債務不履行）という手段で事態を打開することが難しい（意味がない）ことを意味している。外国に負担を押し付けられないのだ。残された手段は、インフレによる調整で、政府債務残高＝国債の実質的価値を減らし、概ね国内の国債保有者の負担で政府債務を減らすしかない。

図表15　一般政府債務残高対 GDP 比

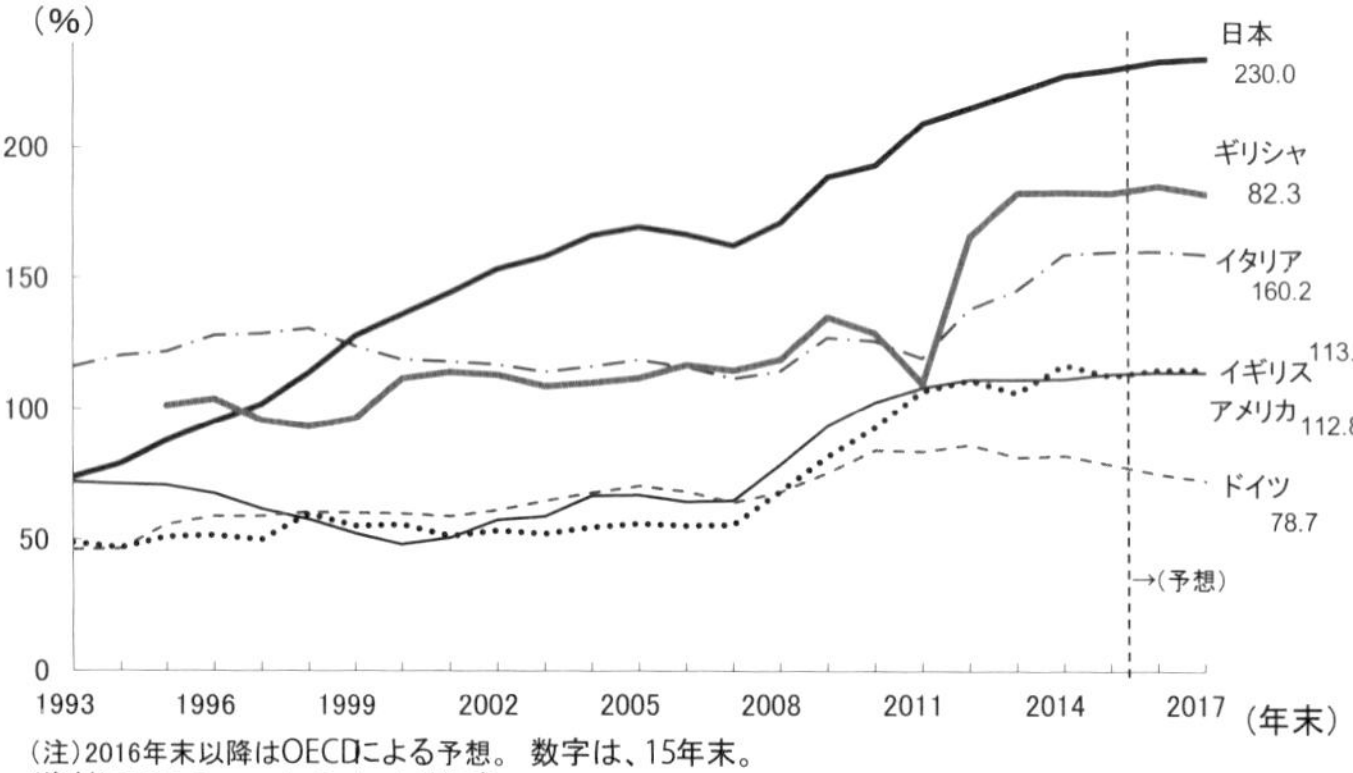

（注）2016年末以降はOECDによる予想。数字は、15年末。
（資料）OECD Economic Outlooより作成。

そのようなインフレが起きるまで政府がこの問題を放置する、という観測が高まった時、パニック的なインフレ予想が発生する可能性がある。そのトリガーが何であるかは難しい問題だが、右に述べた長期金利上昇と債務残高増加のスパイラルが起きた時かもしれないし、あるいは経常収支が赤字化した時かもしれない。国債発行残高の１割弱とはいえ、外国人も保有しているとすれば、売りの圧力は小さくないかもしれない。そのような時こそ、意図せざる高インフレによる政府債務の調整（削減）が現実のものになってしまう。

抜け出せない構造

だが、日銀の資産購入は、そこに突き進む道から抜け出せないワナにはまってしまっている。民間の「期待に働きかける」ことでデフレ脱却（物価上昇）をはかる、というＱＱＥのロジック自体が、その原因であるといってよい。

この政策、つまり「２％物価上昇率を達成するまでＱＱＥ（＝資産購入がその中心手段）を続ける」は、３節でみたとおりフォワードガイダンスの一種（C2）だ。一般にフォワードガイダンスは「〇〇を達成するまで△△を行う」という約束をする時、△△を行うとその結果必ず〇〇が起きる、ということが明らかであり皆がそう信じている時にのみ、期待が動く結果として〇〇が（実際に△△が〇〇を引き起こすのに先んじて）実現する。

しかし、今回ＱＱＥを実行した結果、「△△＝資産購入の継続」が、「〇〇＝物価の上昇」を引き起こさないことが、はっきりしてしまった。すなわち、4節でみたように、資産購入は、株高や円安をもたらすが、物価や成長にはほとんど効果がないことがわかった。これは、金融為替市場参加者の期待は簡単に動かせるが、家計や企業の期待は動かすのが難しい、ということでもある。

政策に効果がないのであれば、しかも右で見たようにその副作用が大きいのであれば、政策から撤退するのが得策である。しかし、そこから容易に撤退できない理由が2つある。1つは、「2%物価目標」の看板を降ろした途端にこの政策のロジックが崩壊して、目標の物価上昇が達成できないのはもちろん、副産物として株高・円安が逆回転して、株安・円高が起きる可能性がある。これは、政治的にも最も懸念される展開だ。

日銀は、冒頭に述べた通り、物価目標の達成時期を5回も先延ばしして来た。だが、この懸念のために、神風が吹いて物価上昇率が2%に達するまで、現実離れした物価予想を発表しながら、大量資産購入を続けざるを得ない構造に陥っている。日銀が市場から購入できる国債が減っているなか、黒田日銀総裁が「まだ国債は枯渇していない」「金融緩和手段はいくらでもある」といったアナウンスを繰り返しているのも、このためだ。

もう1つの理由は、すでに日銀の国債購入が事実上の財政ファイナンスになっている可能性もなくはないことだ。国債購入を止めたとたんに、先に見た国債暴落＝長期金利上昇と政府財務残高増加のスパイラルが始まり、さらに高インフレに突き進む危険性がある。これを避けるためには、早く国債購入から撤退するに越したことはないが、うまくやらないと、市場が混乱する状況が大いに懸念される。

マイナス金利政策の問題点

一方、マイナス金利付きQQEが16年1月に発動されてから、市場には次のような変化が起きている。

第1に、コール金利がマイナスに転じた。2節では、非伝統的金融政策を、政策金利がゼロになり（「ゼロ金利制約」）、それ以上引き下げができなくなった時の政策手段と定義した。そこでは、金利がマイナスにならないことを前提にしていた。しかし、この政策で日銀当座預金（準備預金）の政策金利残高に▲0・1％の付利を行うことで、コール金利は概ね▲0・1～0・0％の間で推移するようになった。イールドカーブの起点がマイナス化したわけだ。

第2に、長期金利も、かなり長い年限のものまでマイ

図表16　国債イールドカーブ

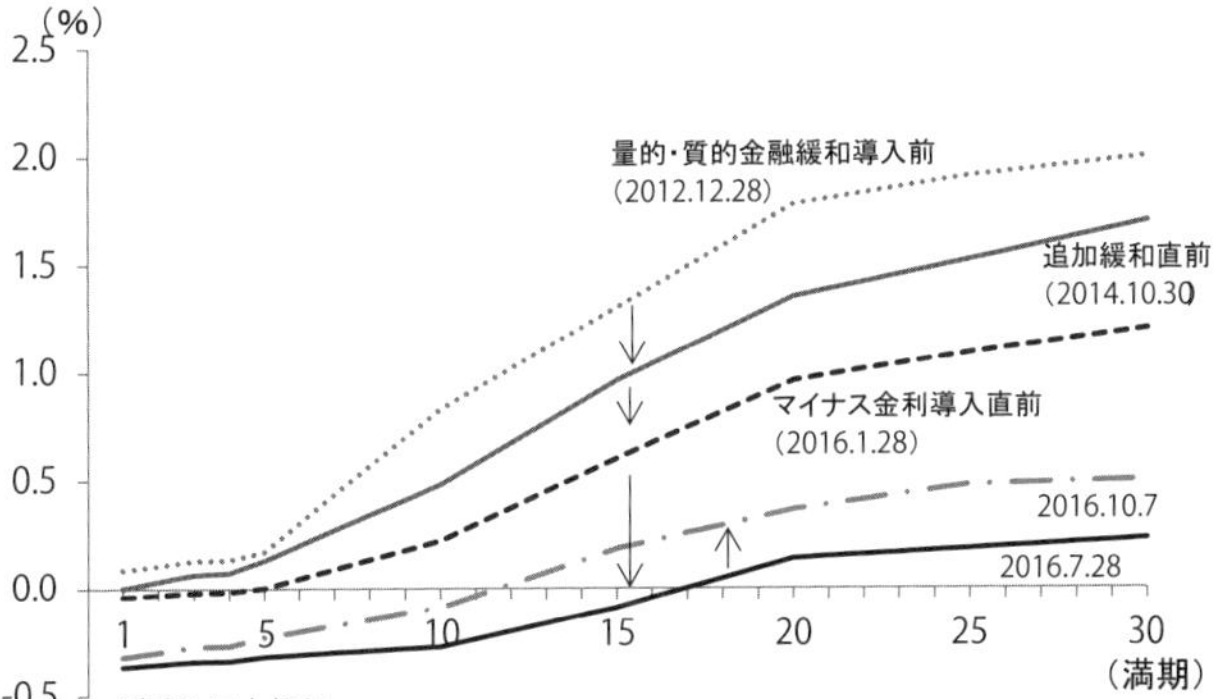

(資料)日本銀行。

ナスになった。図表16にみるように、イールドカーブの起点である短期金利がマイナスになったため下方にシフトすると同時に、イールドカーブがフラット化したからだ。一時15年物国債金利までがマイナスになった。

フラット化したのは、マイナス金利付きＱＱＥで長期国債の平均買入年限がさらに長くとられたのと、必要に応じてマイナス金利政策を強化するというアナウンスが、短期金利の低水準継続のファワードガイダンス（C1）として作用したからだ。

第3に、ただし、預金金利はマイナスになっていない。

こうした現象の影響と問題点について簡単に整理すると、以下のとおりである。

第1に、一定の金融緩和効果がみられ、資金調達サイドの環境が好転したが、実体経済を押し上げる効果は限定的だった。

貸出金利は低下し、それまでも低かった長期プライムレート（最優遇貸出金利）や、住宅ローン金利が、さらに低下した。しかし、企業は設備投資に慎重で、目立って貸出が増えたわけではなかった。住宅ローンの借入は増えたが、それまでのローンをそれよりも金利の安いローンに借り換える動きも多く、すべてが住宅建設に向かったわけではない。とはいえ、住宅着工件数は16年上半期に前年同月比5・2％増加した。貸家の伸びが大きく、アパート用建物に投資する人が増えたためだ。不動産市場がバブル的な様相を呈していることを、懸念する声もある。だが、景気全体を大きく押し上げる力にはなっていない。

社債市場でも金利が下がり、優良企業の20年債、40年債など超長期債発行が目立つようになった。発行額も、16年1～8月で前年同期比14％増と、過去最高額を記録した。このような低金利は、大企業の財務内容を好転させるが、その影響で設備投資が上積みされるといった効果は限定的だった。

第2に、その半面、運用環境は悪化した。運用の利回りが低すぎて、運用が苦しくなったため、金融商品が運用や販売を停止する例が相次いだ。MMF、中国ファンドなどの他、保険会社が扱う一時払い終身保険、一時払い生命保険なども募集されなくなった。

第3に、その結果、銀行など金融機関の収益が圧迫された。貸出金利が下がる一方で、預金金利の低下には限界がある。預金金利をマイナスにすることは、預金者から手数料を取る格好になり、さすがに抵抗が大きい。運用（貸出）金利の低下が調達（預金）金利の低下よりも急激であるため、利ザヤが縮小し、銀行の収益は圧迫された。

銀行は、海外資産での運用強化、経費削減などの対策を講じている。だが、海外展開している大手行はともかく、地銀などの地域金融機関は苦しい立場にある。

こうした中、銀行や生保などの金融機関から、マイナス金利政策への批判が相次いだ。また、もし破綻する金融機関が出れば、金融仲介機能の麻痺、信用収縮など、金融システムの不安定化が懸念される。先に見た長短金利操作付きQQEで、当時長期国債の利回りがマイナスだった時に、誘導目標を0％とそれより高く置いたのは、金融機関の苦境に配慮してのことだった。

6　この先の金融政策はどうあるべきか

いま何をなすべきか

これまで検討してきたように、日銀の資産購入策を中心とする超金融緩和策は、2つの点で再検討の時期を迎えている。

第1に、先進国の政府と中央銀行では、次第に世界金融危機後の景気低迷克服策を金融政策に頼り過ぎた、という反省が高まっている。そして、FRBが先頭を切って、資産購入策の「正常化」を進めつつある。

FRBは、13年12月から、正常化の第1段階として、資産購入量を漸減（テーパリング）させはじめ、14年10月にゼロにした（図表17、また前掲図表6も参照）。しかし、その後は抱えている資産の残高をキープしたまま、15年12月に、第2段階としての政策金利の引き上げに踏み切った。残高キープのため、保有債券の満期が来た時は、同額が再投資されている。正常化の第3のステップは、その再投資の停止による残高の縮小である。資産の売

図表17　大量資産購入「正常化」のステップと先進国4中銀の状況

		FRB	BOE	ECB	日銀
1	テーパリング（資産購入漸減）	2013.12〜2014.10	2012.11 ＊1	2017.4〜？ ＊2	？
2	政策金利引上げ開始	2015.12	？	？	？
3	保有資産の再投資停止	？	？	？	？

（注）＊1　BOEは、同年7月に最後の追加購入を決定し、11月までに購入を終了。ただし、英国EU離脱決定を受け、16年8月に単発の資産購入を実施

＊2　ECB自身は、この措置をテーパリングとは表明していない

却は、売却損が大きいため、実施されないとみられる。

ECBは16年12月、資産購入の終了時期を17年3月末から9カ月延長する一方で、同年4月からの購入量を減額しており、テーパリングの開始ととらえることもできる。BOEはすでに12年の11月を最後に、連続的な資産購入は行っていない（ただし、英国のEU離脱決定を受け、16年8月に単発の資産購入を行っている）。

第2に、4節で検討したように日銀の大量資産購入は、デフレ脱却の点でも景気浮揚の点でも不十分な力しか持っていない上に、5節でみたような副作用が他国に比べて格段に大きい。財政ファインナンスに陥り、政府債務の高インフレによる調整に至る危険性だ。日銀は、前述の「抜け出せない構造」ゆえに無駄な国債を購入し続けて、この副作用の危険性を高めていると言える。

この罠から抜け出すためには、まず政府が国債発行を抑制し（財政再建）、日銀が国債購入を漸減させる（テーパリング）必要がある。そして、その後、FRBのやり方に倣い、日銀の国債購入を停止し、ただし売却はせずに再投資を続け、適切な時期に再投資を停止する、という手順が考えられる。つまり、一定期間、日銀の国債保有を「塩漬け」にする体制を整えるのである。

この間、名目での経済成長があれば、対GDP比での日銀の国債保有残高は減って行き、同時に政府債務残高も（政策的経費を増やさずに、長期金利が名目GDP成長率よりも低ければ）対ＧＤＰ比で減っていくことになる。安倍政権が、日銀に「２％物価目標」を掲げさせ（13年1月の「政府・日銀の共同声明」）、名目３％成長を掲げているのはこれを睨んでのこととも言える。

そして、「２％物価目標」は、２年を目処にするなどの短期ではなく、長期的に達成すればよいものとする必要がある。そして、物価目標をたとえば１％に引き下げるよりも、物価が２％を達成しないからといって無理に金融緩和を行わないスタンスをとることが必要だ。(10)

具体的な工程

では、具体的にはどうすべきか。金融はすでに十分に緩和的、つまり景気刺激的な状態にある。これ以上の金融緩和で成長率を引き上げることには無理がある。ただ、緩和を止めた時に気がかりなのは、５節で述べた株高・円安の巻き戻しと、国債が財政破綻を見込んだ形で過度に売られ、長期金利が急上昇することである。こうした市場の動揺を抑えながら、まずはテーパリングに持ち込むことが必要だ。

16年9月の「新しい枠組み」で導入した長短金利操作付きＱＱＥは、資産購入からの撤退に近づく要素を含んでいた。すでにみたように、マネタリーベースが操作目標から外され、年間80兆円ペースでの長期国債の購入額は「めど」に格下げされたからだ。当時10年物長期金利はマイナスだったので、その誘導目標を０％に置いたことで、国債購入額を減らして市場の反応を瀬踏みし、購入額を漸減させる道筋が整ったと思われた。だが、同年暮れからの「トランプ相場」の金利上昇で、逆に国債を購入してこれを抑えざるを得なくなり、残念ながらテーパリングの可能性は狭まったように見える。

原油価格の底打ちもあり、トランプ新大統領の政策次第では、日本でもインフレ予想は高まるだろう。「2％物価目標」が達成された場合はもちろん、その手前であっても、日銀は緩和を縮小する方向に舵を切る必然性が高まりそうだ。そうでなくても、そろそろ資産購入に歯止めをかけないと、購入できる国債が底をつく。

まずは「2％物価目標」が長期的なものであること、長期金利を低水準にコントロールすること、テーパリング後の日銀保有国債を長期的に「塩漬け」にする（売らない）こと、高インフレによる政府債務削減はしないこと、などを明確にアナウンスする。その後に、国債購入量を徐々に減らす。その際、必要に応じて10年物国債利回りの目標をわずかに引き上げる可能性も排除しない、といった方法が考えられる。

つまり、基本的には長期金利を低水準にコントロールしながら、その後は、時間をかけて国債発行残高、日銀国債保有残高の対GDP比削減をはかるという、いわゆる金融抑圧政策に、何とか持ち込む工程を検討すべきであろう。政府には、少なくとも政府債務残高をこれ以上増やさないことが求められる。

先進国の中央銀行に共通の課題

先進国中銀は、世界金融危機後、非伝統的金融政策に突入し、超金融緩和を行って、景気低迷克服をはかって来た。しかし、前述のように、各国政府・中銀には、これを金融政策に頼り過ぎたという反省がある。成長トレンド（潜在成長率）を金融政策で引き上げることの無理を、認識するべきであろう。

大量資産購入策は、ＦＲＢによって「正常化」が進められていることにより、景気刺激策として認知されたと言える。ただ、①株価、土地などの資産価格を押し上げるものの、設備投資の刺激効果が弱い、②国際的な資本移動を激化させ、新興国経済をかく乱する、③財政赤字の大きな国では財政ファイナンスの罠にはまり、「出口」が困難になる、などの欠点や副作用もはっきりしてきた。常に巻き戻しを意識した抑制的、計画的な運用が課題になろう。

金融緩和に際しては、適切なコミュニケーション戦略の重要性も認識されるべきである。為替や株式市場に配慮するあまり、催促相場に陥り、実体経済を刺激する必要がない局面や、金融緩和で実体経済を刺激することが不可能な局面でも、政策を発動せざるを得なくなる、という事態を避ける必要がある。市場との適切なコミュニケーションが模索されることが、重要であろう。

（補論１）金融抑圧政策：第二次大戦後のアメリカの経験

金融抑圧政策としては、第二次大戦後に、アメリカの政府債務残高とＦＲＢの国債保有残高（いずれも対ＧＤＰ比）が、時間をかけて減らされて行った例がある。図表18がそれを示している。ＦＲＢは戦時中、国債の買い支えで政府に協力していた。連邦政府債務残高の対ＧＤＰ比のピークは１１９％（１９４６年度末）、ＦＲＢが保有する国債残高のそれは10・４％だった（45年度末）。しかし、ＦＲＢは、インフレ懸念に対処するため、51年に財務省との間に有名な「アコード」を取り交わして、国債価格支持政策から逃れた。

政府債務残高の比率は59年に60％を割り、69年には30％台に減っている。これが可能になったのは、①戦費調達が不要になり、とりわけ60年代にアイゼンハワー大統領の下で均衡予算が組まれ、②長期金利が、預金金利上限規制などで低く抑えられる一方で、③名目ＧＤＰ成長率が高かったことも大きく寄与した。50〜60年代の長期金利を平均すると４％強であり、名

図表18　米連邦政府債務残高とＦＲＢ保有国債残高の推移（対ＧＤＰ比）

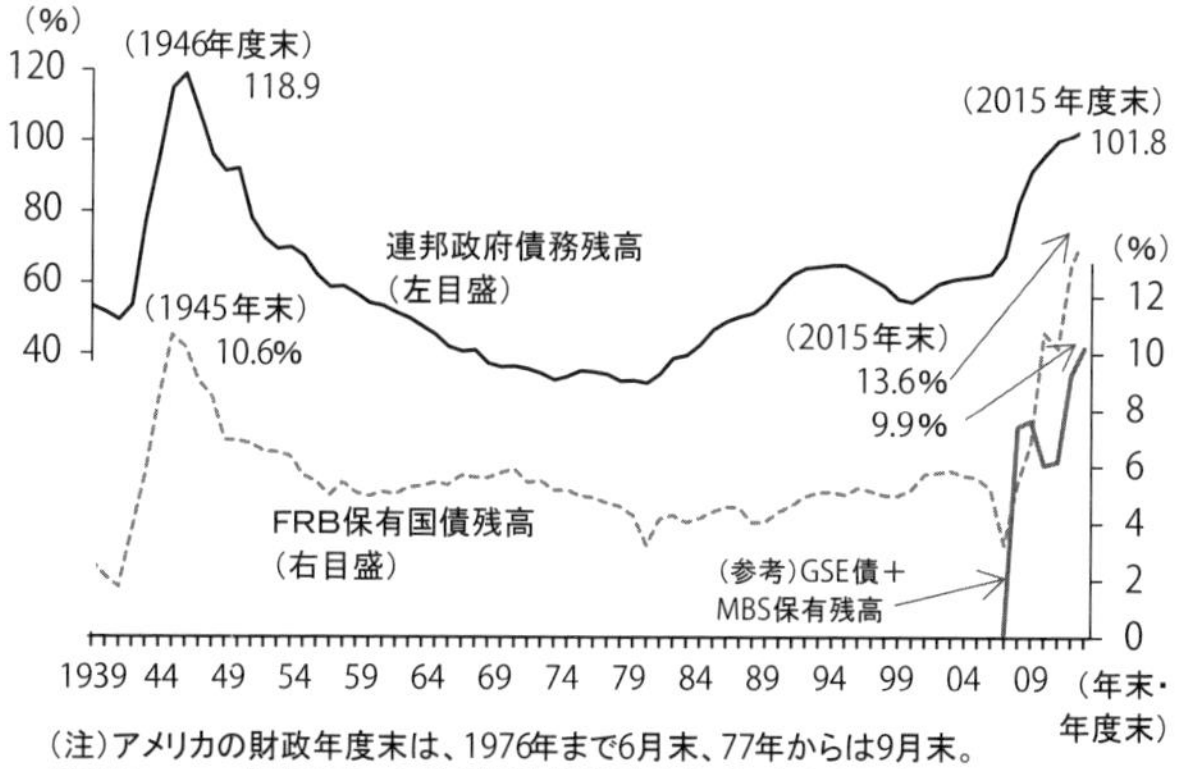

（注）アメリカの財政年度末は、1976年まで6月末、77年からは9月末。
（資料）FRB、米商務省、大統領経済諮問委員会データより作成。

目成長率7%をかなり下回り、いわゆるドーマー条件（長期金利が名目成長率を下回る）を満たしていたわけだ。

一方、FRBの国債保有残高の対GDP比も急低下し、54年ごろには5%台と、その後のノーマルな水準に達している。その主因は名目GDPの上昇であり、注目すべきはこの間、国債保有残高そのものが減っていないことだ。FRBは、いったん購入した債券を大量に売ることをしていない。

このように、ある程度の名目成長が見込まれる下では、名目貸出額も増えるので所要準備（法定準備）額も増加して、長い目で見れば超過準備も率としては縮小して行く。

（補論2）ヘリコプターマネー政策は状況を変えるか

政府債務残高を減らす一方で、停滞する景気を刺激するために、ヘリコプターマネー政策が推奨されることがあるので、これについて触れておこう。これは、基本形としては、政府が永久国債を発行し、中銀に引き受けさせることで資金調達して財政支出（減税、給付、公共事業）を行うという政策だ。政府が返すべき債務を負わずに、景気刺激ができる。ただし、中銀は国債を引き受ける見返りにベースマネー（現金＋準備預金）を発行（供給）するのでインフレが心配される。だが、現在のようにベースマネーが増えてもマネーストックが増えない状況ではしばらくその心配はないという議論もある。例えばその主唱者であるアデア・ターナーは、独立の中銀がしっかりコントロールすればインフレの高進は防げると主張する。

現在の日銀（やその他の先進国中銀）がこの政策を取るとすれば、このような基本形ではなく、すでに発行され日銀が保有している国債を永久国債化する、という応用形の政策発動になると思われる。よく、日銀が保有国債を償却すればよい、という主張も行われるが、これと同じことである。

しかし、この措置で財政再建ができるのだろうか。答えは否である。日銀のバランスシートの資産サイドに永久債は残らざるを得ず、それを「償却する」ことはできない。民間銀行の不良債権償却と違って、負債サイドにそれに見合う原資がないからである。負債サイドにある銀行券はその持ち手の資産であり、また準備預金は銀行の資産であるから、それを奪うわけには行かない。

したがって、日銀の持つ国債を永久国債化したとしても、現在の日銀が保有する国債をロールオーバー（満期時に再投資）している状態と全く変わらない。永久国債化は、日銀による保有国債の「塩漬け宣言」に他ならない。政府債務残高も変わらず、その対ＧＤＰ比も変わらない。

ただ、政府が償還すべき債務残高が小さくなることは確かだ。この事実を公表し、民間の「期待に働きかける」ことは可能かもしれない。つまり、理論上は、償還のために将来増税されると思っていた家計が、将来の税負担から「解放」され消費を始める、という展開が考えられる（リカードの等価定理からの解放）。

果たして家計はそれほど「合理的」だろうか。また、家計は、すでに財政再建はどのみち無理だから増税などあり得ない、と高を括っているとすれば、永久国債化しても期待は変わらないのではないか。こういった疑問が発生する。さらに、もし期待が動くとすれば、逆に「高インフレによる債務の調整が起きるまで政府が何もしない」という予想が高まって、すでにみた長期金利上昇、債務残高急増、高インフレというスパイラルに進む可能性が懸念される。

参考文献

田中隆之［2008］『失われた十五年と金融政策』日本経済新聞出版社

――――［2013］「先進国中央銀行の非伝統的金融政策―その手段、効果、問題点―」『証券アナリストジャーナル』日本証券アナリスト協会、2月号

――――［2014a］『アメリカ連邦準備制度（FRS）の金融政策』金融財政事情研究会

――――［2014b］「視点争点 学者に聞け！「出口」で明暗を分けるFRBと日銀」『週刊エコノミスト』、12月16日

――――［2015a］「FRBの非伝統的金融政策とその評価」『経済のプリズム』参議院調査室、4月

――――［2015b］「アベノミクス「第一の矢」の再検討―先進国4中央銀行が共通に抱える問題の中で―」『金融構造研究』金融構造研究会、5月

――――［2015c］「経済教室 米利上げと世界経済（上）「正常化」の第2段階クリア」『日本経済新聞』

12月

——［２０１６］「経済教室 米金融政策の行方（下）ＦＲＢの保有資産圧縮 焦点」『日本経済新聞』12月

Bernanke, B. S. and V. Reinhart R.[2004] "Conducting Monetary Policy at Very Low Short-Term Interest Rates," *American Economic Review*, Vol.94, No.2

Turner, Adair [2016] *Between Debt and the Devil*, Princeton University Press（アデア・ターナー『債務、さもなくば悪魔』日経ＢＰ社）

註

（1）これは、後に説明する非伝統的金融政策のC1と原理は同じである。

（2）ここで⑴をメインルートと捉えるのは、⑶を目的として金融政策を行うことは、国際政治上是認されえないからである。⑵も、バブル形成や所得分配の不平等を助長する可能性があり、これのみを当初から狙って政策を打ち出すことは難しいだろう。

（3）この整理法は、Bernanke[2004]に提示されたものに基づく。なお、筆者は田中［２０１３］などで同様の整理を行っている。

（4）日銀は現在、共通担保オペレーションとして、国債・手形などを担保に貸出を行う方式でこれを行っている。法的には貸出だが、事実上、売り戻し条件付の買入れと変わらない。

（5）金利の期間構造とは、短期金利と長期金利の関係である。長期金利（例えば期間10年の貸借に付される金利）は、短期金利（例えば期間1年の貸借に付される金利）の現在の水準と将来の水準（この場合1年後、2年後、・・・9年後）の現時点における予想の平均で決まる、と考えるのが、金利の期間構造に関する期待仮説である。

ある投資家が、期間10年の長期国債で運用するか期間1年の短期国債の再投資を繰り返して運用する（1年後の償還時にまた同じ期間1年の短期国債を買うことを10年続ける）かの選択を迫られた場合を考える。将来の短期国債利回りが高いと予想すると、投資家は後者の運用方法を選択するから、長期債を売って短期債を買う。その結果、短期金利は低下し、長期金利が上昇する、という「裁定」が働く（逆の場合には逆のことが起きる）。

（6）補完当座預金制度は、同年10月にコール金利が0・3％に引き下げられた時に制定された。日銀当座預金に付利を行う制度であり、この時に0・1％とされた。コール金利の下限を画する。量的緩和政策の実施時にコール金利が本当のゼロ近くに達し、コール市場の機能が縮小した経験に基づき、それを防止する目的で導入された。なお、これに対し、基準貸付利率（公定歩合）は、日銀が市中銀行に貸出を行う時の金利であり、コール金利の上限を画する（同年10月に0・5％、12月に0・3％と定められた）。このように、市中銀行からの申し込みで、あらかじめ決められた金利で中銀が貸出を行う制度を貸出ファシリティ、預金を受け入れる制度を預金ファシリティ、両社を合わせてスタンディングファシリティという。金利の上下限を画し、コール市場を安定させる機能を持つ。両金利の間をコリドーと呼ぶ。

（7）このとき政策委員の「中長期的な物価安定の理解」の中心値は1％と発表されていたので、1％がその目安と考えられていた。なお、その後2012年2月には、「中長期的な物価安定の目途」が設定され、やはり1%とされた。翌13年1月には、さらに「物価安定の目標」が２%と定められる。
（８）金融為替市場では、世界経済が不安定化するとリスクがとりにくくなる（このことをリスクオフという）ため、相対的に円やスイスフランが買われて株が売られ、逆に安定に向かうとリスクがとりやすくなる（リスクオン）ため、円などは売られ株が買われる、という傾向があった。
（９）予想物価上昇率の代理変数としては、いくつかの候補がある。ここでは、ＥＳＰフォーキャスト（民間エコノミスト40数名の予測の平均値。毎月発表）における消費者物価指数（生鮮食品を除く総合）の予測値をみると、２０１３年1月時点では13年度が０・１%、14年度が０・３%程度（消費税引き上げの影響を除いた数字を計算）だったが、13年7月時点にそれぞれ０・４%、０・７%に上昇し、15年度に関しては１・０%だった。14年7月時点では15年度が１・１%、16年度が１・３%となった。ただし、結局２%物価目標が達成されるという予想は発生していない。
（10）インフレ目標がプラスでなければならない理由として、以下が挙げられる。①ゼロ・インフレ下では賃金の切り下げが困難で（名目賃金の下方硬直性）、企業収益の圧迫から景気が悪化する。若干でもインフレであれば賃上げしないことで実質賃金を切り下げることができる。②デフレ下では負債が実質で増大するので、新規投資が縮小する可能性がある。③中央銀行が、自然利子率が低い場合、ゼロ金利制約に陥りやすい（適度なインフレにより名目金利がプラスでないと、金利引下げによる景気刺激ができない）。④政府は、巨額の政府債務残高を抱えている場合、（インフレによる）名目成長率が高くないと、対ＧＤＰ比のそれが減りにくい。また、インフレ目標が２%でなければならない理由としては、それが概ね世界各国の標準なので、それを下回る目標を掲げると円高になりやすいことが挙げられる。

第5章　人口減少と経済成長
――少子化の影響と対策

櫻井宏二郎

1　はじめに

アベノミクスを捉える視点

２０１２年12月26日に発足した第二次安倍政権は、デフレからの脱却を図るべく、①大胆な金融政策、②機動的な財政政策、③民間投資を喚起する成長戦略、の三本の矢からなるアベノミクスを打ち出した。標準的な経済学の理解に従えば、第一と第二の矢は、短期的な需要を喚起する総需要安定化政策に対応し、第三の矢は潜在成長率を高める構造的政策に対応すると考えられる。この2種類の政策は基本的に目的や効果などの点で異なっている。金融・財政政策は需要不足の際に需要を喚起する政策であり、比較的早く効果を発揮する。これに対して、構造的政策は供給サイドの強化、あるいは総需要の増加を構造的に図る政策であり、効果が現れるまでにはかなりの時間を要すると考えられる。したがって、アベノミクスが成功するためのシナリオは、金融政策と財政政策によって短期的に需要が喚起され、その効果が持続している間に構造的な政策が着手され、短期的な効果の減衰と入れ替わる形で構造的政策の効果が現れて、経済を一段高い成長軌道に乗せていく、というものでなければならなかった(1)。

しかし、実態はこのシナリオから大きくかけ離れてしまったように思われる。アベノミクスは金融緩和頼みの「一本足打法」と呼ばれるように、事実上、有効な第二、第三の矢は放たれなかった。確かに、2013年度の実質GDPは、黒田日銀の異次元金融緩和政策による円安を追い風に、輸出企業を中心に企業業績と株価が回復し、それが個人消費と設備投資に波及することによって、2.0％の比較的高い成長率を達成した。しかし、円安を継続的に起こすことは不可能であるので、この効果は持続しなかった。その後、2014年4月に消費税が5％から8％に引き上げられると、個人消費は、駆け込み消費の反動も手伝って大きく落ち込み、2014年度の実質GDP成長率はマイナス0.9％と一転してマイナスを記録した(2)。ここで強調すべき点は、潜在成長率を高めるような有効な成長戦略が打ち出されなかったことである。将来に向けた持続的な成長が見込めなければ、設備投資や個人消費の増加は期待できないと考えられる。

アベノミクス第二ステージの意義

2015年10月、異次元金融緩和の効果に対する熱い期待が次第に冷めていき、景気も停滞気味に推移する中、第三次安倍改造内閣は、①希望を生み出す強い経済（GDP600兆円の実現）、②夢を紡ぐ子育て支援（希望出生率1・8の実現）、③安心につながる社会保障（介護離職ゼロの実現）、の新三本の矢からなる第二ステージの政策を公表した。ねらいは経済成長の隘路となっている少子高齢化に真正面から立ち向かうことにあるとされ、「一億総活躍」というキャッチコピーが付けられた。後にこの政策は「ニッポン一億総活躍プラン」として2016年6月2日に閣議決定された。

これらの政策に対しては、当初の三本の矢の失敗を覆い隠すためであるとか、少なくとも2～3年は失敗が判明しない中長期的な目標を掲げることによって国民の批判をかわすためである、といった厳しい指摘がなされた。しかし、この政策の中で出生率の引き上げは、経済の供給サイドから潜在成長率を高める構造的な政策と位置づけることができる。潜在成長率の低下や財政赤字などの日本経済の深刻な中長期的問題は究極的には少子化、少子高齢化、人口減少の問題に帰着すると考えられるため、これらの問題を政策課題として取り上げたことには大きな意義が認められよう。一方で、戦後日本において出生率が国家の目標に掲げられたことはなく、この政策に違和感を覚える者がいたとしても不思議ではないだろう。

何を問題とすべきか

本来、子どもを持つか持たないかはすぐれて個人の自由な選択に関わる事柄であり、国家が介入すべき問題ではない。少子化対策と言っても、本人達の意思に反して子どもを持たせようとする政策は決して望ましくない。しかし、希望する子どもの数の実現が経済的な理由などによって阻まれているのであれば、政策によってその障害を取り除くことは正当化できるだろう。下で詳しく見るとおり、アンケート調査によれば現状の子ども数は、夫婦が考えている理想の子ども数を大きく下回っており、その要因として時代の変化に追い付いていない働き方や経済的な問題などが指摘されている。したがって、そのような問題を解決し理想の子ども数を実現させることは、夫婦の厚生に資するだろう。そしてワーク・ライフ・バランス施策の拡充などは、理想の子ども数の実現に資するとともに、就業と結婚・子育てのトレード・オフの緩和を通じて、経済全体の厚生を改善させると期待できる。このように少子化対策やワーク・ライフ・バランス施策は、理想の実現を妨げている問題を解決し、経済厚生の改善に資するという点において正当化され、意義を持つと考えられるのである。

本章では、こうした問題意識から、人口減少の問題に焦点を当て、人口減少がどのようにGDPの成長率や1人当たりGDPの成長率に影響を与えるのか、少子化の原因は何であり、どのような対策が必要であるかといった問題について考察を加える。

本章の構成は次のとおりである。第2節では日本の人口の推移と予測を概観する。第3節では、人口減少が経済成長率に与える影響を定量的に分析し、第4節では少子高齢化を含めて日本の経済構造への影響を考察する。第5節では少子化の原因と対策を検討し、第6節で結語を述べる。

2　人口の推移と予測

今後急速に減少する総人口

分析に先立ち、日本のこれまでの人口の推移と今後の予測を概観しておこう。図表1は、年齢3区分による人口の推移と予測を1950〜2060年の期間について示したものである。予測は、国立社会保障・人口問題研究所の2012年1月推計（出生中位・死亡中位推計）による。これを見ると、1950年から増加してきた総人口は、2010年にピークに達し、それ以降はそれまで登ってきた道を降りるかのように減少していくことがわかる。年齢3区分による内訳で

図表1　年齢3区分の人口推移および人口予測（1950-2060年）

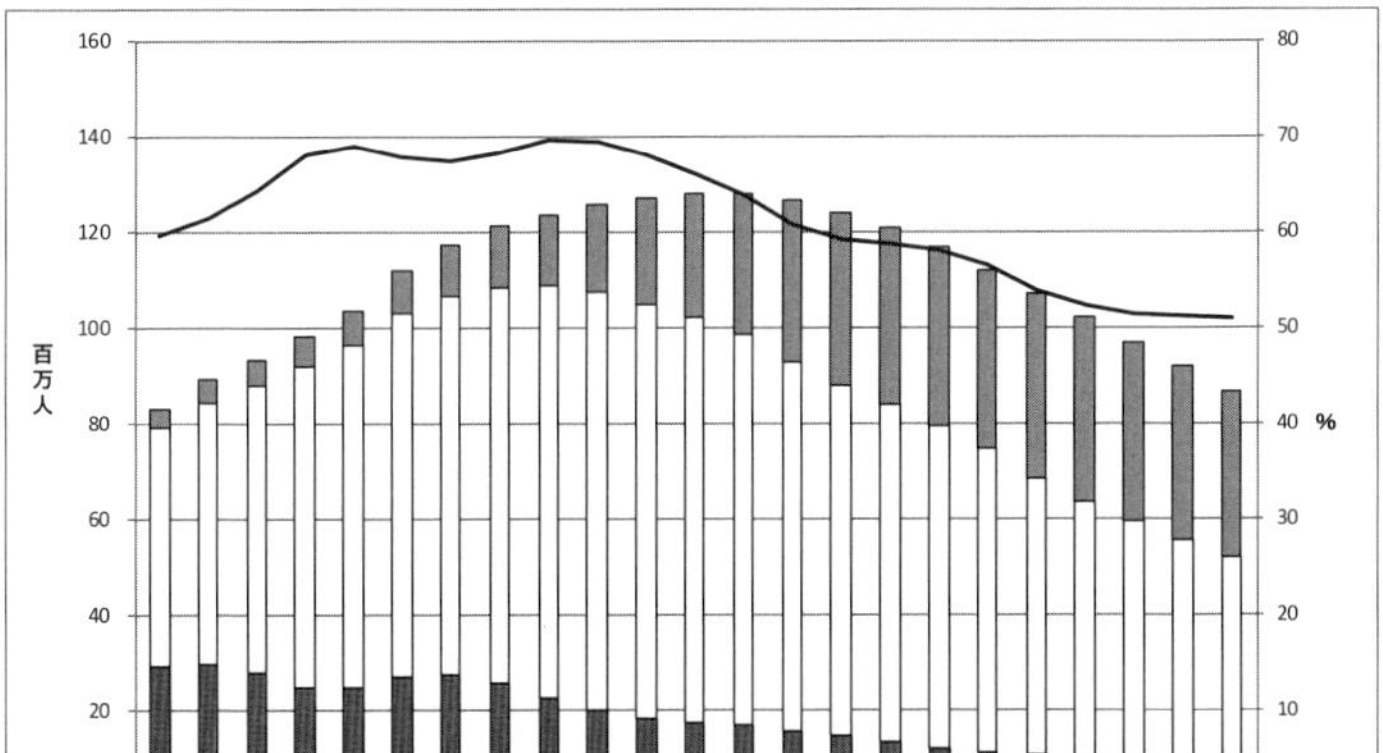

注：生産年齢人口比率＝15-64歳人口／総人口。
データ出所：2010年までは、総務省の人口推計、2015年以降は、国立社会保障・人口問題研究所『日本の将来推計人口』（2012年1月推計、出生中位・死亡中位推計）による。

は、少子化を反映して年少人口（0－14歳）がほぼ一貫して減少する一方で、老年人口（65歳以上）は2040年まで一貫して増加し、生産年齢人口（15－64歳）は1995年をピークに、以後減少に転じる姿となっている。

2010年から2050年までの40年間において、総人口は1億28百万人から97百万人へと31百万人（マイナス24・2％）も減少する見込みであり、この人口減少の規模は、2015年時点での東京都（13・5百万人）、神奈川県（9・1百万円）、大阪府（8・8百万人）の上位3都府県人口の合計に匹敵する大きさである。特に経済活動の担い手である生産年齢人口（15－64歳）の減少率は38・8％（31・7百万人）と4割に迫る大きさである。

3　人口減少の経済成長率への影響

上で見た人口の減少は経済活動の総体であるGDPの成長率や、経済的豊かさの指標とされる1人当たりGDPの成長率にどのような影響を与えるのだろうか。

GDP成長率への影響

成長会計

人口減少がGDP成長率に与える影響は、マクロ経済学における成長会計の考え方を援用することによって推計することができる。成長会計（growth accounting）とは、産出（アウトプット）の成長率を、それを生み出す投入（インプット）の寄与に分解するもので、一般的には次のような生産関数を用いる。

$$Y = F(K, L, A) \qquad \cdots\cdots\cdots\cdots (1)$$

ＹはＧＤＰ、Ｋは資本ストック、Ｌは労働、Ａは技術水準を表す変数である。

生産関数が一次同次であるなどの仮定の下で、(1)式を成長率の形に変形すると、次式が得られる。

$$\dot{Y} = (1-\theta)\dot{K} + \theta\dot{L} + \gamma \qquad \cdots\cdots\cdots\cdots (2)$$

θは労働に分配される付加価値の割合を示す労働分配率である。γは技術進歩の寄与を示す変数で、全要素生産性（ＴＦＰ）の変化率である。各変数の上の点は「ドット」と呼ばれ、変化率を示す。

(2)式は、経済成長率が資本の寄与、労働の寄与、技術の寄与の３つに分解されることを示している。いま、Ｙに実質ＧＤＰを用い、Ｌに生産年齢人口（15－64歳人口）を用い、θを０・７（先進国の大まかな値）と置くと、生産年齢人口が実質ＧＤＰの成長率に与える影響を推計することができる。

既に成長率の足を引っ張っている生産年齢人口の減少

その推計を1950－2060年の期間について行った結果は図表2に示してある。生産年齢人口の予測のデータは、図表1で用いた国立社会保障・人口問題研究所の推計値と同じものである。この表の第二列を見ると、1960－65年には1・55％（年率）あった生産年齢人口の寄与度は、生産年齢人口増加率の鈍化とともに次第に低下し、1995－2000年からはマイナスに転じ、足下である2015－20年においてはマイ

図表2　人口の経済成長率への影響

（単位：%、年率）

	(1) 生産年齢人口の変化率 $\dot{L}$	(2) 生産年齢人口の寄与度 $\theta\dot{L}$	(3) 総人口の変化率 $\dot{P}$	(4) 人口動態の影響計 $\theta\dot{L}-\dot{P}$
1950-1955年	1.96	1.37	1.42	−0.05
1955-1960年	1.86	1.30	0.91	0.39
1960-1965年	2.21	1.55	1.02	0.53
1965-1970年	1.35	0.94	1.08	−0.14
1970-1975年	1.17	0.82	1.54	−0.72
1975-1980年	0.79	0.55	0.90	−0.35
1980-1985年	0.91	0.64	0.67	−0.04
1985-1990年	0.86	0.60	0.42	0.18
1990-1995年	0.26	0.18	0.31	−0.13
1995-2000年	−0.20	−0.14	0.22	−0.36
2000-2005年	−0.46	−0.32	0.13	−0.45
2005-2010年	−0.64	−0.45	0.05	−0.50
2010-2015年	−1.23	−0.86	−0.23	−0.63
2015-2020年	−0.90	−0.63	−0.40	−0.24
2020-2025年	−0.71	−0.50	−0.56	0.07
2025-2030年	−0.90	−0.63	−0.68	0.05
2030-2035年	−1.30	−0.91	−0.78	−0.13
2035-2040年	−1.82	−1.27	−0.88	−0.39
2040-2045年	−1.55	−1.08	−0.96	−0.12
2045-2050年	−1.35	−0.95	−1.03	0.08
2050-2055年	−1.21	−0.85	−1.08	0.24
2055-2060年	−1.25	−0.88	−1.16	0.28

注：1）生産年齢人口＝15-64歳人口。
2）成長への寄与度は生産年齢人口の年平均変化率に0.7を乗じて計算。
3）変化率は年平均。記号等は本文を参照。
データ出所：2010年までは総務省の人口推計、
2015年以降は国立社会保障・人口問題研究所による人口推計（2012年1月推計、中位推計）。

ナス０・63％となり、現状では既に人口の減少が経済成長率の足を引っ張っていることがわかる。このマイナスの寄与度は今後も増勢を強め、２０３５－40年には最大でマイナス１・27％の大きさとなる。期間によって影響の凸凹が生じるのは、年齢別人口のコブを作っている団塊の世代（１９４７－49年生まれ）および団塊ジュニアの世代（１９７０－75年生まれ）が65歳に到達して労働市場から一気に退出するという計算になっているためである。実際には65歳以上になっても働き続ける人が少なからず存在するため、影響はもう少し均されると予想される。

潜在成長率の試算：マイナスの可能性も

次にこの結果を用いて今後の潜在成長率の試算を行ってみよう。潜在成長率とは、供給サイドから見た実力ベースの経済成長率のことであり、好況でも不況でもない平常時の成長率を示す。ここでは資本と技術の寄与については、２０００－10年における過去の推計値（内閣府推計）をそのまま将来に向けて延長し、労働の寄与のみについて、上で行った生産年齢人口を用いた推計値を使用した[3]。

図表3　潜在成長率の試算

（単位：％）

	内閣府	試算					
	2000-10年	2000-10年	2010-20年	2020-30年	2030-40年	2040-50年	2050-60年
資本の寄与	0.5	0.5	0.5	0.5	0.5	0.5	0.5
労働の寄与	−0.3	−0.39	−0.75	−0.56	−1.09	−1.01	−0.86
技術の寄与	0.5	0.5	0.5	0.5	0.5	0.5	0.5
GDP成長率	0.8	0.61	0.25	0.44	−0.09	−0.01	0.14

注：1）内閣府の推計は、「労働力人口と今後の経済成長について」（2014年3月12日「選択する未来」委員会第4回会議資料）による。
2）試算における労働の寄与は生産年齢人口変化率×0.7で計算。
生産年齢人口は、2010年までは総務省の人口推計、2015年以降は、国立社会保障・人口問題研究所による人口推計（2012年1月、中位推計）。
労働の寄与以外は内閣府の試算を延長。

図表3の試算結果を見ると、潜在成長率は労働の寄与の減少に伴って低下していき、2030－40年、2040－50年においてわずかであるがマイナスになると推計されている。もちろん、資本や技術の寄与は今後変化することが十分ありうるため、この試算は必ずしも的中するわけではないが、人口要因に限っては潜在成長率を低下させる要因となることは明らかである。(4) ここで得られる重要なインプリケーションは、今後、実力ベースの実質GDPの成長率がマイナスになるという可能性が十分にあり、したがって、それを前提に経済構造を考えなければならないということである。例えば、成長率がマイナスだからといってわずかなマイナスの状況下で大規模な公共投資で景気浮揚を図ることなどは望ましくなく、また財政収支の見通しにおいて大幅な税収の増加を見込むことは控えなければならない。

1人当たりGDP成長率への影響

それほど影響を受けない1人当たりGDP成長率

上では生産年齢人口の減少が今後のGDPの成長率を低下させることを定量的に分析した。この結果は働き手が減っていくのだからある意味では当然の帰結である。埼玉県のGDPが日本全体のGDPよりも小さいことを考えてみれば理解は容易である。しかし、より重要な問題は、経済的豊かさの指標とされる1人当たりGDPの成長率が生産年齢人口の減少によってどう変化するかである。これを知るためには、(2)式から総人口の成長率を差し引いた次式を計算しなければならない。

$$\dot{Y}-\dot{P}=(1-\theta)\dot{K}+\theta\dot{L}-\dot{P}+\gamma \qquad\cdots\cdots\cdots\cdots(3)$$

ここでＰは総人口を示す。右辺の第二項と第三項の和が人口動態の寄与であり、よって(3)式は、人口１人当たりの実質ＧＤＰの成長率が、資本の寄与、人口動態の寄与、技術の寄与に分解されることを表している。

人口動態の寄与の推計値は図表２の第４列に示してある。これを見ると人口動態の寄与は、マイナスとなることが多いが、その大きさは上で見た生産年齢人口の寄与に比べればかなり小さく、しかも増大するトレンドを持っていないことがわかる。その理由は、生産年齢人口の減少とほぼ同様に総人口が減少するからである。ただし、生産に貢献しない人口（従属人口）の割合が増えていくため、全体としてはマイナスの効果を持ってしまう(5)。しかし、そのマイナスの影響の大きさは、技術進歩や健康寿命の増進などによってかなりの程度軽減でき、あるいは場合によってはカバーすることができる大きさかもしれない。ここで得られる重要なインプリケーションは、生活水準の指標とされる人口１人当たりのＧＤＰの成長率は、生産年齢人口が減少してもそれほど大きくは減少しないということである。

4　人口減少および少子高齢化の経済構造への影響

次に人口減少および少子高齢化が日本の経済構造に与える影響について簡単に検討してみよう。一般には次の点が指摘されている。

第1に、総人口に占める生産年齢人口の比率の低下は、貯蓄をする世代の相対的減少と貯蓄を取り崩す世代の相対的増加をもたらすため、家計の貯蓄率を低下させる。これはさらに、民間貯蓄の減少を通じて、経常収支を赤字化させる方向に作用する。この点は、貯蓄と投資の恒等式、「経常収支＝民間貯蓄－民間投資＋財政収支」で理解できよう。

第二に、財政への影響としては、まず生産年齢人口に対して高齢者が相対的に増えるため、年金や医療費などの社会保障関連支出の増加とその負担の問題が深刻化する。さらに、国内貯蓄の減少は、国債消化における海外投資家依存度の上昇をもたらすが、海外投資家はよりリスクに敏感であるため金利が上昇することが懸念される。金利の上昇は巨額な国債の利払い負担を増加させ、財政破綻の可能性を高めることにつながる。

第三に、人口減少による国内需要の先細りは、設備投資や住宅投資の需要を低迷させる可能性がある。

第4に、人口減少と少子高齢化は特に地方の小都市や過疎地域で深刻化すると見られ、地域の存続可能性が懸念される[6]。

以上の点も何らかの形で経済成長率に影響を与えると考えられるが、ここでは定性的な検討にとどめておく。

5　少子化の原因と対策

上で見た人口減少と少子高齢化の基本的原因は少子化である。本節ではこの少子化の原因と対策について検討しよう。

少子化の状況は、一般に合計特殊出生率によって捉えられる。この指標は、ある年における各年齢（15－49歳）の女性の出生率を合計したもので、１人の女性が一生の間に生む子どもの数を示す指標として用いられている[7]。

２０１５年における日本の合計特殊出生率は1・46と、フランス、スウェーデンなどヨー

図表4　日本、フランス、スウェーデンの合計特殊出生率（1950-2015年）

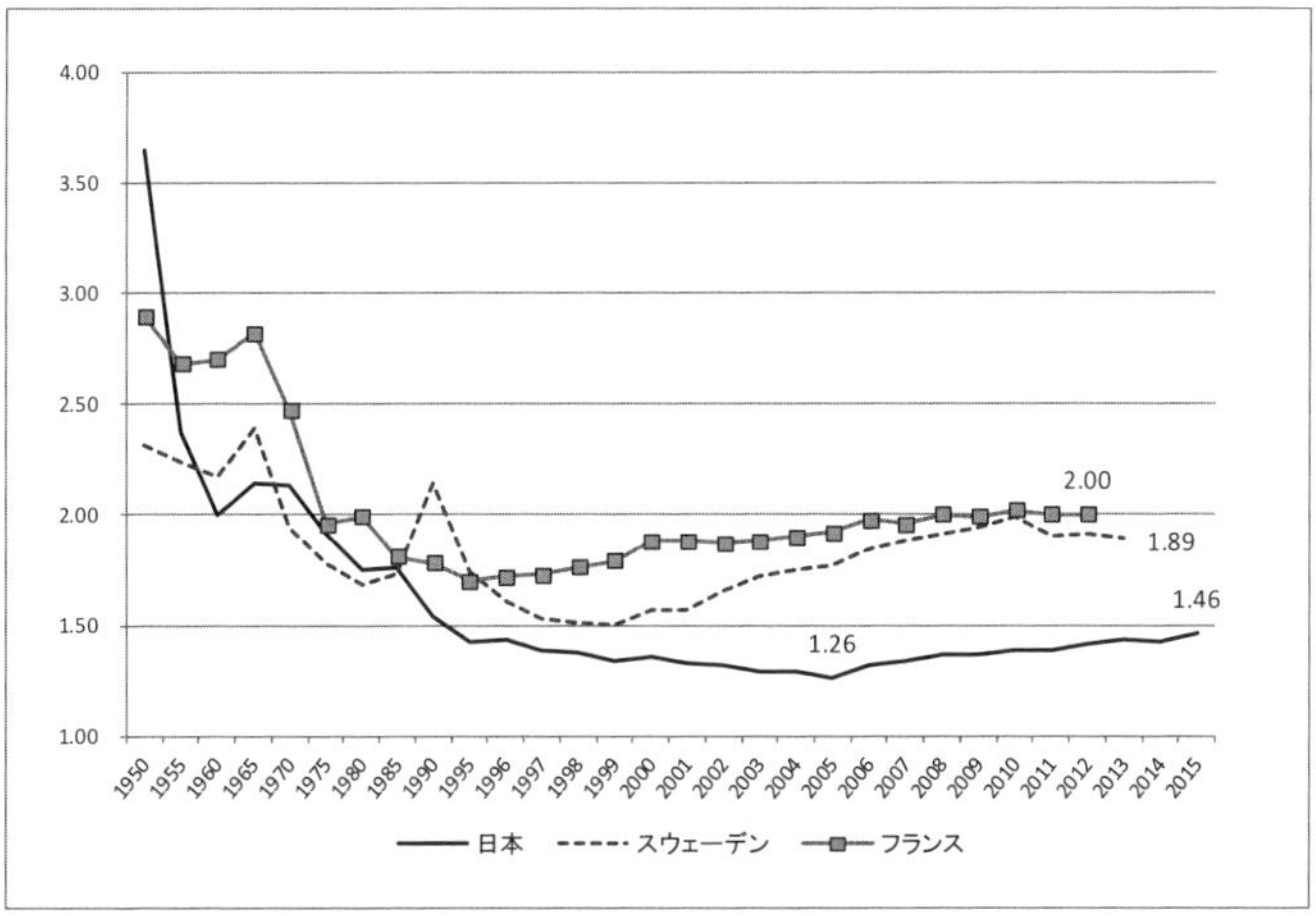

データ出所：厚生労働省『人口動態調査』、国立社会保障・人口問題研究所HP。

ロッパの多くの国が1・9前後の高い出生率を保っている中で、極めて低位にとどまっている。しかし、日本も1960年代には2を超える出生率を記録しており、1970年代、80年代に急速に低下したことが今日の低位をもたらしたと考えることができる（図表4）。ではこの急激な出生率の低下はどのような要因によってもたらされたのであろうか。以下では、婚姻率の低下・未婚率の上昇、女性の労働力率の上昇、仕事と子育ての両立の困難さ、の3つの要因について考察し、最後に望まれる対策について述べる。

婚姻率の低下・未婚率の上昇

出生数の要因分解

出生数は、「結婚数」と「一夫婦当たりの子ども数」の2つの要因に分解することできる。フランスやスウェーデンでは出生数に占める婚外子の割合が5割以上であるが、日本では2％程度と極めて小さいため、出生数はこの2つの要因でほぼ説明することできる。では、日本で出生数が減少したことの要因として、この2つの要因のうちどちらがより重要であったのだろうか。結婚数の減少だろうか。それとも一夫婦当たりの子ども数だろうか。

この問いに対して大まかな見当をつけるために、上の関係を一夫婦の子供数の期待値で表現し直すと、それは「結婚する確率」×「一夫婦当たりの子ども数」で示すことができよう。「結婚する確率」は年代別の婚姻率あるいは有配偶率で代理することができるだろう。「一夫婦当たりの子供数」は、国立社会保障・人口問題研究所『出生動向基本調査』の完結出生児数で代理することができるだろう。完結出生児数とは夫婦の最終的な平均出生子ども数のことで、同調査では結婚持続期間15－19年夫婦の平均的な出生子ども数としている。

婚姻率の低下が大きく影響

これらのデータを1980年と2010年で比較したのが図表5である。この図表を見ると、1980年から2010年にかけて、完結出生児数は2・23人から1・96人に12・1％減少しているのに対し、20－24歳から35－39歳までの女性の平均有配偶率は68・7％から44・3％へ35・3％も減少していることがわかる。つまり、出生率の減少には、婚姻率の低下が3倍程度大きく影響していると言える。もちろん、一夫婦の持つ子ども数も減少傾向にあり、子どものない夫婦、子ども数が1人の夫婦の割合は次第に増えているが、その影響よりも未婚化の影響の方が大きいと言えるのである(8)。

実際、例えば30－34歳の未婚率は、図表6に示してあるとおり、1970年より急上昇しており、2010年時点では男性の47・

図表5　有配偶率と完結出生児数の変化

	1980年	2010年	変化率
女性の有配偶率	68.7%	44.3%	−35.5%
完結出生児数	2.23人	1.96人	−12.1%

注：1）女性の有配偶率は20-24歳～35-39歳の平均値。
　2）完結出生児数とは結婚持続期間15-19年夫婦の平均出生子ども数。
　　1980年は1982年の値。
データ出所：総務省『国勢調査報告』、国立社会保障・人口問題研究所『出生動向基本調査』。

3％、女性の34・5％が未婚となっている。したがって、以上からは、婚姻率の上昇が出生率回復のために大きな意味を持つことが示唆される[9]。

では、婚姻率の低下・未婚率の上昇はなぜ起こったのだろうか。その要因を探るために、国立社会保障・人口問題研究所『出生動向基本調査』から「独身にとどまっている理由」に関するアンケート調査の回答を見てみよう（図表7）。この図表から以下の点が指摘できる。第1に、18－24歳の女性について、2015年の回答では、「結婚しない理由」として「仕事（学業）に打ち込みたい」の回答割合が45・9％と最も高く、しかも1992年からは17・9％ポイントも上昇している。ここから女性の仕事（学業）に対する意識の大きな変化がうかがわ

図表6　30-34歳の未婚率の推移（1960-2010年）

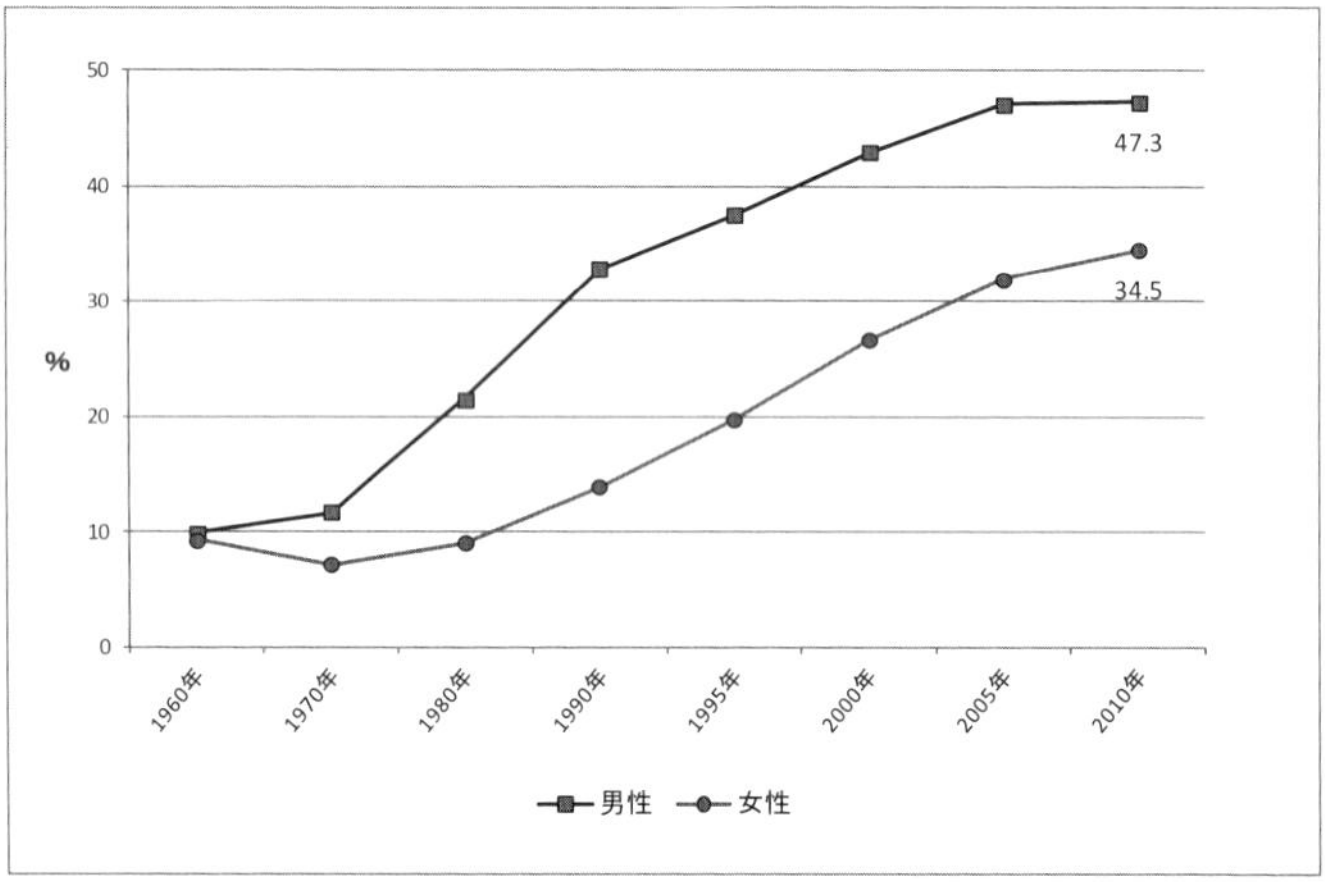

注：未婚率は年齢別人口に占める未婚者の割合。
データ出所：総務省『国勢調査報告』。

図表7　独身にとどまっている理由

1. 女性

（単位：%）

（1）18-24歳

		2015年	2010年	2015年-1992年
結婚しない理由	・まだ若すぎる	41.0	41.6	-3.0
	・まだ必要性を感じない	37.3	40.7	-6.7
	・仕事（学業）に打ち込みたい	45.9	39.4	17.9
	・趣味や娯楽を楽しみたい	21.4	18.1	0.4
	・自由さや気楽さを失いたくない	16.9	21.9	-12.1
結婚できない理由	・適当な相手にめぐり会わない	37.3	35.1	1.3
	・異性とうまくつきあえない	7.6	7.0	2.6
	・結婚資金が足りない	19.9	20.8	0.9
	・住居のめどがたたない	5.6	5.2	1.6
	・親や周囲が同意しない	9.3	10.4	-2.7

（2）25-34歳

		2015年	2010年	2015年-1992年
結婚しない理由	・まだ若すぎる	2.4	2.7	0.4
	・まだ必要性を感じない	23.9	30.4	-6.1
	・仕事（学業）に打ち込みたい	19.1	16.9	5.1
	・趣味や娯楽を楽しみたい	20.4	20.7	-1.6
	・自由さや気楽さを失いたくない	31.2	31.1	-5.8
結婚できない理由	・適当な相手にめぐり会わない	51.2	51.3	-3.8
	・異性とうまくつきあえない	15.8	11.6	7.8
	・結婚資金が足りない	17.8	16.5	4.8
	・住居のめどがたたない	5.1	4.5	2.1
	・親や周囲が同意しない	4.8	5.5	-2.2

2. 男性

（1）18-24歳

		2015年	2010年	2015年-1992年
結婚しない理由	・まだ若すぎる	49.6	47.3	-7.4
	・まだ必要性を感じない	33.0	38.5	-8.0
	・仕事（学業）に打ち込みたい	37.3	35.4	2.3
	・趣味や娯楽を楽しみたい	21.1	17.3	1.1
	・自由さや気楽さを失いたくない	16.1	17.0	-13.9
結婚できない理由	・適当な相手にめぐり会わない	30.4	31.0	1.4
	・異性とうまくつきあえない	12.8	11.9	6.8
	・結婚資金が足りない	24.4	23.8	4.4
	・住居のめどがたたない	6.0	6.1	1.0
	・親や周囲が同意しない	4.7	4.8	-2.3

（2）25-34歳

		2015年	2010年	2015年-1992年
結婚しない理由	・まだ若すぎる	3.8	6.5	-3.2
	・まだ必要性を感じない	29.5	31.2	-1.5
	・仕事（学業）に打ち込みたい	17.9	17.8	1.9
	・趣味や娯楽を楽しみたい	19.4	21.2	-0.6
	・自由さや気楽さを失いたくない	28.5	25.6	-1.5
結婚できない理由	・適当な相手にめぐり会わない	45.3	46.2	-8.7
	・異性とうまくつきあえない	14.3	13.5	3.3
	・結婚資金が足りない	29.1	30.3	3.1
	・住居のめどがたたない	7.2	7.6	1.2
	・親や周囲が同意しない	2.7	3.7	-1.3

注：1）数字は選択した割合（%）。
　2）最右欄の数字は2015年と1992年のポイントの差。
出所：国立社会保障・人口問題研究所『出生動向基本調査』。

れる。

第二に、「結婚できない理由」として男女の18－24歳および25－34歳に共通して解答割合が最も高かったのは、「適当な相手にめぐり会わない」である。やや意外な結果であるが、お見合いが極めて珍しくなった現代においては、出会いの機会が予想以上に少ないことがうかがわれる[10]。

第三に、「結婚できない理由」として「結婚資金が足りない」ことが、男女の18－24歳および25－34歳に共通して2番目に多い回答割合となっており、しかも1992年以降増加傾向にある。ここからは経済的要因がうかがわれ、景気の長期低迷や雇用の非正規化といった問題が関連している可能性が考えられる。

以上から、独身にとどまっている理由としては、女性の仕事（学業）に対する意識の変化、出会いの問題、経済的問題が重要な要因として浮上してくる。

女性の労働力率の上昇

M字カーブの底上げ

次に女性の労働力率の上昇について検討しよう。労働力率とは、人口に対する労働力人口（働く意思のある人口）の割合のことであり、最近では労働参加率とも呼ばれる。年齢別に見た日本の女性の労働力率の特徴は、M字カーブと呼ばれるその形状からわかるとおり、20代後

図表8　女性の年齢階級別労働力率（1980-2015年）

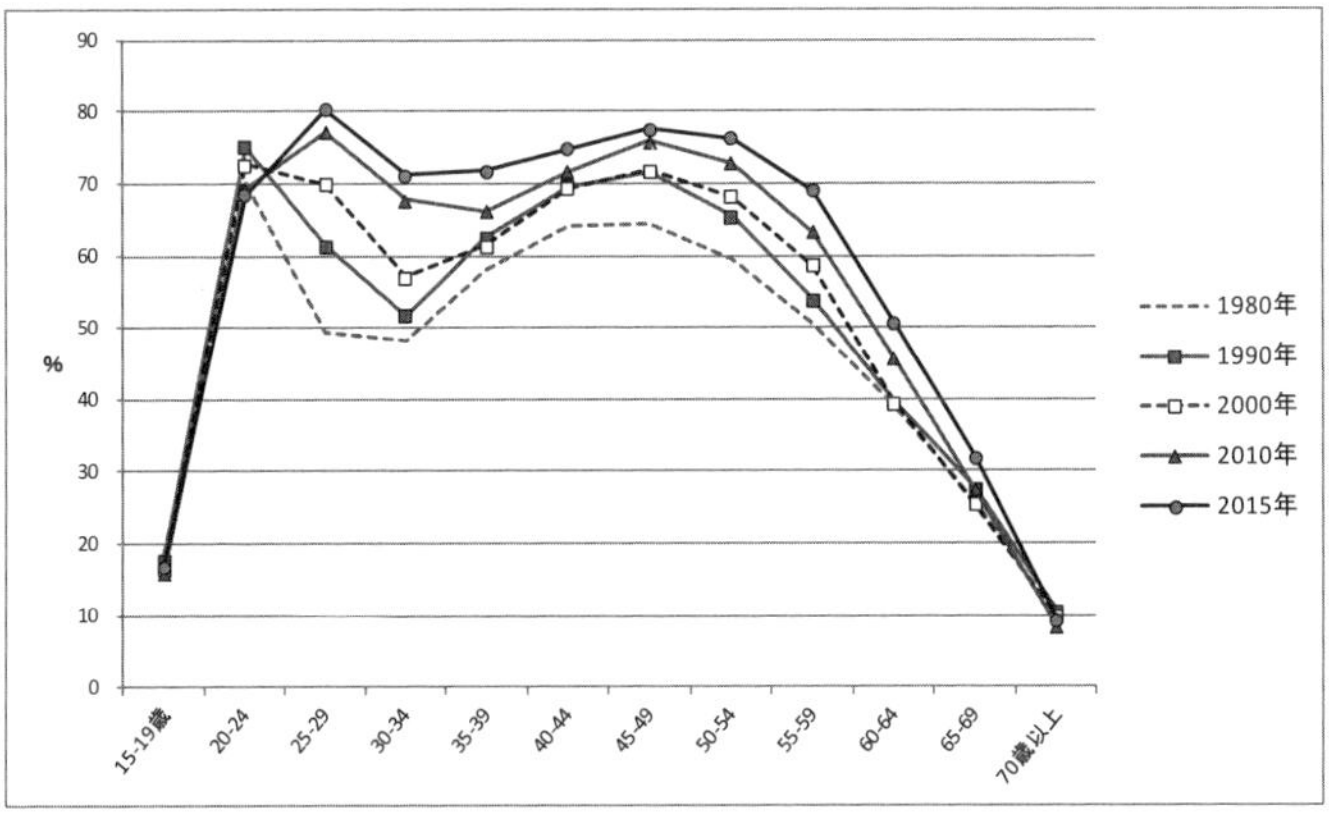

注：労働力率＝労働力人口／人口。
データ出所：総務省『労働力調査』。

図表9　25-29歳、30-34歳の女性の労働力率の推移（1968-2015年）

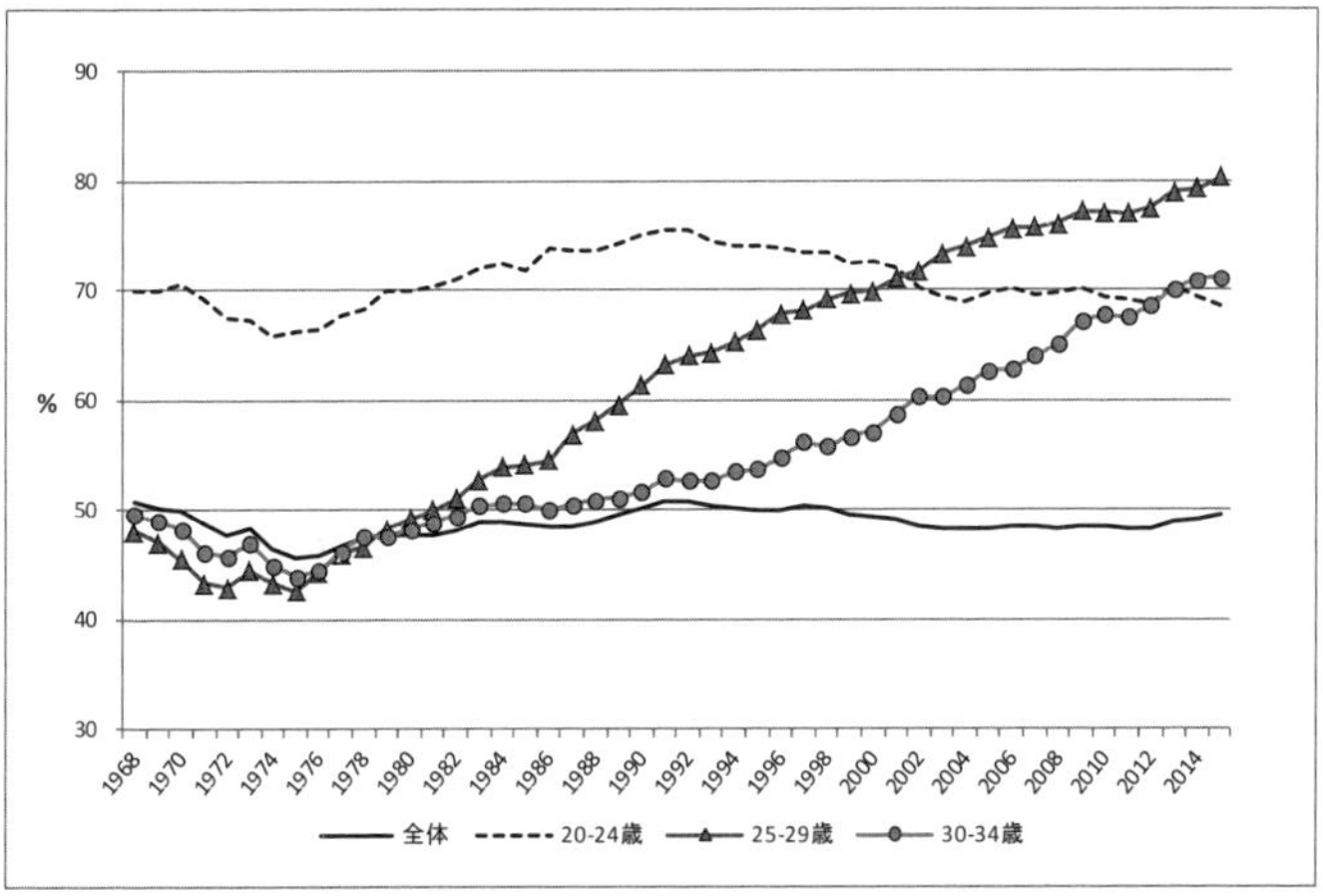

データ出所：総務省『労働力調査』。

半から30代にかけて一時的に低下する点にある（図表8）。この形状は、学校を卒業して一旦は就職した女性が、結婚や出産を機に労働市場から退出し、子育てが一段落した40代以降になって労働市場に復帰するという行動から生じている。ただ、図表からわかるように、１９８０年以降は20代後半および30代を中心に女性の労働力率が急速に上昇しており、M字カーブの底の部分が上がってきている。25－29歳および30－34歳の労働力率の時系列的な推移は図表９に示されているが、１９７０年代半ばから両者がほぼ一直線に上昇してきていることがわかる。25－29歳では、１９７５年の42・６％から２０１５年には80・３％と40年間で２倍近く上昇している。こうした変化は女性の結婚にどのような影響を与えたのだろうか。

図表10　女性の労働力率と有配偶率の関係
（25-29歳、30-34歳、1970-2010年）

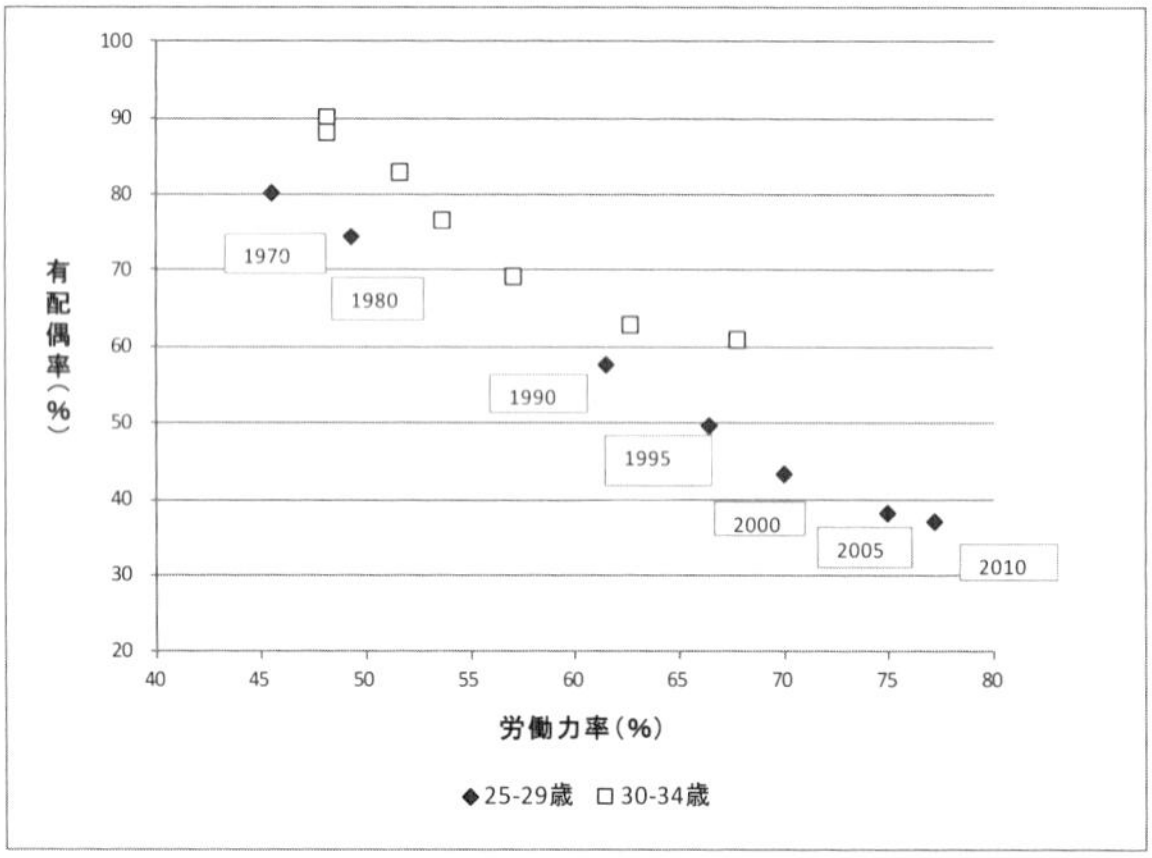

データ出所：総務省『労働力調査』、『国勢調査報告』。

就業と婚姻率低下の関係

図表10は、１９７０－２０１０年における女性の労働力率と有配偶率との関係を25－29歳および30－34歳について示したものである。これを見ると、25－29歳および30－34歳の両者において、労働力率の上昇とともに有配偶率が低下している関係が見て取れる。この関係については様々な解釈が可能であるが、１つの有力な解釈は、社会的な価値観や経済的な条件が変化していく中で女性が仕事に従来よりも積極的に関わるようになり、その結果として婚姻率が低下した、あるいは結婚が遅れたというものであろう。上の図表7のアンケート調査では、１９９２年から２０１５年にかけて最も回答割合が増加したのは18－24歳の女性における「仕事（学業）に打ち込みたい」であったが、この調査結果はこうした解釈と整合的である。また、この解釈は先行研究によっても支持されている。宇南山（２０１６）は、日本の女性にとって就業と結婚・出産とは長らく二者択一の関係にあったとし、その上で未婚化が進んだ要因として、女性のフルタイム労働の賃金上昇という結婚・出産の機会費用の増加に注目している。つまり、日本の女性の労働市場においては、フルタイム労働者が結婚・出産のために一旦労働市場から退出すると、フルタイムの賃金を失い、後に仕事に復帰したとしても元の条件での就業は困難で、パート等の低い賃金しか得られないという構造的な問題があるために、フルタイムの賃金の上昇が、結婚・出産の選択をためらわせる要因として作用してきたとしている。また津谷（２００９）は、１９７０年代半ばからの急激な未婚化には、高学歴化による結婚・出産の機

会費用の増加が関わっていると論じている。

確かに、女性のフルタイム労働者（一般労働者）とパートタイム労働者（短時間労働者）の賃金（45－49歳）の推移を見ると（図表11）、両者の差は1980年以降拡大しており、女性が結婚・出産によってフルタイムの職場を離れることの機会費用は増加してきたと言える。

ただ、図表10を子細に見ると、2005年から2010年にかけて労働力率の上昇に対する有配偶率の低下の程度が小さくなっているように見える。特に30－34歳においてそうである。このことは、仕事に従事することによる婚姻率の低下が下げ止まったことを示唆しているのかもしれない。

仕事と子育ての両立の困難さ

上では女性の労働力率の上昇とともに婚姻率が減少する関係を見たが、そもそも両者がトレー

図表11　フルタイム労働者、短時間労働者の1時間当たり所定内給与額（1980-2015年）

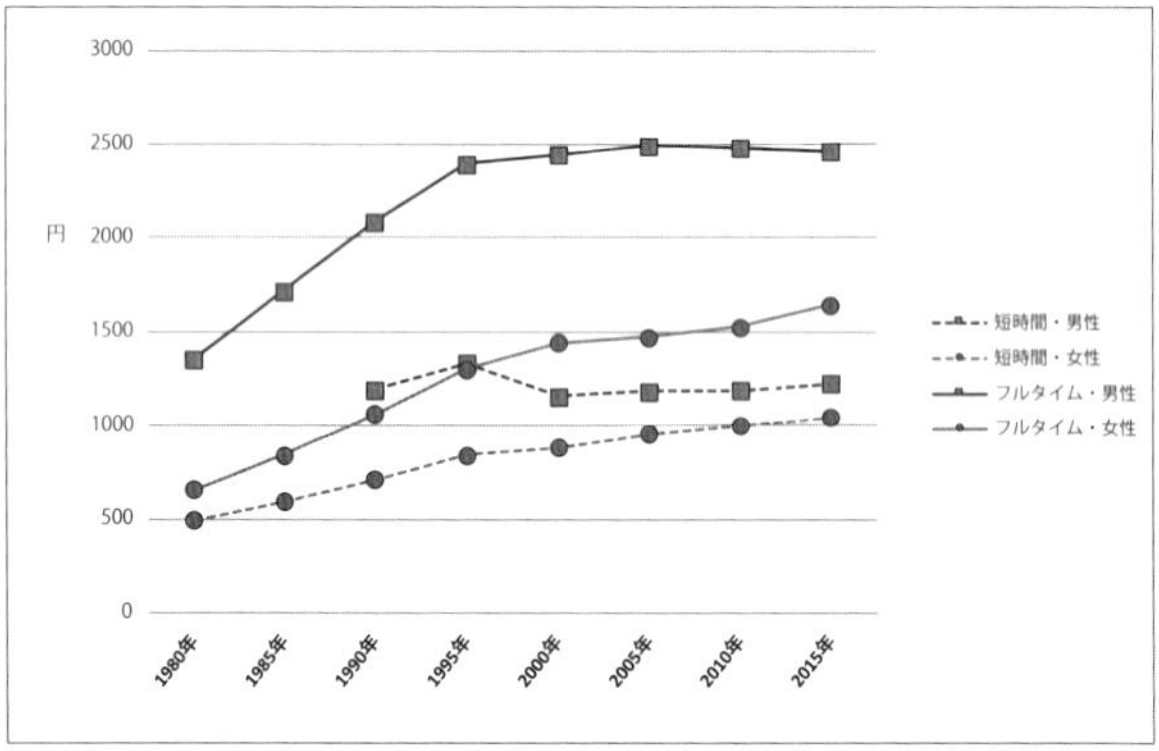

注：労働者の年齢階級は45-49歳。
データ出所：厚生労働省『賃金構造基本統計調査』。

ド・オフの関係にあるのは、女性にとって仕事と結婚・子育ての両立、特に仕事と子育ての両立が困難だからである。では、もし両立が可能ならば、子どもの数は増えるのだろうか。

大きくは減っていない理想の子ども数

図表12は、国立社会保障・人口問題研究所の『出生動向基本調査』から、結婚持続期間5～9年の夫婦における理想の子ども数と現状の子ども数を、1977年と2015年について示したものである。これを見ると、2015年における理想の子ども数は2・38人と、1977年の2・56人に比べれば減っているものの、2人を有意に上回っており、子どもを望む気持ちが弱まっているわけではないことがわかる。これは朗報である。これに対し現状の子ども数は、1977年で1・93人、2015年で1・59人と、理想の子ども数を大きく下回っており、しかも理想と現状の差は1977年から2015年にかけて拡大している。したがって、この理想の子どもも数を持てない状況の改善こそが、少子化問題で解決すべき最重要課題であると言ってよいだろう。

図表12　理想の子ども数と現状の子ども数

[調査対象：結婚持続期間5～9年の夫婦]　（単位：人）

	1977年	2015年	差（2015年-1977年）
①理想の子ども数	2.56	2.33	-0.23
②現状の子ども数	1.93	1.59	-0.34
差：②現状－①理想	-0.63	-0.74	

データ出所：国立社会保障・人口問題研究所『出生動向基本調査』。

制約となっている経済的要因、職場環境など

同調査では、理想の子ども数を持たない理由についてもアンケート調査を行っている（図表13）。2015年の調査では、「子育てや教育にお金がかかるから」の回答割合が56・3%と最も高く、経済的要因が制約となっていることがわかる。

また、内閣府が行った『家族と地域における子育てに関する意識調査』（2013年）では、「今後、子どもを持つ場合の条件」という問いに対し、20－49歳の有配偶の女性の回答として、「働きながら子育てができる職場環境であること」（62・0%）、「教育にあまりお金がかからないこと」（49・8%）、「配偶者の家事・育児への協力が得られること」（48・9%）、「地域の保育サービスが整うこと」（48・5%）などの回答割合が高くなっており、職場環境、経済的要因、配偶者の協力、保育サービスが重要な条件となっていることがわかる。一方、男性では、「雇用が安定すること」の回答割合が高くなっており、非正規化などによって雇用が不安定になっていることの問題が

図表13　理想の子ども数を持たない理由（上位6位、複数回答）

（単位：%）

①	子育てや教育にお金がかかりすぎるから	56.3
②	高年齢で生むのはいやだから	39.8
③	欲しいけれどもできないから	23.5
④	これ以上、育児の心理的、肉体的負担に耐えられないから	17.6
⑤	健康上の理由から	16.4
⑥	自分の仕事に差し支えるから	15.2

注：回答は全年齢。

データ出所：国立社会保障・人口問題研究所『出生動向基本調査』（2015年）。

うかがわれる。

したがって、理想の子ども数を実現するためには、制約となっているこれらの問題を解決することが必要である。

望まれる対策

以上の考察から、以下の対策の必要性が導かれる。

第１は、結婚・子育てと仕事の両立可能性を改善すること、換言すれば両者間のトレード・オフの関係を緩和することである。この対策は、図表10における労働力率と有配偶率の関係を示す曲線を右にシフトさせると考えられる。具体的な対策としては、育児休暇制度などの拡充、保育所の整備、フレックスタイムや在宅勤務制度の導入などを含むワーク・ライフ・バランス施策の一層の充実が望まれる。併せて、長時間労働になりがちな日本的雇用慣行の見直しも重要であり、これは女性のみならず全ての労働者に関わる問題である。ワーク・ライフ・バランス施策は、以前は企業にとってコスト負担になるとの意識が強かったが、最近は人手不足の状況下で優秀な人材を確保

図表14　今後、子どもを持つ場合の条件（上位6位、複数回答）

（単位：％）

	男性	女性
①　働きながら子育てができる職場環境であること	49.2	62.0
②　教育にお金があまりかからないこと	54.6	49.8
③　健康上の問題がないこと	44.8	49.4
④　地域の保育サービスが整うこと（保育所や一時預かりなど）	43.2	48.5
⑤　雇用が安定すること	46.4	38.4
⑥　配偶者の家事・育児への協力が得られること	26.8	48.9

注：1）調査対象は、前の質問で「結婚している」と回答した20-49歳の男女有配偶者。
　2）回答者数は男性183人、女性237人。
データ出所：内閣府『家族と地域における子育てに関する意識調査報告書』2014年3月。

するという観点から積極的に導入する企業が増えている[11]。また、女性正社員の雇用増加が企業の利益率に貢献しているという研究成果も出ている[12]。

第2は、結婚・子育ての機会費用を下げることである。上で考察したとおり、女性の未婚化が進んでいる背景には、一旦フルタイムの職場を離れると元の条件で復帰することが難しく、フルタイムの賃金を失ってしまうという問題があった。したがって、元の条件での復帰が容易になれば、女性が結婚・子育てを選択することのハードルは下がると考えられる。この場合、かつてのM字カーブが復活するかもしれないが、それは条件が改善されたM字カーブとなるだろう。また、パートタイム労働者の賃金を上げることも、結婚・子育ての機会費用を下げることにつながると考えられる。仮にパートの時給単価がフルタイムのそれと等しくなれば、フルタイムに就かなくてもある程度の所得増加が見込めるため、フルタイムの選択によって結婚・子育てを諦めるという事態は回避されるかもしれない[13]。そして、所得増加が十分に大きければ、経済的な理由によって子どもを持つことが制約されていた家庭において出生数が増加することも期待できよう。

第3は、家庭に対する財政的、経済的支援によって、子どもにかかる費用負担を軽減することである。上のアンケート調査では教育費の負担が大きいことが指摘されていたが、経済的な支援が少子化対策として有効であることは、フランスなどの海外の事例が示すところである[14]。

第4に、経済的な面では、特に男性において、非正規雇用のような不安定な働き方の改善も重要であろう。

第5は、男女の出会いのチャンスに関する対策である。上で見たアンケート調査では、意外なことに、「適当な相手にめぐり会わない」ことが結婚できない最大の理由となっていた。少子化対策として未婚化対策が重要であるにもかかわらず、この点はこれまであまり注目されておらず、今後の対策が望まれる。

これらの対策は、効果を発揮するまでに長期を要するため、長期の政策であるという認識が必要であろう。

6　おわりに

本章の要点は以下のようにまとめられよう。

1　人口減少は日本経済全体の経済成長率を低下させる。この点で、少子化対策は究極の成長戦略と言える。しかし、経済的豊かさの指標とされる国民1人当たりGDPの成長率はそれほど大きな影響を受けない。

2　人口減少・少子高齢化は、貯蓄の減少、社会保障費の増大等を通じて、経済構造に影響を与える。

3　少子化の背景には、女性の未婚率の上昇、女性の労働力率の上昇、女性の仕事と子育ての両立の困難さ、などの問題がある。したがって、結婚・子育てと仕事の両立を容易にするワーク・ライフ・バランス施策、子育て後の職場復帰を容易にするなどの結婚・子育ての機会費用低減策、教育費負担などを軽減する経済的支援、などの一層の推進が望まれる。これらの対策については効果を発揮するまでに長期を要するという認識が必要であろう。

最後に、政策を行う際の留意点について触れておきたい。第1に、冒頭でも述べたとおり、子どもを持つか持たないか、結婚するかしないかはすぐれて個人の自由な選択に関わる事柄であり、基本的に政府が介入すべき問題ではない。ただし、希望する子どもの数の実現が経済的な理由などによって阻まれている場合に限っては、その障害を取り除き環境を整備するための政策は正当化することができるだろう。第二に、この点は議論の余地が大いにある点であるが、外部性をどう考えるかである。一般に外部性がある場合には政府の介入は正当化できる。典型的には、負の外部性としては公害問題、正の外部性としては教育などが挙げられる。少子化社会においては子どもの増加は正の外部性を持つと考えられ、今後それに依拠した議論が活発化する可能性もありうるが、その際は第1の点も踏まえて慎重な議論が望まれる。

参考文献

岩田一政・日本経済研究センター編（2014）『人口回復』日本経済新聞出版社

宇南山卓（2016）「第二章　子育てと仕事の非両立が少子化を進めたのか？」阿部正浩編『少子化は止められるか？』有斐閣
川口章（2013）『日本のジェンダーを考える』有斐閣
櫻井宏二郎（2011）「第1章　マクロ経済構造の変化と展望」、櫻井・宮本・西岡・田中著『日本経済　未踏域へ――「失われた20年」を超えて――』創成社
津谷典子（2009）「第1章　なぜわが国の人口は減少するのか――女性・少子化・未婚化」津谷典子・樋口美雄編『人口減少と日本経済』日本経済新聞出版社
増田寛也編著（2014）『地方消滅』中央公論新社
山本勲（2014）「上場企業における女性活用状況と企業業績との関係――企業パネルデータを用いた検証」RIETI Discussion Paper Series 14-J-016、（独）経済産業研究所
吉川洋（2016）『人口と日本経済』中央公論新社

註

（1）もちろん、デフレ期待こそが長期停滞の原因であるという認識に立てば、異次元の金融緩和によってデフレ期待が払拭されれば、企業活動や個人消費が活発化し、潜在成長率が高まることになる。しかし、その場合には第二、第三の矢は不要となる。

（2）景気回復を持続させるという観点からは消費増税は回復途上にあった景気の腰を折ったと批判されるが、財政再建の観点からは、財政のサステナビリティに貢献することによって将来不安の軽減に寄与したと評価できよう。

（3）２０００－10年における労働の寄与の推計値が内閣府の推計値と異なっているのは、内閣府の推計では労働投入として労働力人口と労働時間が用いられていることなどによると見られる。なお、ここでは高学歴化に伴う労働の質の向上が考慮されていないことにも留意を要する。

（4）ここでは資本や技術進歩が人口の影響を受けないと想定しているが、現実には影響を受けることが予想される。ただし、どのように影響を受けるかは様々なケースが考えられる。例えば、人手不足や賃金の上昇はロボットの開発や生産を加速させるかもしれない。他方、需要の低迷は技術進歩を遅らせるかもしれない。

（5）これは、１人当たりＧＤＰを労働生産性と労働力率に分解できることからも理解できよう。

（6）地方の問題については増田編著（２０１４）を参照のこと。

（7）これは期間に着目した定義で、期間合計特殊出生率と呼ばれているが、年々晩婚化が進んでいる場合には実態を過小評価することなどに注意を要する。これに対し実際の１人の女性の出生率を示す指標は、コーホート合計特殊出生率と呼ばれる。

（8）津谷（２００９）は、合計特殊出生率の変化を15－49歳の女性の有配偶率の変化と有配偶出生率の変化の２つに分解し、１９５０－60年の出生率の低下はほとんど後者の影響により、１９７５－２００５年の出生率の低下はほとんど前者の影響すなわち未婚化によると論じている。

（9）ただし、結婚が子どもを持つことを考慮して内生的に決定されている可能性があることにも留意が必要である。つまり、子どもを持ちたくないために結婚をしないという人に対しては、結婚を促しても出生数の増加にはつながらないだろう。

（10）同調査によると、第15回調査（２０１０－14年）では、結婚に占める「お見合い結婚」（出会いのきっかけとして「見合い」および「結婚相談所」と答えたもの）の比率は５・５％であり、「恋愛結婚」（「学校で」、「職場や仕事の関係で」など）の比率は87・7％となっている。1960年代前半の調査では、前者が49・8％、後者が41・1％であり、1960年代末に両者の比率が逆転し、今日に至っている。

(11) 2016年11月28日付の日本経済新聞は、味の素（株）が2017年度から本体の全社員を対象に在宅勤務制度を導入することなどを報じている。

(12) 山本（2014）は2000年代後半の上場企業のパネルデータを用いて、正社員女性比率が高い企業ほど利益率が高まる傾向があることを検証している。

(13) ここでは詳しく述べないが、フルタイムとパートタイムの賃金が等しくなるためには、両者の限界生産力がある程度等しいことが前提となる。そうでなければ企業収益の観点から実現は困難であろう。

(14) フランスの事例などについては、岩田・日本経済研究センター編（2014）を参照のこと。

第6章　日本の企業・産業はどうなる

——東芝、シャープ危機後の課題と展望

西岡　幸一

1　激変する業界地図

２０１６年11月にトランプ氏が米大統領に選出されて以来、日本の株式市場では米国同様、時ならぬトランプ相場に盛り上がり日経平均株価は2万円を指呼にのぞむ急上昇を見せた。外国為替市場でも年末にかけて1ドル１２０円近くまでの急激な円安が進み、16年度下期は1ドル＝１００円程度と見込んでいた産業界は自動車やエレクトロニクスなど輸出企業を中心にトランプ氏からの望外のボーナスを享受した。

17年1月に正式に大統領に就任後に、どのような経済政策を打ち出し、それが具体的に実現するのかどうか不分明である。グローバル化に逆行するような米国第一主義を掲げ、不法移民防止のためのメキシコ国境での〝壁〟建設など、過激な公約を連発したトランプが財政支出の

拡大、規制緩和、ＴＰＰ（環太平洋経済協力協定）離脱、法人減税などを期待通り実施するのか、まさに期待が先行して取りざたされているものの、米議会の実勢や世論の動向で軌道修正も十分考えられる。

正式に大統領に就任する前に、すでにトランプ氏の強い要請にこたえる形で、メキシコで生産する自動車メーカーが米国での設備投資＝雇用増を約束するなど影響が出ているが、「トランプ特需」が米経済の切り札になるのか、いつ雲散霧消するかわからないジョーカーで終わるのか、世界経済の動向は見通しにくい。日本企業にとっては、トランプ政権の政策を注視しつつ、バブル経済崩壊以降の終わりなき経営改革、ガバナンス体制の強化など、企業体質充実の道を歩まなくてはならない。英国のＥＵ離脱、世界的なポピュリズムの台頭など国際的な政治経済環境の変化や人口減少・高齢化という国内問題、さらにＩｏＴ、ＡＩ（人工知能）、ＡＤＡＳ（先進運転支援システム）、ＡＲ（拡張現実）など急スピードの技術革新に直面して、これまでの改革のレベルを一段と向上させ、戦略の発想を抜本的に改める必要性も高まっている。

とりわけ日本の産業界の早急な経営革新の背中を押しているのは２０１５－16年にかけての東芝の不正経理問題とその後の経営不安、経営不振に陥ったシャープの鴻海精密工業（ホンハイ）への傘下入り、度重なる不祥事で経営の根幹が問われた三菱自動車が日産自動車の子会社になること、などが象徴する産業地図の激変だ。言うまでもなく産業界に無風地帯はない。大地に根を生やして動けるはずのない巨木でも、動かなければ枯れる。動く意思がなければ腐る。そんな時代に突入したのではないか。企業経営者はそんな心理に突き動かされている。

石油業界ではトップのJXホールディングスが東燃ゼネラルと合併して市場の過半を抑えるガリバー企業になり、追う出光石油は昭和シェルとの統合で追撃しようとするが、出光創業家の異議申し立てで統合は難航している。統合実現までにはまだ紆余曲折がありそうだ。しかし、石油需要縮小の圧力は避けがたく、両社の提携関係は強まるしかない。同業界はコスモ石油を加えて概ね3グループに集約される。

海運でも日本郵船、商船三井、川崎汽船の主力3社のコンテナ船部門が一本化され、「日の丸コンテナ海運」の誕生となった。ただ、3社統合でも世界のコンテナ海運業界では6位程度に過ぎず、国際海運での地位低下を如実に示している。

日産が、経営立て直しに苦吟していた三菱自動車を傘下に入れたのとほぼ同時に、軽自動車分野で独自の地位を保持してきたスズキが、環境や安全技術分野でトヨタと提携し、実質的にトヨタグループ入りした。これで自動車業界も3グループになった。1999年に日産が仏ルノーの支配下にはいったのを機に、日産立て直しに腕を振るったC．ゴーン氏が今度は三菱自動車会長として同社経営にメスを入れる。

流通業界でも統合が進み、コンビニではファミリーマートがユニーグループと統合してセブン－イレブンに迫る。

安定業種の代表格と見られた電力、ガスでも販売の自由化が進み、両者の垣根はなくなるとともに、新規参入事業者は飛躍的に増大した。再生エネルギーというエネルギー源も存在感を高めている。地域ごとに独立王国を築いてきた両業界は今や石油業界や素材業界も加えて、境界なき激しい競争にさらされている。

成長機会を求めて、産業界上げてグローバル化を一層促進し、成長部門を確保して、そこに経営資源をシフトしなければ存続できないという強迫観念に追い立てられている。

その端的な表れが相次ぐM&Aである。巨大企業からベンチャーまで、老舗企業から新興企業まで、案件が新聞紙面に載らない日がない。多くの企業は3年程度の中期経営計画の中で、設備投資計画などと並んで、どの分野を標的に、どれくらいの資金をM&Aに投じるかを明らかにするようになった。現実には計画のどれくらいが実現するか不確定であるが、M&A計画の明示そのものが積極的な経営、攻める経営との印象を投資家などに与える。

ところで、何をもってM&A戦略の成功とするかの判断基準は、買収の目的や売上げ、利益、市場シェアなどのどの経営指標を重視するか、どれくらいの期間で見るかなどによるが、実行企業の当初計画通りかどうかを基準とすれば成功率はたかだか20－30%といわれる。かなりリスクの大きい経営判断だ。

試みに、約10年前（２００６年）に産業界が注目した四つの大型M&A案件をチェックしよう。買収主体とその対象企業は東芝・WH（ウエスチングハウス）、日本板硝子・英ピルキントン、花王・カネボウ、王子製紙・北越製紙だ。いずれも業界の代表的企業が食指を伸ばしたものであり、10年も経過すればほぼ評価は固まる。

BWR（沸騰水型原子炉）の東芝によるライバルPWR（加圧水型原子炉）の盟主である米WHの買収は、両タイプの原発を手掛ける唯一の企業の誕生となり、業界各社にとって全く予想外の東芝の奇襲攻撃だった。日本板硝子は、同社より遥かに売り上げ規模が大きい企業を飲み込み、トップの旭硝子に肉薄しようとした。国を超えた買収に不慣れな日本企業が海外企業をターゲットに、しかも小が大をのむM&Aで上手くコトが運ぶのか関心を集めた。洗剤メーカーのイメージが強い花王は、成長市場と見た化粧品市場で、資生堂などに対抗すべく業界屈指の有力ブランドを確保した。王子は日本的経営を標榜する有力企業として初めての本格的な敵対的M&Aを試み、三菱商事や日本製紙なども巻き込んだ業界あげての争奪戦となった。結果的に買収は不成功に終わった。このように、それぞれ話題になり、M&Aが経営戦略の主力カードとして常備される時代の到来を告げた案件だが、リーマンショックなどもあり東芝、日本板硝子は本体の屋台をも揺るがす負の統合効果で苦境に陥り、はっきり言って戦略は誤算の連続。花王もカネボウ製品の予期せぬ白斑問題で手痛い打撃を受けた。

それでも100兆円を超えて企業の手元に積みあがる資金、他社は失敗しても当社は違うという経営者の功名心、M&Aが実現した場合のバラ色の皮算用、とにかく成長戦略を提示しなければというあせり、などがM&Aに拍車をかけ、規模は大型化し、買収金額が数千億円クラスも珍しくなくなった。ソフトバンクはベンチャー色の強い英半導体設計会社ARMの買収に実に3兆3千億円を投じる。

東芝、シャープのケースは自動車と並ぶ日本の産業界の大黒柱であるエレクトロニクスの代表企業が相次いで、破たんも視界に入る経営危機に陥るという、大げさに言えば産業界にとって驚天動地の出来事だ。ともに創業100年余の歴史を誇るが、一方は石坂泰三や土光敏夫という産業史に名を残す「財界総理」を輩出し、学界やスポーツ界にも多くの人材を輩出している名門中の名門企業。西田厚聡、佐々木則夫、田中久雄という3代の経営トップが不正経理問題の引責辞任という事態を招いたのは尋常ではない。他方のシャープは電卓やソーラー電池はじめ特色ある商品開発戦略をテコに発展、世界に先駆け液晶事業を育成、「液晶のシャープ」の名をほしいままにした企業だ。急成長した新興企業の突然の破たんや構造不況業種の衰退死とは訳が違う。

両社それぞれに特有の経営事情があって不振に至ったので、安易に敗因を一般化するのは適切でないにせよ、「築城3年落城3日」というビジネス格言を絵にかいたような「築城100年落城1年」の転落は、産業界を震撼させる一種の「事件」であり、少なくとも日本のIT・エレクトロニクスの長期低迷傾向をダメ押ししたように見える。

問題はこの衰退傾向はひとりIT・エレクトロニクス業界にとどまらず、産業界全体の地盤沈下を示唆する先行指標なのか、という点である。平たく言うと、日本産業界の衰退が象徴的に突出して東芝・シャープ問題になったのか、いったい東芝・シャープ後の産業界はどうなるのか、日本産業の競争力は大丈夫なのかである。「トップの無理が通れば」道理が引っ込む体質が露呈した東芝で問われたコーポレートガバナンスを改革すれば、あるいはシャープで問われた特定部門への過大投資や特定事業依存の一本足経営を是正すれば、産業界の基本的な競争力や成長性に問題はないと言えるのか。実はここに重大な問題を抱えているのが日本の産業界であり、日本企業だ。

2016年末時点で東芝は虎の子の子会社、東芝メディカルを6655億円でキヤノンに売却、1万数千人の人員削減など大胆な事業再編を断行、主力事業のフラッシュメモリーの市況回復などもあって、再起のきっかけをつかんだかに見えた。ところがあろうことか、15年度に2600億円もの減損処理をしたばかりの原子力部門の米子会社で、再び、暫定推計ではあるが7125億円という巨額の減損処理を迫られ、16年度末には債務超過への転落がほぼ確実になってきている。半導体メモリー事業の分社化による資金調達など抜本的な資本増強策をとる必要があるが、どこまでぬかるみが続くのか、予断を許さない。シャープも経営陣を総入れ替えし、親会社となった鴻海から戴正呉氏を社長に迎えて再出発を切った。99年に日産自動車に乗り込んだゴーン氏の日産立て直しに匹敵する日本企業の大型経営改革実験だが、どういう展開になるのか、台湾企業の経営の普遍性を問う意味でも興味深い。

両社が追い込まれたような事態を未然に回避するために産業界はどんな戦略を採っているのか。その対応は十分と言えるのか。産業界全体の地盤沈下がはしなくも両社のつまずきに突出したのではないのか。

なんでもネットにつながり大量のデータの分析から必要な情報を抽出して事業展開や経営判断に資するＩｏＴが当たり前の経営環境になり始めている。産業界が直面する与件、構造変化から逃げないで、ＡＩ（人工知能）、ＡＲ（拡張現実）、ＡＤＡＳ（先進運転支援システム）、３Ｄプリンターなど押し寄せる新技術を取り込んで成長を図る構えがあるのかが問われる。

2　産業界のスナップショット

「なれやしる都は野辺の夕ひばり上がるを見ても落つる涙は」。15世紀の応仁の乱で荒れ果てた京の都を見て慨嘆した「応仁記」所載のこの和歌は、そっくり日本のエレクトロニクス産業の凋落をも示しているといってよい。かつての繁栄、といってもほんの20年ほど前のことだが、はどこに行ったのか。先人のこんな声が聞こえてきそうだ。

あるいはバブル経済崩壊以降のエレクトロニクス産業も含めた産業界の変貌ぶりは、8世紀の「古今和歌集」に収められている読み人知らずのこんな歌、「世の中は何か常なる飛鳥川昨日の淵ぞ今日の瀬となる」があてはまろう。

具体的な産業界の大変貌を映すスナップショットを撮る方法のひとつは株式市場を見ることだ。16年末でも日経平均株価が1万9千円台で、バブル期のピークにつけた約4万円の半分にしかならないが、東京証券取引所に上場する代表的な企業を集めた日経225（日経平均構成銘柄）を見るとその中でどの産業セクターがけん引しているか、企業ごとの浮沈状態はどうかが分かる。大局的につかむと製造業が後退し、産業界のサービス化、IT化が進行しているのだが、自動車産業とエレクトロニクス産業の二本柱で支えていた構造が自動車一極で支える構造に変化した。

具体的に両者の変化を追ってみよう。15年度のトヨタ自動車の売上高は約28兆円で日立製作所、東芝、三菱電機にソニーの売上高を加えた額にほぼ匹敵する。ITブーム期の2000年度には日立プラス東芝がトヨタを上回っていたが、2000年代になって一挙に格差が広がった。驚くべきは時価総額である。16年末では総合電機3社にソニー、パナソニック、NEC、富士通を加えてもトヨタ1社の時価総額22兆4400億円に達しない。キヤノンの助太刀が必要だ。

分かりやすく言えば、もしトヨタを買収しようとするとエレクトロニクス主要7社をひとまとめで買収するよりもカネがかかるということである。それくらい企業価値に差がついた。2000年代のデジタル化、ネット化の波に乗れなかったエレクトロニクスの凋落と自動車の顕著な成長が如実に表れている。東芝やシャープの苦境だけではなく、半導体、液晶パネル、太陽電池はじめ日本勢が覇権を握っていた製品で次々と主導権を奪われている事実がこれを物語る。自動車部品最大手のデンソーの時価総額が日立やパナソニックを凌ぎ、ソニーに匹敵するのも一つの証左だ。

ちなみに日経平均株価を算出する225社の銘柄、日経225で時価総額が1000億円を下回る銘柄は16年末時点で9社。このうち3社がエレクトロニクスであり、衰退産業のレッテルを張られている非鉄金属の3社と並ぶ。

ただし、エレクトロニクスもさらに詳しく見ると進行する構造変化が浮かび上がる。典型的には総合電機3社と京セラ、村田製作所、日本電産の京都3社との対比だ。売上高では京都3社の合計は総合3社の5分の1でしかない。しかし、総合3社の時価総額は8兆円を割り込むが、京都3社は8・7兆円である。古豪の日立、東芝、三菱という総合3社でエレクトロニクス業界を代表するのはもはや過去の話になった。切り札の事業を抱える競争力でアップルやサムスン電子はじめ世界の需要家に食い込む電子部品メーカーがエレクトロニクス産業の別の顔になった。

株式市場の評価は時々刻々変化する。ゆるぎない実力の評価というより瞬間風速で見た人気度という側面も否定できない。したがって時価のこのランク付けや優劣を固定的にとらえては評価を誤るが、市場が認める価値の獲得競争、つまり誰が顧客を満足させ市場を切り開いているか、誰が業界の波頭にいるかは分かる。

3　技術力はゆるぎないか

ノーベル賞受賞ラッシュ

16年も大隅良典東工大栄誉教授がノーベル医学生理学賞を受賞、これで2000年代に入って自然科学系の受賞者は計17人になり米国に次ぐ受賞大国になった。受賞者数の数では英国が18人でわずかに上回っているが、米国との二重国籍者が多く、実質的に日本が2位といってもよいだろう。いずれにせよ平均すると、毎年1人が選ばれている計算になる。これをもって日本の科学技術の水準は世界最高峰にあり、マクロ的に見た経済の停滞はあるものの、科学技術力や技術開発のポテンシャルに心配はいらない、という見方がある。

16年7－9月期のGDP2次速報からGDPに計上されることになったR&D（研究開発）支出でも15年度はGDPの約3・6%、19・2兆円に達しており、有数のR&D大国であるのは確かだ。

しかし、ノーベル賞受賞数で安堵していてはこの先を見誤る。ノーベル賞はおおむね20－30

年前の研究業績に対して授与されることが多い。産業に直結した研究として評価が高い14年度受賞の赤崎勇、天野浩、中村修二氏らの青色ＬＥＤでも、研究成果は80年代後半から90年代初めのものだ。それを２０１０年代前半に評価されているわけで、過去にそういう優れた研究成果を出したという事実はあるが、今後の新商品・サービスなどに反映される現在の研究成果や研究力を称賛したものではない。むろん受賞を過小に評価する必要は毛頭なく、日本の技術力、研究力が高い水準にあるのは間違いないが、現在もトップを疾走しているかというと首肯しにくい。バブル経済崩壊後の産業界の沈滞を踏まえて、少し冷ややかに眺めると、受賞ラッシュはすでに頭上を通り過ぎた夕日が美しいとたたえているにすぎない。重要なのはこれから日本経済、産業界に暖かさと明るさをもたらす朝日が昇ってくるのか、ということである。この点でトップと2番手、3番手にあるのとでは大きな違いがある。

先端R&Dの弱体化

そのためには先ず基礎研究が大切であり、大学などへの研究資金の配分が死命を制する。この点では大隅教授も受賞後のスピーチなどで懸念するようにこのところ国から大学などへ供与する資金が先細り、資金面の制約が強まっている。博士号を取得した若手研究者のポスト不足、在任期間の短期化など研究環境の悪化が指摘され、研究パワーの海外流出が懸念されている。

Ｒ＆Ｄ資金の３分の2を供給する企業でも、エレクトロニクス企業をはじめ財務的な体力衰退や事業撤退などにより基礎研究の縮小や外部委託が目立つ。企業と国・大学などとの研究分担が進み、企業が基礎から応用までのバラマキ型の研究から応用分野にフォーカスするのは、一概に問題ありとするわけではないが、国も資金を絞り込んでいるので長期的に禍根を残すかもしれない。

企業の競争力と直接リンクする特許の取得数を、最も重要な米国市場で見ると（米特許庁への登録）図表1にあるように、2016年の最大取得企業はIBMで8088件（前年比733件増）。同社は実に24年連続のトップだ。第2位はサムスン電子の5518件（同446件増）、キヤノンが第3位の3665件（同469件減）。日本企業はベストテンにソニーが2181件で第10位に入った。しかしソニーも前年比274件減

図表1　米特許取得数ランキング

順位	2016年	件	2011年	件
1	IBM	8088	IBM	6180
2	サムスン電子	5518	サムスン電子	4894
3	キヤノン	3665	キヤノン	2821
4	クアルコム	2897	パナソニック	2559
5	グーグル	2835	東芝	2483
6	インテル	2784	マイクロソフト	2311
7	LG電子	2428	ソニー	2286
8	マイクロソフト	2398	セイコーエプソン	1533
9	TSMC	2283	ホンハイ	1514
10	ソニー	2181	日立	1465

出所）　IFIクレイムズ・パテント・サービシズ

で、ベスト50（米国、日本企業ともに17社ずつ）に顔を連ねている有力企業のほとんどが取得件数を増加させている中で日本勢は軒並み減少だ。

ちなみに5年前の２０１１年の米特許庁への登録と比較すると、日本勢はキヤノンの第3位を筆頭にパナソニック、東芝、ソニー、セイコーエプソン、日立とベストテンのうち6社を占めた。５年前と比べた大幅な減少は、特許の維持経費などを考慮して特許戦略の効率化を図っていることもあるが、産業界全般のＲ＆Ｄの弱体化を反映しているのは否定しがたい。

もっとも既存企業がＲ＆Ｄ部門を縮小したりリストラすることのプラス面もある。大企業が抱え込んでいた研究者や技術者の流動化で、新興企業や異分野に新規参入をうかがっている企業に人材が流れ込む。シャープ、パナソニック、東芝などのリストラにより電子技術者が拡散し、そうした人材を渇望していた企業、例えばアイリスオーヤマやニトリなどが思わぬ恩恵を受けたのは確かだし、技術者自身も新しい活躍の場を獲得する。

10年20年先をにらんだ基礎研究でなくとも、３～5年先の市場を念頭にした応用研究でも黄色信号がともっている。例えば毎年2月に開かれる半導体研究のオリンピックといわれるＩＳＳＣＣ（国際固体回路会議）である。２０１7年の会議での２０5件の発表論文数のうち、日本からは14本。約半分を占める米国はもちろん韓国25本、台湾15本なども下回り、シェアは7％程度だ。先に述べたノーベル賞受賞の青色ＬＥＤ研究が盛んだった90年前後は30％程度を占めるのが日本の指定席になっていた。ＩＥＤＭ（国際電子デバイス会議）、ＶＬＳＩシンポジウムなど主要な他の半導体関連の国際会議でも同様な退潮傾向だ。

競争力の一致指標ともいえる市場シェアではどうか。半導体の場合、1990年前後は世界市場の過半を握っていた。それが、調査会社のＩＣインサイツ調べでは15年には8％程度にとどまった。図表2にあるように、半導体企業のランキングを見ても、かつてはベストテンに6社も名を連ね東芝、日立、ＮＥＣの3社がベストスリーを独占した時期もあった。それが今やＭ＆Ａで体力をつけた米企業やファブレス企業、ファンドリー企業の躍進に押され、東芝がかろうじて9位につける凋落ぶりだ。日立、ＮＥＣ、三菱電機の非メモリー事業を統合したルネサスエレクトロニクスですらベストテン外で、産業革新機構などの支援を仰いで事業継続を図っている始末である。

これと関連して半導体製造装置分野でもシェア

図表2　世界半導体売上高ランキング

	2016年		2015年		2016年見込み	
ランク	企業	金額	企業	金額	企業	金額
1	インテル	32268	インテル	52144	インテル	56313
2	サムスン	19670	サムスン	42043	サムスン	43535
3	ＴＩ	13200	ＴＳＭＣ	26439	ＴＳＭＣ	29324
4	ＳＴ	9854	ＳＫ	16649	クアルコム	15436
5	東芝	9782	クアルコム	16008	ブロードコム	15332
6	ＴＳＭＣ	9748	ブロードコム	15183	ＳＫ	14234
7	ＳＫ	8009	マイクロン	14483	マイクロン	12842
8	ルネサス	7900	ＴＩ	12112	ＴＩ	12349
9	フリースケール	6049	ＮＸＰ	10563	東芝	10922
10	ＮＸＰ	5875	東芝	9429	ＮＸＰ	9498

金額は100万ドル

出所）ＩＣインサイツ

を著しく低下させてきている。最も先進の技術が要求される露光装置では、1機50億円といわれる超微細加工が可能なＡｒＦ液浸露光装置から日本勢は撤収、事実上オランダのＡＳＭＬの独壇場になっている。

ＡＩ、ＡＲ（拡張現実）・ＶＲ（仮想現実）など今後、急速に膨大な市場に発展すると産業界で関心が高まっている分野での研究も大学、企業ともに米国などと比べて出遅れは否めない。

圧倒的に手薄なベンチャー創出

ベンチャー企業とりわけ技術系ベンチャーの層が質量ともに薄いということも今後の競争力に不安を抱かせる要因だ。技術系ベンチャー企業はバイオ研究や新薬開発が典型であるように、ある意味で大企業のＲ＆Ｄ部門を補完する機能を持っている。大企業など拠って立つ事業分野を確立している既成企業は、収益に盛り込めない遠い先の研究や、現在の事業を脅かすような革新技術や研究には体質的に及び腰になる。逆にリスクマネーを調達してそうした研究を進めるのが技術系のベンチャーであるからだ。

国名	事業
米	オンデマンド配車サービス
中	スマホメーカー
中	オンデマンド
米	ｅコマース
米	ビッグデータ
中	フィンテック
中	ｅコマース
米	ＳＮＳ
米	ファシリティ
印	ｅコマース

米国の株式市場では未上場のベンチャー企業のうち、時価総額が10億ドル以上と算定されている企業を、めったに見当たらない存在という意味で恐竜時代の一角獣になぞらえユニコーンと呼んでいる。図表3に時価総額で見たユニコーンのベストテンを示したが、最大のユニコーンとされる、ネットを活用した配車・シェアリングサービスのウーバーは８８０億ドルもの巨額の価値を持つと算定されている。

ユニコーンは新しい産業や技術分野で成功した、あるいは成功のメドをつけた企業とみてよい。換言すれば産業界の波頭での競争力を体現している存在であり、その多くはいずれ上場して巨大企業に成長していく可能性がある。このため、これが族生し徘徊している国はとりもなおさず、新しい産業や技術を背負う企業を多く抱えているということである。華やかなグラウンドでプレーしているメジャーリーガーだけでなくファームを見るとメジャー級の若手選手がごろごろし

図表3　ユニコーンのベストテン（2016年末）

		時価総額
1	ウーバー	680億ドル
2	シャオミ	460億ドル
3	ディディ	338億ドル
4	エアーｂ＆ｂ	300億ドル
5	パランティール	200億ドル
6	Ｌｕ．ｃｏｍ	185億ドル
7	チャイナ・インターネット・プラス	180億ドル
8	スナップチャット	180億ドル
9	ウイワーク	169億ドル
10	フリップカート	160億ドル

出所）　ＣＢインサイツ

ていうことだ。

このユニコーンの数では日本は絶望的に劣勢だ。CBinsights調べによると16年12月時点でユニコーンは１８３社。過半の１００社が米国企業で、次いで中国39社、英国８社、インド７社などと続いており、日本はナイジェリア、アルゼンチンなどと並んで1社しか顔を出していない。次のスター企業の候補が圧倒的に手薄で産業界の新陳代謝のエネルギーも弱いことを示す。

ちなみに日本唯一のユニコーンは２０１３年に設立された、スマホ向けフリーマーケットアプリのメルカリである。

ユニコーンの中にはシリコンバレーの医療システムベンチャーのセラノスのように90億ドルもの時価評価を獲得しながら事業モデルに疑惑を抱かれ、一挙に評価が崩壊したものもある。期待先行のバブル的評価が付きまとうのでユニコーンの実力判断には注意が必要だが、１社しかいないというのでは話にならない。

名古屋工業試験所の小玉秀男氏が世界に先駆けた３Ｄプリンターでもいまや主導権は圧倒的に米国、ドイツなど海外勢が握る。日本企業が伝統的に強さを誇ってきた金型製作や工作機械などの競争力に波及するのは間違いない。ロボットでも、メカニカルの要素からＩＴ、ＡＩなどのソフトウエア要素が強まるに伴い医療用やヒューマノイド型のロボット開発で主導権を譲っている。

要約すれば、ノーベル賞連続受賞の喜びに浸っていられるほど、今や技術開発面での優位はないということだ。半導体に始まり液晶パネル、プラズマパネル、太陽電池、有機EL、リチウムイオン電池などと続く日本勢が先鞭をつけ市場化した花形商品がドミノ式に競争力を失ってきているのが現状だ。医薬開発や自動車・ロボットなどのソフト開発では米国ベンチャーに水をあけられている。

新技術開発という側面ではなく、量産による市場制覇という点では中国の圧倒的な供給力強化に脅かされていると言って過言ではない。

4　産業界はどこに向かっているか

ここで現在の産業界、企業の動向の基本的な性格付けをしておこう。産業界の潮流や主導的な技術展開の動向についてはグローバル化を基底にしてサービス化、デジタル化、ネット化など様々に表現される。ドイツでは2011年に「インダストリー4・0」と命名して大きくとらえ、18世紀の産業革命、19世紀の電力の普及に伴う革新、20世紀のコンピューター革命に次ぐ第4の産業革命期という見方が前面に出てきた。米国でもインダストリアル・インターネットというネーミングでGEやIBMが音頭を取りながらインターネットを活用した生産性上昇や事業創造が高まってきた。すべてのものがインターネットにつながり、大量のデータを収集してその中から的確な判断や動作を導き出すＩｏＴが産業活動や社会生活のインフラになってきたのである。

軽量の材に進化する主役

しかしもっと直感的な認識として経済同友会の小林喜光代表幹事が唱えている見方がわかりやすい。つまり産業界や企業が発展し付加価値を上げていく方向は、簡単に言うと軽量化する方向であり、その究極は重さゼロを扱うビジネスつまりサービス化であり、ソフト化である、とする。例えば高度成長期は、ざっくり言うと重さがキロトン単位の製品すなわち船舶や鉄鋼など基礎素材が中軸であったが、その次には重さがその千分の一のトンクラスの自動車が台頭、さらに千分の一のキロ単位の電機エレクトロニクス、そのまた千分の一のグラムの食品、さらに千分の一のミリグラムの半導体、次のマイクログラムは医薬、さらにナノグラムとなると遺伝子という具合に、時代が進むごとにより軽量の材が主力産業に成長してきている。極限は重さゼロになりソフトウエアやサービスがこれに相当する。確かに素材をとってみても貨物船一杯、トラック一杯というバルクの世界からファインケミカル、ファインマテリアルというように微量で高価格、高付加価値という方向に流れている。医薬品では小野薬品の抗がん剤オプジーボや米ギリアド・サイエンシズのソバルディ、ハーボニーなど一錠数万円、ミリグラム単位の薬剤で何十万円という超高価格品もある。機械・加工品でも小型軽量化が絶えざる模索方向であり、テレビひとつをとってみてもブラウン管型から平面テレビ、液晶テレビ、有機ELテレビ、ペーパー型曲面テレビという具合だ。

重さがゼロのサービス化、ソフト化の重要性はたびたび指摘されてきた。モノづくりが日本の競争力の基盤にあるものの、そこでとどまっていると単なる資材・部品やセット品の提供者に甘んじる。それらを駆使するソフトや事業などを考案して初めて価値創出から価値獲得に進み、大きな付加価値を得る。極端に言うとモノづくりをいったん停止して、よそから購入し、それをベースにサービス主体のビジネスモデルを発想する仮想実験をも頭に入れなければならない。

競争力はリアルとネットの両空間で

ハードウエア中心の実物経済なら話はここまでだが、インターネットの普及でリアル空間と共にサイバー空間でも事業展開できるようになり、この活用が産業界や企業の死命を制するようになる。とすると、競争力はリアルの空間だけではなく、それを補う形でのサイバー空間（その逆もありうる）での競争力も重要であり、両者を併せたものを数字で表すと複素数表示のような形になる。

$$f = a + bi \qquad i\text{はインターネット}$$

ここで、fは競争力、aは実空間（アトム）、bはサイバー空間（ビット）の強さを表す。ネットを利用した受発注システムの導入を手始めとしてサイバー空間を設計、開発、生産、販売、商品管理など多面的に活用し、そのシステムの優劣が事業の成否を分ける。

典型的なものはコマツの商品（例ブルドーザー）補修管理点検システムのKOMTRAXや米GEの航空エンジン自動監視のPredix（サイバー・フィジカル・システム）などだ。コマツの場合、ブルの稼働状況、燃料残存量、要補修状況などがネットを通して遠隔地から自動的に入手できるため大幅に省力化でき、管理コストも低減できる。特定の新興国などで、時には一斉にブルが稼働停止情報を送ってくることもあり、そこから当該国の政情異変も察知できるという。ここでコマツのブルの競争力は ⓐつまりハードとしてのブルの高性能とⓑKOMTRAXというネット活用システムが補完しあって形成されている、と考えることができる。今後はますますサイバー世界での競争力が重要になるのは論を待たない。

5　新事業環境下の対応は十分か

現在の企業を取り巻く事業環境は大きく変化している。数年前には産業界は円高、法人税、エネルギー制約、環境規制、貿易協定、人件費など何重もの苦役に押しつぶされていると喧伝されたが、そのうちのいくつかの重荷は解放された。しかし新たな構造的な要因が出てくる一方、懸念されてきた制約要因が一段と強まった。前者は先に指摘したネットの活用の進化形であるIoTの遍在化であり、後者は人口の減少と高齢化の影響だ。

人口の減少はなだらかに進行しているが、16年の新生児が初めて100万人を割り込み98万人にとどまり、ベビーブーム世代の約40％にすぎない。一方、死亡者が130万人となり30万人強の純減。需要としてみれば高齢者市場などの拡大分野もあるが、全体的に国内市場は縮小傾向を歩み、消費財関連を軸に企業は海外市場シフトを強めている。中核産業の自動車をとると国内需要は500万台を割りこんでおり、16年に2800万台にも達した中国市場の約6分の1に過ぎない。生産拠点としてみても消費地に近いところに立地するので、国内への投資意欲は減殺される。また高齢化と併せて労働力不足の懸念が強まっている。人口減の下で、ゆとりのある家庭生活のため労働時間短縮の機運が高まっていることが拍車をかけている。宅配便や路線トラック便、内航海運をはじめとした物流企業や小売業などでは深刻な問題になり始めている。

IoTの活用など先進ネット時代への対応は二つの角度から議論できる。

ひとつは戦略的にどう位置づけるかという視点だ。IoTは生産工場や在庫管理、販売部門などでのコスト削減のための道具立てと見るか、もっと大きく新事業開発、創造のための仕組みと見るかである。卑近な例で比べると、日本企業が先導した生産性向上の集団活動、カイゼン（改善）のIT版と見るか、それとは完全に別の経営発想と見るかだ。日本企業は理解しやすいためにコスト削減の仕掛けと受け取りがちで、このためIoT向けの投資も原価低減、生産性向上という括りでとらえられる。

しかしIoTの本質は経営の発想を革新し、新事業がそこから生まれ、事業構造を変革するものである、という点にある。ベンチャー誕生の胎盤にもなり、ゆり籠にもなる。その意味では、ここで出遅れると著しく競争力を失い、新事業展開の芽を摘むかもしれない、という危機意識が弱い。

もう一つの視点は、IoTに立脚した事業をイメージした場合に、その事業に至るサプライチェーンのどこに軸足を置くかである。つまり最終的なIoT立脚事業にはIoTのシステムが必要であり、そのシステムはIT関連のモジュールと全体を統御するソフトウエアから構成され、さらにこれらモジュールはセンサー、半導体、電源、通信装置などの部品や電子デバイスなどから出来上がる。こう事業を分解したときに、どのフェイズに軸を置くのかということだ。仮にセンサーの有力メーカーとして強力な事業基盤を形成しているのなら、IoT需要の開花に伴うセンサー市場の専門メーカーで満足するか、一段下流のモジュールにまで踏み込むか、さらに下流のIoTシステムに挑むか、など事業展開の幅の取り方だ。別の表現をすればハードメーカーで行くか、ソフト、サービスまで進出するかである。ソフト、サービスまでウイングを伸ばした方が付加価値の獲得範囲は広がる。この点でも日本企業は現状の強みの事業に依存して、想を改めた新事業展開にしり込みしがちだ。

すり合わせ技術や系列・下請けのサプライチェーンを重視し、グループぐるみの改善活動に強みを見出している日本企業は、残念ながらIoTの持つ既存事業の破壊力や発展可能性について、一部の先進企業を除いて、危機認識が弱く、対応も遅れ気味と言わざるを得ない。

6　自動車への一極集中化

産業界の動きや相互依存を太陽系になぞらえると現在、太陽に位置するのは自動車だ。モノづくり大国を自負する日本で、先に述べたようにエレクトロニクス産業が失墜して自動車依存が強まった。日本の自動車業界は環境負荷に優れたエコカーを中心に着実に成長し、生産台数ベースで世界市場の約3分の1を占めるシェアを持つ。普通車1台で約3万点という部品が必要であり、川上から川下まで長いサプライチェーンを形成していることから関連業界は多彩だ。約3万点という膨大な部品の川上には鉄鋼や化学品、プラスチック、ガラスという素材があり、製造後の川下には輸送、自動車ディーラー、ガソリンスタンド、修理・点検、自動車保険などの企業が控える。主力製品がシェアを失い、ことごとく衰退方向にあるエレクトロニクスと異なり世界市場で日本企業の自動車生産、販売台数が伸びている以上、関連業界も潤う。

電子化とネット接続

しかも燃費改善や安全性強化、快適性向上などのため自動車の電子制御化が進み、半導体を筆頭に電子部品や制御ソフトの搭載が激増した。今やマイコンは1台当たり200～300個も使用されている。さらにこれまでのガソリン車やディーゼルエンジン車からハイブリッド車、プラグイン・ハイブリッド車、電気自動車へ、排気ガスなど環境汚染物をゼロにしていく新車開発の中で一段と電子化が不可避になり自動車とエレクトロニクスの融合化が進む。半導体、電池、モーターメーカーはじめ電子部品会社や材料会社が自動車用の装置や部品の需要つまり車載市場に大きくシフトするのは当然だ。

この傾向と平仄を合わせるように、自動車のネット接続技術が急速に進み、AIを搭載した自動運転や運転支援システムの実用化がそれこそ秒進分歩で近づいている。調査会社のガートナーの予測では2020年時点でネットに接続する自動車は稼働台数の約5分の1の2億5000万台になるという。ある意味で自動車が動く自宅となり自宅でできることはなんでも自動車の中でできる。視点を変えると、自動車が動くスマホと化し、スマホができることはなんでもこなした上に、目的地まで自動的に人間を運ぶ装置になる方向が見えてきた。スマホは半導体の塊であると同時にソフトウエアの塊であるが、自動車はそれ以上にソフトウエアの塊になる。技術開発動向に敏感なシリコンバレーで、ベンチャー企業や大学の研究者が自動運転向けのソフトなどこの分野に注力しているのはその証左だ。日本でも自動車向けソフト会社やシステム開発会社が蝟集しなければおかしい。

米家電見本市のCESや日本の電子情報製品ショーのCEATECをはじめ世界のエレクト

ロニクス産業見本市では今や電子・ＩＴ企業を押しのけ自動車メーカーやＡＩやＡＲなどシステムソフトメーカーが主役とみられるほど存在感を強めている。

サプライチェーンの一部空洞化

ここで注目しておくべきは自動車産業のサプライチェーンの構造が今後、大きく変化する公算が大きいことだ。製造工程を真ん中にしてそこから川上の部分、素材から部品に至るところでは、旧来のメカニカル系の部品の需要はプラグイン・ハイブリッドや電気自動車の増大により減衰していく。主力のパワートレイン部がエンジン駆動、トランスミッションによる動力伝導からモーターによる車輪の直接駆動に移っていくのでエンジン、伝導部などを構成する機械系部品は最終的に不要になる。エンジンがないので冷却装置は不要であり、排気ガスが出ないのでマフラーもいらない。こうした不要部品が続出し、部品点数は半減するといわれる。したがって自動車分野に産業界が集中するといっても、あくまでも今後の自動車の構造そのものの変化を見越してのことである。ということは既存の自動車部品会社は、機械系部品を中心に製品構成の転換を図らなければ、それこそ絶滅危惧種の業界でビジネスを営むことになる。

日産自動車が系列部品会社としては最大手のカルソニックカンセイの持ち株を売却し、系列の再編成に乗り出しているのはこうした展望を踏まえてのことだ。

逆に新しく自動車市場に参入を図る企業にとっては好機である。旧来からある自動車部品などでは系列企業との競争はかなり高い壁になるが、系列企業が供給できない新規電子部品などになると、更地での競争になり競争力本位である。米クアルコムが5兆円近いカネを投じて有力車載半導体企業のNXPセミコンダクターを買収するなど、世界の半導体メーカーが空前のM&A競争を展開している一つの要因は車載用の半導体事業の強化にある。

待ち受ける波乱

ただ、日本企業が柱と頼む自動車産業の将来の絵図を先取りして見た時、視野に入れておくべき波乱ファクターが二つある。ひとつは先に述べた自動運転車時代を迎えた時に誰が自動車産業の主導権を握っているかだ。現在のトヨタ、フォルクスワーゲン、GMなど完成車メーカー主導の時代が続いているのかどうか。人工知能や自動運転システムなどソフトウエアや自動車システムが死命を制するとなると、グーグル、アマゾン、フェイスブックなどそれらのサプライヤーが自動車産業の中心を占め、トヨタをはじめ現在の中核である自動車開発・製造企業は、もしそれら自動車システムなどを自前で持てなければ、単なる電気自動車アセンブリー会社にとどまるかもしれない。丁度、現在のパソコン、スマホ産業で基軸を抑えているのはマイクロソフト、グーグル、アップル、クアルコムなどOSや基本フォーマットの提供企業であるのと同じである。自動車メーカーの生産台数がいくら巨大になっても、人が乗る箱を量産しているに過ぎない、ということになるかもしれない。

この恐怖感が、トヨタ、VW、GM、BMWなど主要自動車会社が争ってシリコンバレーのソフト開発ベンチャーと連携を深めたり、自動車会社同士の提携を広げる動きに走らせている。

もう一つの新勢力は巨大部品会社の支配力である。独ボッシュ、コンチネンタル、日本のデンソーなど完成車メーカー系の巨大部品会社は既に存在しているが、これらが独立色を強めてサプライチェーンサイドから市場支配力を高める勢いだ。将来部品点数が減る傾向の中で、モジュール化領域はますます拡大する。となると、ボッシュなど巨大部品会社が電子、ソフト部門を強化し、大方の部品を束ねて巨大モジュールとして完成車メーカーに提供する方向に進むと、少なくとも自動車産業のスマイルカーブの川上にあたる半分では、業界横断的な系列を超えた巨大部品会社が市場の支配力を握りうる。完成車メーカーは巨大部品会社とソフト・システム開発会社とのサンドイッチ状態になるわけだ。現在の世界的自動車会社が安泰ということには決してならない。

超短期的には米トランプ政権が打ち出す経済政策が波乱要因である。TPPからの離脱を明言しているが、すでにあるNAFTA協定を無視してメキシコでの生産車の米国輸出に懲罰的関税を課すことになれば国際貿易体制が大きくゆがむ。企業の立地政策やサプライチェーンに大きな影響を与えることになろう。

7　これからどう対応するか

成長事業への経営シフト

当たり前といえば当たり前の経営判断のはずだが、まだ戦略的に行動しているとは見えない企業が少なくない。自社の遺伝子や比較優位点を勘案し、人材、技術、資金などの経営資源の質と量を踏まえて進路を選ぶべきだ。繊維や家電、造船、流通などの産業の歴史を見ればわかるように、１００年企業だからと言って伝統の事業に固執しすぎると墓穴を掘りかねない。

戦時下の統制経済の流れで10大紡績に集約された繊維（紡績）がお手本を示してくれる。産業革命と共に勃興した繊維産業は日本でも明治期に中心産業にのし上がり、戦後も60年代までは有力業界だった。鐘紡は戦後、売上高日本ナンバーワン企業になったこともあるぐらいだ。69年の東京五輪で金メダルを獲得し国民を熱狂させた女子バレーボールは繊維企業一色であり、金メダルチームはニチボー（大日本紡績＝現ユニチカ）のバレーボール部だ。

10大紡績とはこの大日本紡をはじめ、東洋紡、鐘紡、日清紡（日清紡ＨＤ）、倉敷紡、呉羽紡、敷島紡（シキボウ）、大和紡（ダイワボウＨＤ）、日東紡、富士紡（富士紡ＨＤ）の10社をさすが、各社の現状はどうか。現在も存続しているのは破たんや吸収合併された鐘紡、呉羽紡を除く8社。しかし事業の骨格は多角化により繊維中心から大きく変貌している。大手の東洋紡はまだ繊維の比重が少なくないが、日清紡は自動車ブレーキやエレクトロニクスの会社に、ダイワボウはIT機器販売やソフト開発の会社と言ってよく、日東紡は建材や工業材料会社だ。明らかなのは脱繊維に早く踏み出した企業ほど成長している事実だ。事業の命脈の見極めは難しいが、魚が群れているところに船を仕向けるのが船長である経営者の仕事であることは間違いない。

産業界を見るとこの面で巧みなかじ取りをしている企業が散見される。

例えば富士フイルムホールディングスだ。大黒柱だった消費者用や医療用の銀塩フィルム需要がデジタル化で激減。米国では世界トップメーカーのコダックが破たんすることになったが、液晶向けフィルムをはじめ産業用の高機能材料に活路を見出し、複写機事業の合弁会社、富士ゼロックスの完全子会社化で財務基盤を固めた上で、医薬や医療機器分野の有力企業を買収し、ヘルスケア分野に精力的に展開している。東芝メディカルの買収合戦ではキヤノンに敗れたが、最近も武田薬品系の薬品会社である和光純薬工業を１５００億円程度で傘下に入れ、同部門の拡充を図っている。

ヘルスケア分野は日本社会の高齢化や遺伝子操作技術の進歩もあって、産業界の次の戦略分野という見方で一致している。がん、アルツハイマーなどの対抗医薬や成人病薬の開発あるいは先進の医療機器の開発に成功すれば巨額の収益機会になる。また必ずしも技術的に先進的ではなくとも低価格の医薬、機器を提供できればこれも大きな需要を開拓できる。

このため富士フイルムHDやキヤノンのほかにも東レ、旭硝子、日東電工など化学会社も参入している。

このうち東レは祖業である化学繊維事業から始まって、需要の変化に即応する形で広範な繊維、化学、電子材料を手掛けてきた。わが国で屈指の研究陣を抱えて、粘り強い研究開発力に定評があり、炭素繊維では30年近くかけて用途開拓などに邁進、強靭かつ軽量の航空機用材料を中心にドル箱事業に開花させた。その視線が現在は車載やヘルスケアに向けられている。

村田製作所や京セラ、TDKなどパソコン、薄型テレビ、スマホと続いたIT機器の主力部品供給者として成長を謳歌した電子部品会社はポスト・パソコン、ポスト・スマホを見据えて車載やヘルスケア向けのセンサーや半導体などに開発の重心をシフトしている。M&Aで文字通り時間を買うことにも積極的だ。

こうした電子部品会社にとって需要家の変動は激しい。昨日までの主力需要家が瞬く間に衰退して無名企業がのし上がってくる。例えば日本企業が相次いで撤退しているパソコン分野では、中国のレノボが世界的にシェアを高め、サムスン電子、アップルが牛耳って居たスマホは中国のファーウェイが台頭、さらにこの1年では新興のオッポが低価格を武器に急速にのし上がるという具合。まるでオセロゲームの様相である。成長著しい注目のドローンでもDJIという中国のベンチャーがこの1、2年で圧倒的なシェアを確立した。電子部品会社は顧客企業の開発先端の動きを注視していないと瞬く間に顧客を失うことになりかねない。

自前主義を捨てよ

新事業や成長分野にシフトを試みるにしても、経営資源が不足していることがありうる。従来ならR&D陣を増強して参入を早めようとするが、需要先は待ってくれない。ここで重要なのは自力開発や自前主義へのこだわりを捨てることだ。確かに自力開発に成功すれば技術の独自性を強調できるし、事業として成功した場合の対価は大きい。このため基礎研究から応用研究、開発研究までを垂直一貫的に手掛ける開発のリニアモデルの誘惑にかられる。

しかし、現在の変化スピードが速い経営環境では時間が見逃せない戦略変数になる。せっかく自力開発しても需要という船が出た後ではそれこそ後の祭り。そこで時間を買うM&Aが頻発する。M&Aに至らない場合でも大学や研究所、他社との共同研究や分担開発が重要になる。つまり社内にない経営資源や発想、知恵は広く社外に求める姿勢だ。インターネットなどの活用でこれまでは距離的、時間的、数量的に不可能であった内外との共同研究が可能になった。むやみに研究陣の規模を拡大して総合化するよりも、専門外の知恵は社外から集める方が研究開発の効率化につながり、コスト負担も少なくて済む。

デンソーをはじめ系列企業と一体になっての自力開発が〝憲法〟になっていたトヨタ自動車が、自動運転車など次世代の自動車開発について1000億円以上を投じてシリコンバレーに研究所を開設し、スタンフォード大学の専門家を招聘するなど海外との協力体制を強化している。ホンダや日産も同様である。

競争劣位が露呈したエレクトロニクスでは、先端分野での共同開発はもはや珍しくない。半導体ではベルギーのＩＭＥＣや米ニューヨーク大オルバニー校での国際共同研究に依存しているし、国内での共同開発は常態化している。

この場合の企業の見逃せない行動変化はベンチャーへの対応だ。米国ではシリコンバレーをはじめとして、ベンチャーは社会や産業界にイノベーションを持ち込む存在と見られて、大企業が手掛けない研究を代行する部門という考え方が支持されている。図表４にシリコンバレーの売上高上位10社を示したが、アップルをはじめ、これら日本でも熟知されている企業をピラミッドの頂点に、膨大な数の技術志向ベンチャーが底辺を形成

図表4　シリコンバレーの主要10社（2015年）

		売上高	純利益	時価総額	従業員数（人）
1	アップル	234988	53731	604304	110000
2	アルファベット	74989	15897	517738	61814
3	インテル	55355	11420	152821	107300
4	ＨＰエンタープライズ	51778	2181	30435	240000
5	ＨＰ	49708	1866	21272	47000
6	シスコシステムズ	49589	10333	143265	71833
7	オラクル	37159	8844	169711	132000
8	ギリアドサイエンシズ	32639	18108	124437	8000
9	フェイスブック	17927	3670	324761	12691
10	サイネックス	13262	206	3674	78000

注）　売上高、純利益、時価総額は100万ドル

出所）サンノゼマーキュリーニューズ

し、新技術、新製品、新サービス、新ビジネスモデルの創出に寝食を忘れて取り組んでいる。開発費が巨額になり、バイオ技術が主役にのし上がってきた新薬の開発では、とりわけこの傾向が顕著である。このため基礎研究や応用開発をベンチャーに委託したり、有望な薬効成分を見出したベンチャーを買収して、自社のR&Dの強化や次世代事業の基礎にするのは当たり前の企業戦略になっている。

日本では、大学でも実践や産業化の視点では頼りにならず、ましてベンチャーは技術的に劣位にあり、依頼する案件は見当たらないとして、それらとの共同体制には及び腰であった。ところが大企業のR&D部門のリストラや人材のスピンアウト、大企業の事業領域からすると飛び地での新事業進出などを背景に内外のベンチャーとの連携も避けられなくなった。特にシリコンバレーのベンチャーとの連携や情報交換は必須になっている。

社外との共同研究・共同開発の未来形すなわちカリフォルニア大バークレー校教授のH.チェスブローのいうオープンイノベーションの極北としてインターネットを通じた一般の専門家や研究者との共同作業がある。フィンランドのL.トーバルズが主動したリナックスの開発が衆知集約型イノベーションの代表格にされているが、企業のネット活用型ではすでに米P&Gなどが実践して成果を上げているといわれる。日本企業もすみやかにこうした衆知を集める体制を築かなくてはなるまい。

イノベーションを貪欲に

社外との協力による衆知を集めたオープンイノベーションを強調したが、「オープン化」以前に、イノベーションそのものにどん欲に取り組むことが大事だ。マクロ的にも人口減少や高齢化で供給力が伸びない中で、イノベーションによる生産性の上昇と需要の創造で供給力の壁を引き上げ、需要を拡大することが、今後の経済成長の確保のためには必須とされる。

その際に、イノベーション＝技術革新、画期的な技術成果という思い込みを捨てた方がよい。イノベーションという言葉が政府の経済白書に取り込まれ、産業界に広がったころから技術革新という訳語が充てられているが、この言葉を初めて用いたJ．シュンペーターが指摘するイノベーションの5類型でも、実態は中国語でいう「創新」がふさわしい。つまり新たに価値を創造することがイノベーションであって、必ずしも科学的な先進技術を必要とするものではない。

新規に開店したすし屋やラーメン屋がシャリの握り方や麺の茹で上げ方で新しく工夫したのならそれはイノベーションだ。店構えや顧客への対応の仕方がひと捻りしているのならそれもイノベーションだ。むろん新商品やサービスの提供、新製法の開発もイノベーションである。重要なのは製造業の技術に関連する新奇性、革新だけがイノベーションではなく非製造、非技術でも顧客に迎えられた価値の創造はイノベーションであることだ。となるとイノベーションは巨額のR＆D費を投入して研究開発陣が専門に取り組む仕事ではなく、従業員全員がイノベーションマインドをもって作り出すものだ。イノベーションは難しいものだ、高度な技術がいる、門外漢にはできない高尚なことだ、などイノベーション実現に対するハードルを自己暗示的に上げないで、いわば下駄ばきのイノベーションに挑むつもりでアイデアを拾い上げることが大切であり、些細なアイデアにも聞く耳を持つ企業文化を作り上げることが大事である。

これに関連して新規起業が重要になる。人口面で少産少死からの脱皮が課題になっているが、企業の少産少死も見逃せない問題だ。倒産する企業も少ないが、新規に起業する数も少ないことである。というのは新設される企業は商品・サービス、生産・販売方法、組織などほとんどが既存企業のコピーである場合が大方だが、新しいビジネスモデル、新しい商品やサービスの提供を狙ったものもあり、そこには何らかのイノベーションを持ち込んでいることがある。シリコンバレーではこの傾向が顕著であり、ベンチャーはイノベーションの旗手、という受け止め方が一般的である。日本ではそこまでは言えないとしても、新設企業がイノベーションを媒介する公算は少なくない。であれば取りあえず、起業数が増えればイノベーションの創出機会も増えると期待される。

「ものごと」から「ゴトもの」への発想転換

モノづくりの重要性を否定する必要はないが、それに固執するあまりコトづくりを軽視しがちなのが日本の産業界だった。自動車、電子部品、機能材料をはじめ日本企業が優位にある高品質、高機能の工業製品は多く、市場で確固たる地盤を築いている。しかし、コトづくりで先行している米企業などはもっと大きな付加価値を獲得している。

スマホを例にとると、セラミックコンデンサー、CMOSセンサーなど主要な部品で日本企業が供給するものが少なくないが、圧倒的な付加価値を取るのは基本のOSを提供し、ハードのデザインを考案するアップルだし、スマホを用いたアプリサービスを提供する企業も大きな分け前に与る。金融機関にITシステムを販売する場合でも、IT機器メーカーよりも付加価値を獲得するのはIT機器をパッケージ化してシステムソフトを盛り込むシステムインテグレーターであり、さらにこのシステムを駆使して金融サービスを提供する金融業者である。ハードというモノよりも提供するサービスの内容、事業全体を通じて儲ける仕組み、換言すると事業の構成要素のうちコトが重要である。

日本企業が実現したイノベーションでも、今や巨大な社会インフラになったコンビニや宅配便など巧みなコトづくりの好例がある。日本企業が得意な「カイゼン」活動も、重要なのは使用する機械・機具の改良よりも、役職の壁を超えた働く仕組みの変革による生産性の上昇だ。働く現場での新しいコトづくりに他ならない。

半導体、パソコン、ソーラーパネル、液晶パネル、薄型テレビなどかつて世界を制覇しながら急速に凋落したモノの巻き返しを図るのも大事な戦略だが、これらのモノを活用した儲ける仕組み、すなわちコトづくりに知恵を絞ることがより戦略的だ。近年の日本企業は、「技術に勝って事業に負ける」といわれることが少なくないが、「技術に勝って事業にも勝つ」ためにも「ものごと」に慣れた発想を、先ずコトありきの「ゴトもの」に逆転させて考えよう。

8　日本産業の未来に向けて

先に日本の産業界の自動車関連依存が高まっていることを述べた。世界的な自動車需要の着実な成長をベースにトヨタやホンダをはじめ競争力がある完成車メーカーが存在し、車載関連の材料・部品市場への潜在的な供給能力を持つメーカーも機械系、電子系ともに層が厚いからだ。

しかし、2020年の東京五輪辺りまでは楽観できても、その先になると不安要因がある。例えば温暖化対策として自動車の駆動系が内燃エンジンから電池、モーターに代替されていくと、エレクトロニクス系部品の新市場が拡大し、制御システムの新需要も生まれる。これらは日本勢にとって比較的優位に立てるので好ましい展開であるとしても、これが電気自動車市場の拡大にとどまらず、自動運転化の流れやシェアエコノミーな流れと合流すると主導権の確保は簡単ではない。

なぜなら先進国を中心に、高齢化や少子化の趨勢から自動車需要が伸び悩む恐れが強い、と懸念されている。自動車を共有して利用しようとするシェアリング傾向はさらに自動車の需要を減退させる公算がある。マサチューセッツ工科大学のコンピューター科学人工知能研究所の報告では車の共同利用（カープール）が普及すると走行自動車の数が75％減少する、としているほどだ。他方で、内燃エンジン車と比べて走行距離が短い電気自動車と自動運転の組み合わせは、近距離の移動に必要な輸送サービスはいつでも確保できるとしてシェアリングをより日常化し、自動車需要を冷やす公算が大きい。

となると産業界の自動車依存の高まりは長期的に安泰な選択ではないかもしれない。

将来に向けた抜本的な対応はイノベーションの促進である。このためには健常な日本人男性中心の企業組織を意識的に改め、女性、外国人、ハンディキャップ、マイノリティなど従来から見れば「異質」な人材を精力的に起用することだ。互いに異質な人間が交流し、違いに注目することからイノベーションが喚起されることが少なくない。

当然、ヒト、モノ、カネ、企業のグローバル化を促進し、世界中から経営資源を調達して世界を相手に自由に事業展開できる環境が不可欠である。

少子高齢化をはじめ日本産業が克服すべき課題は多いが、課題先進国であることは労働、医療、福祉などでのイノベーションを促し、解決先進国になる可能性がある。企業は徒に手持ち資金を増大させるのではなく、これらのイノベーションに向けて資金を活用すべきだろう。すでに医療システムや医薬の分野で新たに橋頭保を築こうとする企業が増えているが、企業の参入を期待されているのはこれらの分野だけではない。

参考文献

日本経済新聞
朝日新聞
日経産業新聞
週刊東洋経済
週刊エコノミスト
ニューヨークタイムズ電子版
サンノゼ・マーキュリーニューズ電子版
ニューヨーカー電子版

田中隆之（たなか・たかゆき）

1957年　長野県生まれ。東京大学経済学部卒業。博士（経済学）。
日本長期信用銀行調査部ニューヨーク市駐在、長銀総合研究所主任研究員、長銀証券投資戦略室長チーフエコノミストなどを経て、現在、専修大学経済学部教授。この間、2012年度、ロンドン大学客員研究員。

専攻：日本経済論、財政金融政策。

著書：『現代日本経済　バブルとポスト・バブルの軌跡』日本評論社、2002年。『「失われた十五年」と金融政策』日本経済新聞出版社、2008年。『金融危機にどう立ち向かうか』ちくま新書、2009年。『総合商社の研究　その源流、成立、展開』東洋経済新報社、2012年。『アメリカ連邦準備制度（ＦＲＳ）の金融政策』金融財政事情研究会、2014年。『総合商社―その「強さ」と、日本企業の「次」を探る』祥伝社新書、2017年。

櫻井宏二郎（さくらい・こうじろう）

1956年　宮城県生まれ。一橋大学経済学部卒業。米国エール大経済学修士。一橋大博士（経済学）。日本開発銀行（現・日本政策投資銀行）調査部調査役、設備投資研究所主任研究員等を経て、2007年より、専修大学経済学部教授。

専攻：日本経済論、経済政策。

著書・論文：『市場の力と日本の労働経済―技術進歩、グローバル化と格差―』東京大学出版会、2011年（第35回労働関係図書優秀賞）。「グローバル化と日本の労働市場―貿易が賃金格差に与える影響を中心に―」『日本銀行ワーキングペーパーシリーズ』No.14-J-5、2014年3月。

西岡幸一（にしおか・こういち）

1946年　大阪府生まれ。69年大阪大学理学部卒業、71年同大学院理学研究科修士課程修了。日本経済新聞産業部記者、論説委員、コラムニストなどを経て、2008年より、専修大学経済学部教授。

専攻：産業論、経営論

著書：「経済同友会は行動する」（共著）中央公論新社、2016年。「日本経済未踏域へ」（共著）創成社、2011年。

著者紹介（掲載順）

中野英夫（なかの・ひでお）

1965年　東京都生まれ。慶應義塾大学経済学部卒業、慶應義塾大学大学院経済学研究科博士課程単位取得。高崎経済大学経済学部専任講師を経て、現在、専修大学経済学部教授。

専攻：財政学

著書・論文：田中隆之編『日本経済　その構造変化をとらえる』（共著）、専修大学出版局、2012年。上村敏之・田中宏樹編『検証 格差拡大社会』（共著）日本経済新聞出版社、2008年。井堀利宏編『日本の財政赤字』（共著）岩波書店、2004年。

鈴木奈穂美（すずき・なおみ）

栃木県生まれ。日本女子大学家政学部卒業、日本女子大学大学院人間生活学研究科単位取得満期退学。博士（学術）。日本女子大学家政学部助手、専修大学経済学部講師などを経て、現在、専修大学経済学部准教授。

専攻：生活福祉論、生活経済論

著書：宮嵜晃臣・兵頭淳史編『ワークフェアの日本的展開－雇用の不安定化と就労・自立支援の課題』（共著）専修大学出版局、2015年。吉田あけみ編『ライフスタイルからみたキャリア・デザイン』（共著）ミネルヴァ書房、2014年。住沢博紀・生活経済政策研究所『組合　その力を地域社会の資源へ』（共著）イマジン出版、2013年。

高橋祐吉（たかはし・ゆうきち）

1947年　埼玉県生まれ。1970年東京大学経済学部卒業。（財）労働科学研究所を経て、現在、専修大学経済学部教授。

専攻：労働経済論

著書：『企業社会と労働組合』1989年、『企業社会と労働者』1990年、『労働者のライフサイクルと企業社会』1994年、『現代日本の労働問題』1999年、いずれも（財）労働科学研究所出版部刊。『現代日本における労働世界の構図』2013年、『図説労働の論点』（共編著）2016年、いずれも旬報社刊。

アベノミクスと日本経済のゆくえ

2017年4月15日　第1版第1刷発行

編著者　中野英夫
発行者　笹岡五郎
発行所　専修大学出版局
〒101-0051 東京都千代田区神田神保町3-10-3
㈱専大センチュリー内
電話 03（3263）4230㈹
印刷・製本　電算印刷株式会社

ISBN978-4-88125-317-5